# 서예로 읽는 논어

구이경지久而敬之 : 오래 사귈수록 더욱 존중하라

서예로 읽는

구이경지久而敬之

오래 사귈수록 더욱 존중하라

# 論語

논어

최남규

전북대학교
출판문화원

# 들어가는 말

'구이경지久而敬之'는 '오래 사귈수록 상대방을 더욱 존경하라'라는 말이다. 본 '서예로 읽는 논어-구이경지'는 논어를 좀 더 쉽게 읽고자 하는 목적에서 쓴 책이다. 본 저서는 현재 이미 성어成語가 되어 쓰이고 있는 논어의 명언을 주제로 택하여, 문자학적으로는 해당되는 자의 뜻과 어원을 살펴보고, 또한 이 성어와 관련된 우리의 삶을 견주어 생각해 보며, 이 내용을 다시 고전적古典籍 속에서 이와 관련된 내용을 귀납하여 살펴보고자 한다.

본 책에 실린 서예 작품은 논어 구절이나 혹은 이와 관련된 내용을 서예작품화한 것이다. 작가들은 그동안 저자와 함께 서예 공부를 같이 한 '삼지회三之會' 회원의 작품을 주로 수록하였다. 작품을 통하여 시각적 효과를 높이기 위해서다.

'삼지三之'란 알고자 하는 것(知之), 좋아하는 것(好之), 즐기는 것(樂之)을 말한다. 《논어論語 · 옹야雍也》의 "지지자불여호지자知之者不如好之者, 호지자부여낙지자好之者不如樂之者."라는 구절에서 가져온 말이다. 아는 것은 그것을 좋아하는 것만 못하고, 그것을 좋아하는 것은 즐기는 것만 못하다는 말이다. 삼지회는 서예를 알고자 하고 좋아하고 이를 즐기고자 하는 모임이다.

'삼지회' 회원의 대략적인 경력은 아래와 같다. 물론 경력이 서예가의 절대적인 실력의 표준이 될 수 없다. 임강 송연주는 서예에 몰두한지 산천이 두 번 바뀔만한 세월이 흘렀고 필력 또한 출중하다. 하지만 서예대전에 작품을 출품하지 않는 뚝 고집이다.

정암靜巖 김선조金善助(1944): 서울서예대전초대작가 · 대한민국서예대전초대작가 등.

남천男泉 오인성吳仁成(1946): 한국서화작가협회초대작가, 한국문화예술원초대작가, 서협서울시초대작가 등.

임강林江 송연주宋淵宙(1946): '2006'부터 하석何石 박원규朴元圭 선생을 사사師事하였음

완석頑石 정대병鄭大炳(1951): 대한민국서예대전초대작가, 경상남도서예대전초대작가, 한국서예협회이사 등

천곡泉谷 민경부閔庚富(1954): 대한민국서예대전초대작가, 대한민국현대서예문인화대상 및 초대작가 등

위의 작가들은 대부분 저자와 함께 2000년부터 하석 박원규 선생님을 모시고 서예 공부를 하였다. 본 저서에 실린 서예 작품은《논어》의 내용과 관련이 있는 작품들로 2016년 8월에 한국미술관에서 저자와 함께 개최한 개인전 작품이다. 작가들이 호쾌히 작품을 본 책에 수록하도록 허락하였다. 이 자리를 빌려 다시 한번 감사드린다.

서예 작품 중에는 고문자와 이체자가 종종 보인다. 이체자 중 현재 자주 쓰이는 자가 아닌 경우에는 (　) 안에 상용자로 표기하기로 하고, 필

요에 따라서 이들 문자에 대하여 간단하게 설명하기로 한다.

본 책은 아래와 같은 몇 가지 형식으로 쓰여 졌다.

첫째, 논어 구절 중 이미 사자성어처럼 굳어진 단어를 주체 테마로 설정하였다. 그리고 먼저 사자성어의 뜻을 설명하고, 더불어 논어에서의 뜻과 현대 언어에서의 뜻이 다른 경우엔 이를 설명하기로 한다.

둘째, 해당되는 자의 고문자 형태와 그 근원을 설명하여 문자의 원래 의미를 이해하도록 한다. 중국 문자는 표의문자이기 때문에 고문자의 근원을 이해한다면 한자의 의미를 좀 더 쉽게 파악할 수 있는 장점이 있다.

셋째, 해당 사자성어와 관련이 있는 논어의 해당 구절을 전체적으로 살펴보아 전체적인 내용을 이해하는데 도움이 되도록 한다.

다섯째, 해당 사자성어와 관련된 논어의 기타 구절을 살펴봄으로써 이와 관련된 내용을 살펴보기로 한다.

여섯째, 다른 고전 작품에 해당 사자성어와 관련이 있는 내용을 살펴보아 이해의 폭을 넓히기로 한다.

일곱째, 사자성어와 현대 사회를 연계하여 우리의 일상생활을 점검해보도록 한다.

여덟째, 해당 사자성어의 내용과 관련이 있는 구절을 서예작품으로 감상하여 시각적 효과를 꾀하기로 한다.

항상 책이 나오기까지 도와주신 분들이 많다. 한 분 한 분 언급하지는 않지만, 이 자리를 빌려 다시 한번 머리 숙여 감사드린다.

全州 訓詁樓에서 2016년 11월 말

## 목차

# 01

# 犯上作亂
## 범상작란

**윗사람을 무시하고 난동을 일으키다**

(군자는 윗사람을 범하거나 난동을 일으키는 일이 드물다)

'범상작란犯上作亂'은 '윗사람에게 함부로 하거나 난동을 부린다'는 뜻이다. 논어에서는 효성스런 사람은 이런 일을 하지 않는다 하였다.

'犯(犯)'자는 '犬'과 '㔾(卩, 병부 절, jié)'로 이루어진 자이다. '卩'은 '꿇어 앉아 있는 사람의 모습'이다. '개가 사람에게 덤벼들다'라는 뜻에서 '침범하다'는 뜻으로 파생되어 쓰인다.

'[illegible](亂)'자를 혹은 '𤔔'으로 쓴다. 금문은 '[illegible]'이나 '[illegible]'으로 쓴다. 엉키기 쉬운 실타래를 두 손으로 잡고 있는 형상이다. 설문해자는 고문을 '[illegible]'으로 쓰는데, '[illegible]'자 중 '乚'은 고문자 형태 중 가운데 부분 일부가 변한 것으로 보인다.

유자有子는 효자인 사람은 그 습성이 윗사람을 함부로 대하거나 혹은 혼란을 야기시키지 않기 때문에, 인의 근본인 효도와 우애라 하였다.

有子曰: "其爲人也孝弟, 而好犯上者, 鮮矣, 不好犯上, 而好作亂者, 未之有也. 君子務本, 本立而道生. 孝弟也者, 其爲仁之本與!"(學而 01.02)

有子께서 말하였다.

“사람됨이 효성 있고 우애하면서 윗사람의 권위를 무시하기 잘하는 사람은 드물다. 윗사람의 권위를 무시하기 싫어하면서 난동을 일으키기 좋아하는 사람이란 여지껏 나와 본 일이 없다. 군자는 기본이 되는 일에 힘쓰거니와 기본이 서야 도道가 생겨난다. 효성과 우애란 것은 仁을 실천하는 기본일 게다.”

‘(孝)’자는 ‘老’와 ‘子’로 이루어진 자로, 자식이 늙은이를 업은 형상이다. 금문은 ‘’로 쓴다. ‘(弟)’자를 갑골문은 ‘’로 쓰고, 금문은 ‘’로 쓴다. 새끼줄로 화살 ‘弋(주살 익, yì)’을 묶은 형상이다. 화살을 묶을 때에는 질서정연하게 순서에 맞춰 묶어야만 흩어지지 않는다. 순서와 절차를 의미하는 ‘第’의 의미와 같다. 형제간의 순서 중 아래에 있는 형제를 ‘弟’라 한다. 본 구절에서는 형제지간 서열을 잘 지켜 서로 어긋나지 않도록 이해한다는 ‘형제의 우애’의 의미로 쓰인다.

‘鮮(고울 선, xiān, xiǎn)’자는 혹은 ‘鱻(생선 선, xiān, xiǎn)’ 혹은 ‘尠(적을 선, xiǎn)’ 등으로 쓴다. ‘鮮’자는 ‘魚’와 소리부 ‘羴(양의 노린내 전, shān, xiǎn)’으로 이루어진 자이다. ‘羴’자는 ‘羶(누린내 전, shān, xìng)’자와 같은 자이며, ‘鮮’자 중 소리부 ‘羊’은 ‘羴’을 생략하여 쓴 형태이다. ‘鮮’자는 형성자이고, ‘鱻’자는 회의자로 생선이 많아 ‘비린내’가 나는 것을 의미한다. 생선에서 비린내가 나는 것은 신선함을 말하며, 이 비린내는 시간이 지나면 곧 상하고 썩은 냄새가 나지 않는 것이 거의 없게 된다. 시간이 지나면 신선한 것이 거의 없게 된다 해서 ‘드물다’ · ‘적다’라는 뜻으로 쓰인다.

‘전羴’자와 ‘선羶’자의 관계 역시 ‘선鮮’자와 ‘선鱻’자의 관계와 같다. 즉 ‘羴’자는 회의자이고, ‘羶’자는 형성자이다. 양이 많아 노린내가 나는 것이다.

'尠(적을 선, xiǎn)'자는 '甚'과 '少'로 이루어진 자로, 심히 적음을 뜻한다. 본 구절의 '鮮'자는 '드물다'라는 의미로 쓰인다. '미지유야未之有也' 구절의 의미적 구조는 '미유지야未有之也'이나, 부정사 '미未'와 대사 '지之'로 쓰였기 때문에 어순이 바뀐 것이다.

군자란 모름지기 기본적인 일에 힘을 써야 되고, 그 기본을 세워야만 道가 생겨나게 되는데, 공자는 그 기본이 바로 효와 우애라 하였다. 부모에게 효도하지 않고 형제간에 우애하지 않으면 인간이 갖추어야 할 가장 근본 인성이 없기 때문에 짐승과 마찬가지이다. 이런 사람은 '범상작란犯上作亂'하게 된다. 부모님께 효도하지 않고 함부로 대하는데, 하물며 윗사람에게 오직 하겠는가!

子游問孝. 子曰: "今之孝者, 是謂能養. 至於犬馬, 皆能有養, 不敬, 何以別乎?"(爲政 02.07)

자유가 효孝에 관해서 묻자 공자는 말하였다.

"지금은 효라고 하면 부모를 먹여 살릴 수 있는 것을 의미하는데, 개와 말까지도 다 먹여 살려주는 사람이 있으니, 공경하지 않는다면 (짐승을 기르는 것과) 무엇으로 구별하겠느냐."

'기르는 것'을 개와 말을 기르는 사람으로 이해하기도 하고, 개와 말 자체로 이해하기도 한다. 만약에 개와 말 자체로 이해한다면 '개와 말도 자신의 새끼를 기를 줄 아는데, 사람이 효도할 줄 모른다면 이 개나 말과 무엇이 다르겠는가'라는 의미로 이해할 수 있다.

증자는 '효'는 층차가 있다 하였다. 가장 큰 효도는 '부모를 존경하는 것'이고, 그 다음 효는 '부모를 욕되지 않게 하는 것'이고, 가장 낮은 효는 '부모님을 모시는 것'이라 하였다.

> 증자가 말하였다. 효에는 세 가지 경우가 있다.
>
> 가장 큰 효는 부모를 존경하는 것이고, 그 다음은 욕되지 않게 하는 것이고, 그 다음은 능히 부모를 모시는 것이다.[1]

맹자는 세속에서 일반적으로 말하는 불효자 다섯이 있다 하였다.

> 惰其四支(肢), 不顧父母之養, 一不孝也. 博弈好飮酒, 不顧父母之養, 二不孝也. 好貨財, 私妻子, 不顧父母之養, 三不孝也. 從耳目之欲, 以爲父母戮, 四不孝也. 好勇鬪狠, 以危父母, 五不孝也. (《孟子 · 離婁章下》)
>
> 사지를 게을리 하여 부모의 봉양을 돌보지 아니하는 것이 첫 번째 불효이고, 장기 두고 바둑 두며 술 마시기를 좋아하여 부모의 봉양을 돌아보지 아니하는 것이 두 번째 불효이고, 재물을 좋아하고 처자만을 사랑하여 부모의 봉양을 돌보지 않는 것이 세 번째 불효이고, 귀와 눈의 즐거움만 취하고 부모를 욕되게 하는 것이 네 번째 불효이고, 용기가 백백 하여 잘 다투며 사나워서 부모를 위태롭게 하는 것이 다섯 번째 불효이다.

요즈음 우리의 모습과 너무나 닮아있다. 부모에게 효도하는 것은 게으르지 않고, 잡기에 빠지지 말고, 재물을 지나치게 탐하지 않고, 남과 다투

1 "曾子曰: 孝有三: 大孝尊親, 其次不辱, 其下能養."(《大戴禮記》)

지 않는 것이다.

중국 민간 설화 중 맹종孟宗의 곡죽생순哭竹生筍, 오맹吳猛의 자문포혈恣蚊飽血, 왕상王祥의 와빙구어臥氷求魚 이야기가 유명하다.

맹종은 부모가 먹고 싶어 하는 죽순이 엄동설한이라 없자 대나무 숲에서 대성통곡하니 비가 내려 죽순이 생겨 부모님을 봉양했으며, 오맹은 여름에 모기가 극성을 부리자 부친 침대 앞에 옷을 벗고 모기에게 몸을 맡겨 물도록 하였고, 왕상은 겨울에 계모가 생선을 먹고 싶다 하자 옷을 벗고 얼음에 누워 녹여 잉어를 얼음 밖으로 튀어 나오게 해서 봉양하였다는 전설이다.

효도란 부모를 공양하는 것이 우선이지만, 부모의 의지를 자식이 실현하는 것 또한 효일 것이다. 열심히 노력하며 사는 것 또한 효이다.

《중용》에서는 공자는 '대덕大德을 갖춘 자는 그에 합당한 지위를 얻을 것이고, 복록福祿을 얻을 것이고, 천수天壽를 다할 것'이라 하였다. 대덕을 갖춘 자는 큰 효자인 요순堯舜이 있다하였다. 큰 덕을 갖춘 자는 반드시 민심을 얻을 것이기 때문에 당연히 합당한 지위를 얻을 것이고, 하늘은 백성의 민심에 따라 움직이는 것이니 대덕을 갖추게 되면 복록을 얻고 천수를 누리는 것은 당연하다. 그런데 그 대덕大德의 가장 기본은 효도에서 시작된다.

子曰: "舜其大孝也與！德為聖人, 尊為天子, 富有四海之內. 宗廟饗之, 子孫保之. 故大德必得其位, 必得其祿, 必得其名, 必得其壽."(《中庸》17章)

순은 그야말로 위대한 효자이다. 덕德은 성인이고, 존귀하기는 천자이고,

부유하기는 사해四海를 차지하고, 종묘宗廟는 제사를 올리고, 자손은 그것을 보존하였다. 그러므로 위대한 덕은 반드시 그 지위를 얻고, 반드시 그 봉록을 받고, 반드시 그 명예를 얻고, 반드시 그 수명壽命을 얻게 마련이다.

작품설명

·완석 정대병 작·

대덕大德

"大德必得其位, 必旻(得)其祿, 必得丌(其)名, 必㝵(得)亓(其)壽."

時在丙申梅雨, 青梅軒南囱(窓)下, 頑石.

"위대한 덕은 반드시 그 지위를 얻고, 반드시 그 봉록을 받고, 반드시 그 명예를 얻고, 반드시 그 수명을 얻는다."

병신년 음력 4월, 청매헌 남쪽 창가에서 완석.

# 02

# 三省吾身
## 삼성오신

**하루에도 내 자신을 여러 번 반성하다**

(매일 세 가지를 반성하다)

‘삼성오신三省吾身’은 하루에 자신에 대하여 세 가지 반성하다는 뜻으로 일반적으로 해석한다. 혹은 ‘일일삼성一日三省’이라 하기도 한다. ‘三’을 세 가지로 해석하기도 하지만, ‘삼사이행三思而行’과 같이 꼭 세 번 혹은 세 가지가 아니라 횟수의 빈번함을 말한다. 따라서 하루에도 자기 자신을 여러 번 혹은 여러 가지를 반성한다는 뜻으로 이해할 수 있다.

‘省(살필 성, xǐng)’자를 전서는 ‘’로 쓰고, 갑골문은 ‘’으로 쓰고 금문은 ‘’·‘’·‘𡴀’으로 쓴다. 모두 ‘目’과 소리부 ‘生’으로 이루어진 자이다. 후에 ‘生’이 와전되어 ‘少’자로 쓰고, ‘目’자는 와전되어 ‘囧’자로 쓰이게 되어, ‘省’자를 혹은 ‘’으로 쓰기도 한다. 눈을 뜨고 자세히 살피니 물질이 보인다는 뜻에서 자신을 살피는 반성이라는 뜻으로 쓰인다. ‘생략省略’이라는 의미로 쓰일 때는 ‘생’으로 읽는다.

曾子曰: “吾日三省吾身, 爲人謀而不忠乎? 與朋友交而不信乎? 傳不習乎?”(學而 01.04)

증자가 말하였다.

"나는 매일 나 자신을 세 가지로 반성한다. 즉 남을 위해 일을 처리하는데 전력을 다하지 않았는지? 벗들과 사귀는 데 있어 신용 없이 굴지 않았는지? 가르쳐 받은 것을 복습하지 않았는지?"

'하루에 여러 번 반성하다'는 말은 증자(BC 505-BC435)가 한 말이다. 반성해야 할 내용이 많을 것이다. 그러나 증자에게는 맡은 바 책임을 다 하는 것, 믿음, 공부가 가장 중요한 내용이었다.

증자는 공자의 제자로 이름은 삼參이고, 자는 자여子輿이다. 노魯나라 무성武城 사람이다. 공자보다 46세 어렸다. 공자의 손자 공급孔級, 즉 자사子思가 증자曾子의 제자이고, 맹자는 자사의 제자이다. 공자의 사상을 사맹학파思孟學派에게 전수하였다. 《논어》에 증자가 한 말이 적어도 14번 정도 보인다.

증자는 공자 · 맹자 · 안자(안연) · 자사와 더불어 중국 역대 유학 오대五代 성인聖人중에 하나라 일컬어지며, 《대학》과 《효경》을 지었다.

증자는 어린 아이에게도 함부로 말을 해서는 안된다하며 돼지를 잡았다는 '증자팽체曾子烹彘'라는 내용이 《한비자》에 나온다.

증자의 처가 시장에 가는데, 아들이 따라오며 울었다. 어머니가 말하기를 '너! 어서 돌아가라. 내가 시장에서 돌아올 때, 너에게 돼지를 잡아주겠다' 하였다. 처가 시장에 갔다 오자 증자가 돼지를 붙잡아 죽이려 하였다. 처가 말리며 '다만 어린아이와 장난삼아 했을 뿐인데!'라 하였다. 증자는 '어린아이와 장난하면 안 된다. 어린아이는 잘 알지 못한다. 부모를 의지하여 배우므로 부모의 가르침을 들을 뿐이다. 만일 자식을 속인다면 이는 자식에게 거짓을 가르치는 셈이 된다. 어머니가 자식을 속이면 자식이 되어 어머니를 믿지 않게 되니 가르칠 수가 없게 되는 것이다.'라 하며, 돼지를 잡았다.[2]

'고반顧反'은 '돌아오다', '彘(돼지 체, zhì)'는 돼지, '적시래適市來' 중 '適(갈 적, shì)'자는 '왕往'으로 '가다'는 뜻이다. '특特……이耳'는 '단지 …… 뿐이다'라는 뜻이고, '待(기다릴 대, dài, dāi)'는 '의지하다'는 뜻이다.

문공文公이 나라에 기근이 계속되자 기정箕鄭에게 그 구제책을 물었다. 《한비자韓非子 · 외저설外儲說좌상左上》에 나오는 말이다.

"신의를 지켜야 합니다."

"문공이 물었다. 어떤 신뢰입니까?"

"명분에 대한 믿음이고, 일에 대한 믿음이고, 도의에 대한 믿음입니다. 그 명분에 믿음이 가면 신하들이 직분을 지키고 아래 위가 분수를 어기지 않으며 모든 일에 게을리 하지 않습니다. 일에 믿음이 가면 농사시기를 놓치지 않으며 백성들은 소홀히 하지 않습니다. 도리에 신의가 있으면 가까이 있는 자는 부지런히 일하게 되고 멀리 있는 자는 귀의하게 됩니다."[3]

---

2 曾子之妻之市, 其子隨之而泣. 其母曰: "女還, 顧反爲女殺彘." 妻適市來, 曾子欲捕彘殺之, 妻止之曰: "特與嬰儿戲耳." 曾子曰: "嬰儿非與戲耳. 嬰儿非有知也, 待父母而學者也, 聽父母之教. 今子欺之, 是教子欺也. 母欺子, 子而不信其母, 非所以成教." 遂烹彘也.(《韩非子 · 外儲說左上》)

3 文公問箕鄭曰: "救餓奈何 ?" 對曰: "信." 公曰: "安信 ?" 曰: "信名, 信事, 信義. 信名, 則群臣守職, 善惡不逾, 百事不怠; 信事, 則不失天時, 百姓不逾; 信義, 則近親勸勉而遠者歸之矣."(韓非子 · 外儲說 左上)

집정자와 백성 사이에 가장 필요한 것은 이 믿음, 신뢰이다. 집정자는 백성이 믿고 따를 수 있는 정직함을 보여야 한다. 집정자에게 올바른 정직성이 보이지 않기 때문에 백성이 믿지 못하고 정부의 정책에 반대하는 것이다. 개인적인 사리사욕은 결국 나라의 분열만 가져올 뿐이다.

하루에도 여러 번 자신을 반성한다는 것은 곧 자신의 잘못을 바로잡고 남에게 덕德을 베풀고자 하는 것이다. 《증광현문增廣賢文》은 '책인지심책기責人之心責己, 서기지심서인恕己之心恕人'이라 하여, '남을 책망하듯이 자신을 책망하고, 자신을 용서하듯이 남을 용서하라' 하였다.[4]

---

4 《증광현문增廣賢文》은 혹은 《증광석시현문增廣昔時賢文》이나 《고금현문古今賢文》이라고도 하며, 중국 명나라 때, 격언을 모아 만든 어린이 용 계몽서啓蒙書이다. 지은이는 알 수가 없다.

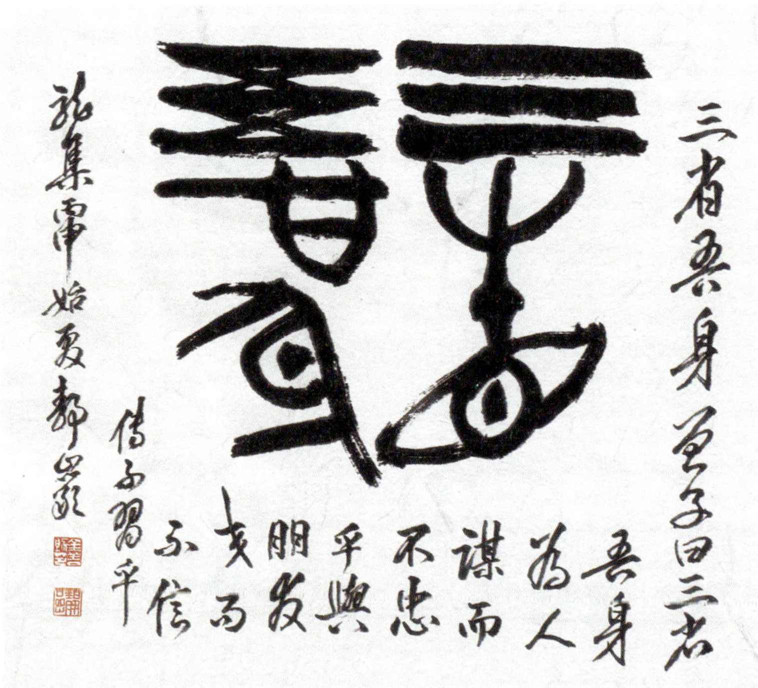

·정암 김선조 작·

'삼성오신三省吾身'

三省吾身. 曾子曰: "吾日三省吾身, 爲人謀而不忠乎? 與朋友交而不信乎? 傳不習乎?"

龍集丙申始夏, 靜巖

'하루에도 내 자신을 여러 번 반성하다.'

"증자가 말하였다. 나는 매일 나 자신을 세 가지로 반성한다. 즉 남을 위해 일 처리하는데 전력을 다하지 않았는지? 벗들과 사귀는 데 있어 신용 없이 굴지 않았는지? 가르쳐 받은 것을 복습하지 않았는지?"

세차 병신년 음력 4월, 정암.

03

# 節用愛人
## 절용애인

**절약하고 사랑하다**

(나라를 다스는 데는 비용을 절약하고 사람을 아끼는 것이 중요하다)

나라를 다스리는데 있어 가장 필요한 것이 무엇인가. 훌륭한 정책도 중요하지만, 그 일에 대한 진실성, 백성에 대한 신뢰, 그러면서 최대한 절약하여 백성의 세금을 낭비하지 않고, 백성을 사랑하는 마음이 우선시 되어야 하는 것이다.

‘절용애인節用愛人’은 ‘씀씀이를 절약하고 백성을 사랑하다’라는 뜻이다.

‘(節)’자는 ‘竹’과 소리부 ‘卽’으로 이루어진 자이고 ‘대나무 마디’라는 뜻이다. 마디마디는 단계이기 때문에 ‘절차’라는 의미가 있고, ‘절제하다’라는 의미로 확대되어 쓰이며, 본 구절에서는 ‘절약하다’의 의미로 쓰인다.

子曰: “道千乘之國, 敬事而信, 節用而愛人, 使民以時.”(學而 01.05)

공자는 말하였다.

“천승千乘의 나라를 다스리는 데는 매사를 조심해서 해나가고, 백성들에게 믿게끔 하며, 비용을 절약하고, 사람을 아끼며, 적절한 시기를 택해서 백성을 동원해 쓸 일이다.”

'도道'는 '다스리다'는 뜻이고, '천승千乘'의 '승乘'은 말 네 마리가 끄는 전차를 세는 양사이다. '천승지국'은 군사력이 천대가 되는 전차를 소유한 대국을 가리킨다. '(乘)'자는 사람과 '桀'로 이루어진 자이다. 고문은 다리를 벌린 사람이 '几'에 앉아 있는 모습인 '([illegible])'로 쓰기도 한다. 갑골문은 '' · ''으로 쓰고, 금문은 '' · ''으로 쓴다. 두 발을 벌린 사람이 나무로 만든 물체 위에 올라 타있는 모습이다.

'신信'자 다음에 의미적으로 대사 '지之'가 생략되었고, 고문 중에 자동사가 목적어를 수반하는 경우 사동식使動式의 의미로 쓰인다. 즉 '(백성으로) 하여금 믿게 하다'는 뜻이다.

'이以'는 기준이나 근거를 제시하는 전치사 용법으로 쓰인다.

나라를 다스릴 때, 일 처리는 공경하듯이 신중하게 처리하여야 한다. 집정자가 나라의 권력을 잡으면 자신의 임기 내에 나라 재산을 물 쓰듯이 전부 써 버리고 다음 정부로 넘겨 주려하지 않는 습성이 있다. 나라 살림 역시 한 가정 살림과 똑같다. 한 방울의 물도 절약하고, 그 달 남은 금액은 저축하여 비상시에 대비하여야 한다. 2015년 경제가 참으로 어렵다. 이는 이전 정부가 모두 세금을 탕진하여 나라에 저축해 놓은 살림이 없는 원인이기도 하다.

중국 명明나라 오맹기吳孟棋는 서안西安에서 지부知府를 지낼 때, 관청의 이름을 '절애당節愛堂'이라 짓고, '절용애인'의 가르침을 실천하고자 노력하였다. 그가 지은 '절애당제사節愛堂題詞'에서는 당시 관리에게는 '탐욕貪', '혹독酷', '아첨諂', '오만傲' 등 네 가지 폐단이 있는데, '절용애인'하면 이 폐단을 없앨 수 있다고 여겼다. '절용'을 실천하기 위해서는 나라를 자기 집과 같이 생각하면 '탐하지 않게 되고(불탐不貪)', '아첨하지 않게(불첨不諂)' 된다 하였고, '애인'은 백성의 고통을 자신의 고통으로 생각하는 것으로, '애인'을 하면 '혹독하지 않으며(불혹不酷)', '오만하지 않게(불오不傲)'하지 않게 된다 하였다.[5]

집정자의 탐욕이란 나라 돈을 함부로 쓰거나 혹은 세금을 탈취하거나 공권을 이용하여 사재를 늘리는 경우이다. 국회위원만 하면 장관만 지내면 왜 부자가 될 수 있는가? 장관도 국회의원도 나라의 녹을 받는 월급쟁이데, 몇 년 만에 어떻게 그렇게 많은 재산을 늘릴 수 있는가. 이는 부당한 방법을 이용하여 자신의 욕심을 채웠기 때문이다. 군주가 정부의 재산을 자신의 집 재산으로 생각하면 절대 함부로 쓰지는 않을 것이다. 콩나물을 단 돈 10원이라도 깎고 깎는 진심어린 예산을 집행하여야 한다.

'혹독'이란 백성을 혹독하게 다스리는 것이다. 권력을 잡으면 권력을 휘두르는 자가 한 둘이 아니다. 갑과 을의 관계처럼 갑질을 한다. 자신의 권력이 영원할 것처럼 영원히 화려한 꽃을 피고 있을 것처럼, 백성을 질고를 걱정하고 챙기는 것이 아니라 위에서 군림하고 위협하고 허세를 부린다. 이러한 소인배는 우리에게 두려운 존재가 아니라, 오히려 참 안타깝고 불쌍하다는 생각이 든다. 그 권력에서 내려오면 그는 한낱 권력의

---

5 明 吳孟棋(1498-1568) 《節愛堂題詞》: "夫今之爲吏之弊者, 大較有四: 曰貪, 曰酷, 曰諂, 曰傲而已. ……蓋唯節用則必視國猶家而不貪矣, 唯愛人則必視民如傷而不酷矣; 唯不貪則其志卓, 而何所于諂? 唯不酷則其氣平, 而何所于傲?"(이른바 지금의 관리들은 대략 네 가지 폐단이 있다. 탐욕, 혹독, 아첨, 오만함이다. ……무릇 절약을 한다는 것은 나라는 자신의 가정으로 생각하면 나라의 것을 탐욕하지 않는다. 사람을 사랑한다는 것은 백성의 상처를 자신의 상처로 생각하면 혹독하지 않는다. 탐하지 않으면, 자신의 의지가 확실한데 어찌 남에게 아첨할 것이 있으며, 혹독하지 않으면 기운이 화평한데 어떤 오만한 것이 있겠는가?) 字 元壽, 號六泉, 山東人.

폭력을 휘둘렀던 폭력배로 기억되지, 참 좋았던 사람으로 기억되지 않기 때문이다.

'아첨'은 권력이 높은 자나 가진 자에게 아부하는 것이다. 소신과 정의가 아니라 개인적인 욕망을 위하여 권력에 빌붙어 정상적인 길이 아니라 부당한 길을 택하여 자신의 욕심을 채우고자 하는 아부다. 자신의 아부는 결국 아랫사람이 자신에게 아부하게 하고, 아부를 받은 그 윗사람은 다시 그 윗사람에게 아부를 하게 되니 아첨은 결국 아첨의 연결 고리이다. 자신의 능력을 배양하기 보다는 뒷거래를 배우는 사회는 부정과 부패만 있을 뿐이다. 국민 총 생산이 3만을 넘고 4만으로 가기 위해서는 아첨하지 않는 깨끗하고 투명한 정치, 경제 구조, 의식 수준이 필요하다.

'오만'은 겸손하지 않는 태도이다. 자신이 잘났다고 남의 말을 귀 담아 듣지 않는, 남을 배려하지 않고 독단적인 행보를 하는 자이다. '성聖'자는 갑골문에서 사람이 '귀耳'를 쫑긋 세우고 다른 사람이 하는 '말口'을 경청하는 모습이다. ''으로 쓴다. 옛 성인들은 성인이란 남의 말을 잘 경청하고, 올바르게 판단하고, 올바른 길로 인도하는 자를 성인으로 여겼다. 따라서 가장 현명한 집정자는 자신의 능력만을 믿고 오만하고 거만하게 행동하는 것이 아니라, 백성의 말을 잘 듣고, 잘 판단하고, 대의를 생각하여 올바르게 인도하는 것이다. 그러면 만약 나라에 우환이 왔을 때 백성이 먼저 자신의 몸에 상처가 난 양 아파할 것이다. 그렇지 않으면 하夏나라의 걸桀왕이 폭행이 심해지자 백성들은 '이놈의 나라는 왜 망하지 않는가!'라고 원망을 할 것이다.[6] 이 얼마나 끔찍한 일인가!

---

6 《書經 · 湯誓》: "時日曷喪? 予及汝皆亡."(이 해는 언제나 없어질 것인가? 우리는 너와 함께 망해 버렸으면 좋겠다.)

동고동락은 백성과 함께 하는 것이지, 자신의 가족이나 가신들의 영화를 위하여 집정하는 것이 아니다. 양혜왕梁惠王이 어느 날 늪가에서 기러기와 사슴들을 보고, "현량賢良한 사람은 이를 즐깁니까?"라 하자, 맹자는 "현량한 사람만이 이를 즐길 줄 안다" 하였다.

> 文王以民力爲臺爲沼, 而民歡樂之, 謂其臺曰靈臺, 謂其沼曰靈沼 ; 樂其有麋鹿魚鱉. 古之人與民偕樂, 故能樂也.《湯誓》曰: '時日害喪 ? 予及女皆亡. 民欲與之皆亡, 雖有臺池鳥獸, 豈能獨樂哉 ? (《孟子 · 梁惠王》1.2)
>
> 문왕文王은 백성의 힘으로 대를 만들고 늪을 만들었으니, 백성들은 그것을 기쁘고 즐겁게 여겨 그 대를 영대라고 불렀고, 그 늪을 영소라고 불렀습니다. 그리고 거기에 크고 작은 사슴들, 물고기와 자라들이 노니는 것을 즐거워 하였습니다. 옛날 성인들은 백성들과 함께 즐겼기 때문에 즐길 수 있었던 것입니다.《탕서》에 "저 해는 어느 때 없어지려나? 너와 함께 망해버렸으면 해!"라고 하였습니다. 백성들이 함께 망하고자 한다면, 대와 못과 새와 짐승이 있다 한들 어찌 혼자서 즐길 수 있겠습니까?

문왕은 백성과 동고동락하였기 때문에 세상 물상의 아름다움을 즐길 수 있었지만, 걸왕은 자신의 쾌락만을 위했기 때문에 백성이 결국 그를 버렸다.

《중용》에서 공자는 정치란 그 사람에 달려 있다 하였다. 군주가 백성에 요구하지 말고, 먼저 자신이 덕성을 수양하여야 그 나라의 정치는 물속에서 자라는 창포와 갈대같이 쑥쑥 자란다 하였다. 이 군주는 인仁과 의義을 갖추고 있어야 하는데, 인은 효이고, 의는 인재를 존중하는 것이다. 이는 인간 만물의 법칙이다. 그래서 사물의 도리를 완전히 파악하여야 만이 지극한 하늘의 도에 이르는 것이다.

人道民政, 地道敏樹, 夫政也者, 蒲盧(蘆)也. 故為政在人, 取人以身, 修身以道, 修道以仁. 仁者人也, 親親為大; 義者宜也, 尊賢為大. 親親之殺, 尊賢之等,[7] 禮所生也. 在下位不獲乎上, 民不可得而治矣! 故君子不可以不修身; 思修身, 不可以不事親; 思事親, 不可以不知人; 思知人, 不可以不知天.(《中庸》제20장)

사람의 도道는 정치에 빠르게 나타나고 땅의 도道는 나무에 빠르게 작용한다. 정치라는 것은 빠르게 자라는 창포와 갈대다. 그러므로 정치를 하는 것은 사람에 달려 있어 군주가 먼저 수신을 해야만 어진 사람을 얻을 수 있다. 자신의 덕을 닦는 데는 도로써 하고, 도를 닦는 데는 인仁으로써 한다. 인이라는 것은 사람다움이다. 그리고 어버이를 어버이로 받드는 것이 그 중의 큰일이다. 의義라는 것은 마땅함이다. 그리고 현량한 인재를 존중하는 것이 그 중의 큰일이다. 어버이를 어버이로 받드는 데서 정도를 낮추어가는 것과 현량한 인재를 존중하는 차등差等에서 예禮가 생기는 것이다. 아랫자리에 있으면서 윗사람의 신임을 얻지 못하면 백성을 다스려내지 못한다. 그러므로 군자는 자신의 덕德을 닦지 않아서는 안 된다. 자신의 덕을 닦으려고 생각하면 어버이를 섬기지 않아서는 안 된다. 어버이를 섬기려고 생각하면 사람을 몰라서는 안 된다. 사람을 알려고 생각하면 하늘을 몰라서는 안 된다.

---

7 '殺'자는 '차별'이라는 뜻이고, '等'은 '등급'이라는 뜻이다.

작품설명

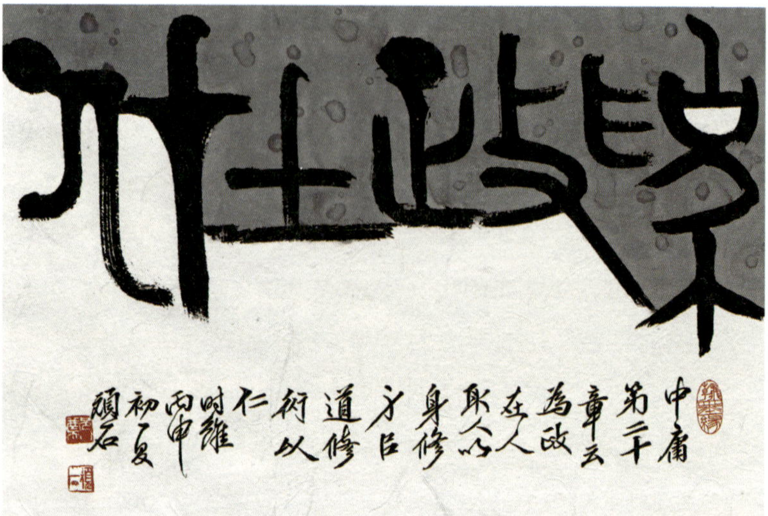

·완석 정대병 작·

위정재인爲政在人

中庸第二十章云:"為政在人, 取人以身, 修身目(以)道, 修術(道)以仁."

時維丙申初夏, 頑石

중용 제 20장에서 말하다. "정치를 하는 것은 사람에 달려 있어 군주가 먼저 수신을 해야만 어진 사람을 얻을 수 있다. 자신의 덕을 닦는 데는 도로써 하고, 도를 닦는 데는 인으로써 한다."

병신년 음력 4월 완석.

# 04

# 賢賢易色
## 현현이색

**현명함을 중히 여기고 여색을 가볍게 여기다**

(군자는 현자를 중시하고 여색을 멀리한다)

'현현賢賢'과 '이색易色'은 모두 '서술어 + 목적어'의 구조이다. 고문에서 서술어가 명사나 형용사이고 목적어를 수반하면 의동식意動式인 '……라고 여기다'라는 뜻으로 쓰인다. 앞 '賢(어질 현, xián)'자는 형용사의 용법으로 쓰여 '현자로 중히 여기다'의 뜻이며, '易(용이 이, yì)'는 '쉽다'·'용이하다'는 형용어로 쓰여, '이색'은 '색을 가볍게 여기다'라는 뜻이다.

'현현이색'을 혹은 '현현역색'으로 읽고, '현자를 존경함을 색 좋아하는 것처럼 하다'라 하여 '바꾸다'는 뜻으로 읽기도 한다. 그러나 문장 구조로 보아 '賢'이 형용사이기 때문에 '易'자 역시 형용사로 해석하기로 한다.

또한 '현현이색' 다음 구절의 내용이 '부모'와 '군주'에 관한 내용이기 때문에, '현현이색'을 아내에 대한 내용으로 이해하기도 한다. 즉 부인으로 삼을 아내는 그 현명함을 중히 여겨야지 미색을 중히 여기지 말라는 뜻이다.

'(賢)'자는 '貝'와 소리부 '臤'으로 이루어진 자이다. '賢'자는 원래 '현臤'자와 같은 자이며, 후에 재산을 의미하는 '貝'가 추가되었다. '臤'은 '臣'

과 '手(又)'로 이루어진 자이며, 신하를 다스리다는 뜻이다. '현賢'은 신하와 재산을 잘 운용하는 사람은 재능이 있는 현명한 사람인 것이다.

'(易)'자는 '이' 혹은 '역'으로 읽는다. 갑골문은 '' · ''으로 쓰고, 금문은 '' · '' · '' · ''으로 쓴다. 《설문해자說文解字》는 도마뱀의 형상이라 하고, 곽말약郭沫若은 그릇에 물이 넘치는 형상으로 '溢(益)'자의 초문이라 하였다. 그릇에 물이 넘치면 그릇을 교환하여야 하기 때문에 '바꾸다'는 뜻이고, 그릇 바꾸는 것 또한 쉬운 일이기 때문에 '용이하다'는 뜻으로 쓰일 수 있다.

子夏曰: "賢賢易色, 事父母, 能竭其力, 事君, 能致其身, 與朋友交, 言而有信. 雖曰未學, 吾必謂之學矣."(學而 01.07)

자하가 말하였다.

"재능을 존중하고 미색을 중시하지 않고, 부모를 섬기는 데 자기 힘을 다할 수 있고, 임금을 섬기는 데 자기 몸을 바칠 수 있고, 벗들과 사귀는 데 말에 신용이 있다면 배우지 않았다고 하더라도 나는 반드시 그런 사람을 배운 사람이라 할 것이다."

자하는 자가 복상卜商이고, 공자의 제자이며, 공자보다 44세 어렸다. 공손추公孫丑가 맹자에게 "자하 · 자유 · 자장은 인仁과 지智 중 어느 하나만을 갖추고 있고, 염우 · 민자건 · 안연은 둘 다 갖추었으나 완전하지 못하고 미약하다"라 하자,[8] 지와 인을 모두 갖춘 자는 성인인데, 이러한

8 "子夏 · 子游 · 子張, 得聖人之一體; 冉牛 · 閔子騫 · 顔淵, 具體而微."《孟子 · 公孫丑》

성인은 공자이므로 맹자 자신은 공자를 배우는 중이라 하였다.[9] 즉 공손추가 언급한 인물은 공자의 제자인지라 공자에는 미치지 못하지만 공자의 제자 중 빼어난 인물임을 알 수 있다.

자하는 논어에서 공자가 '회사후소繪事後素'라는 말을 하게 한 인물이다.

> 子夏問曰: "'巧笑倩兮, 美目盼兮, 素以爲絢兮.' '何謂也?" 子曰: "繪事後素." 曰: "禮後乎?" 子曰: "起予者商也! 始可與言詩已矣."(《論語 · 八佾》3.8)
>
> 자하가 말하였다. "'귀엽게 웃는 입술 붉기도 하며, 아름다운 눈들 까맣고 희기도 하네. 흰 바탕에 무늬를 새긴 듯하네.'라 했는데, 이것은 무엇을 말한 것입니까?"
>
> 공자는 말하였다. "그림 그리는 일은 흰 바탕이 마련된 후에 온다는 말이다."
>
> "예禮는 후에 온다는 말씀이십니까?"
>
> 공자는 말하였다. "나를 일깨워주는 사람은 상商이로다. 이제야 함께 시詩를 논할 수 있게 되었다."

《시경》의 인용구 중 첫 번째와 두 번째 구절은 〈위풍衛風 · 석인碩人〉

---

9 "有若曰: '豈惟民哉！ 麒麟之於走獸, 鳳凰之於飛鳥, 泰山之於丘垤, 河海之於行潦, 類也. 聖人之於民, 亦類也. 出於其類, 拔乎其萃. 自生民以來, 未有盛於孔子也.'"《孟子 · 公孫丑上》(有若이 말하였다. '어찌 사람만이 그렇겠는가? 기린이 뛰어다니는 짐승에서의 위치, 봉황이 날아다니는 새에서의 위치, 태산이 언덕에서의 위치, 황하나 바다가 길가의 도랑물에서의 위치는 바로 같은 종류인 것들이다. 성인은 일반 사람들과는 역시 동류인데, 동류에서 벗어난 많은 사람들 위에 빼낸 듯이 뛰어나 있다. 이 세상에 사람이 생겨난 이래로 孔子보다 더한 인물은 아직까지 나오지 않았다.')

편에 나오는 내용이고, 세 번째 구절은《시경》에 보이지 않는다. '倩(예쁠 천, qiàn)'은 웃는 모습의 청순함을 가리키고, '盼(눈 예쁠 반, pàn)'은 분명하게 드러나는 맑은 눈동자를 가리킨다.

'絢(무늬 현, xuàn)'은 아름다운 무늬로 채색한다는 뜻이다. '소이위현素以爲絢'은 '귀여운 웃음(巧笑)'이나 '아름다운 눈매(美目)'와 같이 여인의 어느 일부분의 아름다움을 표현한 내용으로 이해할 수도 있으나, 문장 구조 형식과 내용으로 보아 전체적으로 앞 내용을 아우르는 설명으로 이해하는 것이 옳겠다. 즉 '귀여운 미소'와 '아름다운 눈망울'은 바로 순수한 본바탕에서 우러나오는 아름다움이다. 만약에 여인이 본래 순수한 아름다움을 지니고 있지 않으며, 어떤 미소를 머금은 이는 아름다움이 베어나지 못할 것이다. 그 사람의 바탕이 곧 소素이고, 이에 머금은 미소가 곧 현絢이다.

'회사후소繪事後素' 중 '회사'는 '그림을 그리는 것'이고, '후소'는 '후어소後於素'의 의미적 구조로 '흰 바탕의 뒤'라는 뜻이다. 전체적으로 그림을 그리는 것은 흰 바탕이 있은 후에 그릴 수 있다는 것이다. '예후禮後'는 의미적으로 '후後' 다음에 '인의仁義'를 추가하여 '예후어인의禮後於仁義'로 이해할 수 있다. '예악禮樂'은 '인의'를 바탕으로 해야 한다는 뜻이다. 사회의 질서 혹은 인간이 살아가는 절도인 예의는 '인의'의 바탕이 되어야 한다는 뜻이다.

혹은 '회사후소' 중 '소'를 '예禮'로 보고, '악어예후樂於禮後'의 의미구조로 이해하여 '즐거움(악樂)' 혹은 '음악'은 '예를 근본으로 한다'로 이해하기도 한다. 아래는 '예禮'와 '악樂'이나 혹은 '소素'와의 관계에 대한 공자의 설명이다.

공자가 말하였다. 예절이라는 것은 도리이고, 음악이라는 것은 절도이다. 군자는 도리가 없으면 움직이지 않고, 절도를 갖추지 않으면 행하지 않는 법이다. 시를 하지 못하면 예절이 부족하게 되고, 음악을 하지 못하면 예절이 허술하게 되고, 덕에 박하면 예절이 허실하게 되어 결함이 생기기는 것이다. 자공이 자리를 넘어가서 공자를 대하였다. "감히 묻겠습니다. 기는 거기에 궁한 사람입니까?" 공자가 말하였다. "그는 옛날 사람인가, 옛 사람이도다. 예절에는 통달했다고 하지만 음악에는 통달하지 못한 것을 일러 편벽되다고 한다. 저 기는 음악에는 통달했으나 예절에는 통달하지 못했다. 이로서 이와 같은 이름이 전해졌으나 그는 옛날 사람이다.[10]

"子曰: 興於詩, 立於禮, 成於樂."(泰伯 08.08)

공자가 말하였다. 시가를 통하여 지식을 흥하게 할 수 있었고, 예를 통하여 설 수 있었으며, 음악을 통하여 완성하였다.

민간의 시가는 공자에게 사회생활이나 정치외교 교류에 매우 중요한 수단과 방법이었다.

'현현이색'은 '현자를 중히 여기고 여색을 가볍게 여겨야 되는' 군주의 덕목 중의 하나이기도 한다. '토포악발吐哺握髮'은 '주공周公이 현자를 맞이하기를 식사 중에 먹던 음식을 뱉고, 머리를 감고 있을 때에는 머리를

---

10 子曰: "禮也者, 理也; 樂也者, 節也. 君子無理不動, 無節不作. 不能《詩》, 於禮繆; 不能樂, 於禮素; 薄於德, 於禮虛." 子曰: "制度在禮, 文爲在禮, 行之, 其在人乎!" 子貢越席而對曰: "敢問: 夔其窮與?" 子曰: "古之人與? 古之人也. 達於禮而不達於樂, 謂之素; 達於樂而不達於禮, 謂之偏. 夫夔, 達於樂而不達於禮, 是以傳此名也, 古之人也."(《禮記 · 仲尼燕居》)

거머쥐고 맞이했다'는 고사에서 '민심을 거두어 잡고 정무를 보살피기에 잠시도 편안함이 없음'을 가리킨다. 주공 단旦은 주나라 무왕武王의 동생으로, 문왕이 재위에 있을 때부터 효성이 지극하고 애정이 돈독하였으며 무왕이 즉위하자 무왕을 보필하며 많은 일을 도맡아 처리했다. 무왕이 타계하자 천하 백성들이 이반할까 두려워 성왕을 대신하여 국자행정을 섭정하였다. 이때 이를 달갑지 않게 생각하고 유언비어를 나라에 퍼트리자 주공 자신을 주나라를 일으키고자 하는 순수한 마음에서 우러나온 것이라 하였다. 《사기 · 노주공세가魯周公世家》에서 나오는 이야기이다.

> 내가 오해받을 것을 개의치 않고 섭정하는 것을, 천하 백성이 주나라를 이반할까 두려워 우리의 선왕이신 태왕, 왕계, 문왕께 고하지 않았소. 삼왕께서 오랫동안 걱정하고 애쓴 나머지 천하가 오래 지탱되어 왔고, 오늘에 이르러 완성되었소. 무왕이 일찍이 타계하셨고, 성왕이 어립니다. 장차 이 상황에서 주나라를 일으키는 것이 내가 섭정하는 목적이오.[11]

주공은 그의 아들 백금伯禽에게 봉지인 노魯나라 땅으로 가도록 하면서 충고하였다.

> 나는 문왕의 아들이고, 무왕의 동생이며, 성왕의 숙부이다. 천하에서 또한 신분이 낮지는 않을 것이다. 그러나 나는 한 번 목욕하는 데 머리카락을 세

11 《史記 · 魯周公世家》: "我之所以弗辟而攝行政者, 恐天下畔周, 無以告我先王太王 · 王季 · 文王. 三王之憂勞天下久矣, 於今而後成. 武王蚤終, 成王少, 將以成周, 我所以爲之若此."

번 움켜주었고, 한 번 식사를 하는 데 세 번을 뱉어 내면서 나아가 선비를 맞이하였으면서도 오히려 천하의 현인을 잃을까 걱정하였다. 너는 노나라로 가거든 삼가 나라를 가졌다고 남에게 교만하지 말아라.[12]

성왕이 성장하여 정사를 처리할 수 있게 되자, 주공은 성왕에게 곧바로 정권을 돌려주었다. 성왕이 국정에 임하였고, 주공은 신하로서 마치 두려운 듯이 성왕을 공손하게 모셨다. 나라를 위한 진실 된 주공의 '현현賢賢'하는 마음을 읽을 수 있다.

공자는 군자는 세 가지를 두려워하여야 한다 하였다. '천명天命'·'대인大人'·'성인의 말씀聖人言'이라 하였다. 대인大人은 곧 현인賢人과 같다. 그런데 소인은 이를 무시하고 조롱하기까지 한다.

---

12 "我文王之子, 武王之弟, 成王之叔父, 我於天下亦不賤矣. 然我一沐三捉髮, 一飯三吐哺, 起以待士, 猶恐失天下之賢人. 子之魯, 愼無以國驕人."《史記 · 魯周公世家》

작품설명

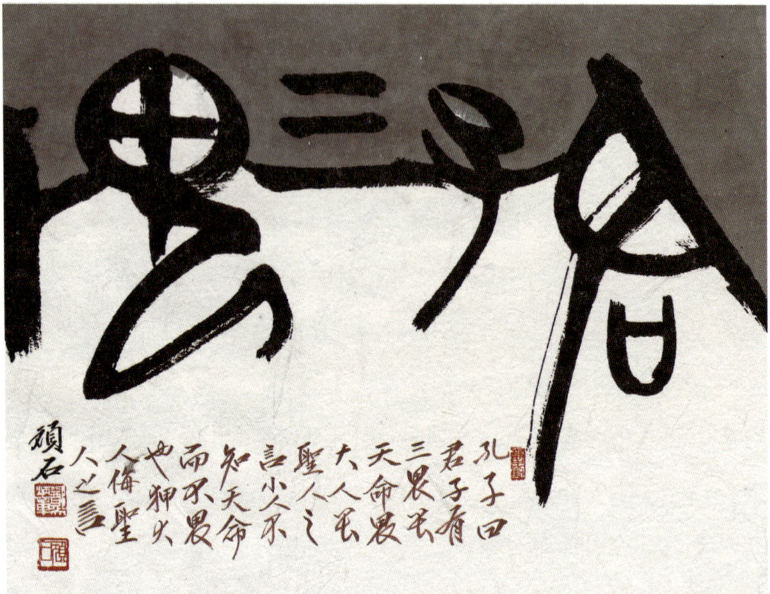


·완석 정대병 작·

군자삼외君子三畏

孔子曰: "君子有三畏, 畏天命, 畏大人, 畏聖人之言. 小人不知天命而不畏也, 狎大人, 侮聖人之言."(季氏 1608)

頑石

孔子께서 말하였다."군자에게는 두려워하는 것이 세 가지 있다. 천명을 두려워하고, 큰 인물을 두려워하고, 성인의 말씀을 두려워한다. 소인은 천명을 몰라서 두려워하지 않고, 큰 인물에게 가까이 굴며 경시하고, 성인의 말씀을 조롱한다."

완석.

'현현이색賢賢易色' 중 '이색易色'은 '여색을 가볍게 여겨야 되는' 군자의 덕목 중의 하나이기도 한다. 옛날 많은 영웅들이 여인들 때문에 무너졌다.

《삼국지연의》에서 왕윤王允은 양녀養女 초선貂蟬을 이용하여 이간계離間計와 미인계美人計를 이용하여, 동탁董卓이 양자 여포呂布에게 죽게 하였고, 초선은 이 계략을 성공한 후 자신도 자결한다. 이를 연환계連環計라 한다. 쇠고리가 연이어 붙어 있는 연환과 같이 복수의 병법을 연속적으로 사용하는 삼십육계三十六計 계략 중의 하나이다. 초선貂蟬은 '달도 부끄러워 구름 사이로 숨어 버렸다'라는 미인美人 '폐월閉月'로 불리운다.

중국 사대미인四大美人 서시西施, 왕소군王昭君, 초선貂蟬, 양귀비楊貴妃을 가리켜 '침어낙안폐월수화沈魚落雁閉月羞花'라 한다.[13]

서시西施--침어沈魚--물고기가 물속으로 헤엄쳐 사라지다

왕소군王昭君--낙안落雁--날아가는 기러기가 떨어지다

초선貂蟬--폐월閉月--달빛이 숨다

양귀비楊貴妃(양옥환楊玉環)--수화羞花--꽃이 부끄러워 하다

**서시西施**를 가리켜 '침어沈魚' 미녀라 하는데, 물고기가 서시를 보고 부

---

13 《장자莊子 · 제물론齊物論》에서 "毛嬙 · 麗姬, 人之所美也. 魚見之深入, 鳥見之高飛, 麋鹿見之決驟, 四者孰知天下之正色哉.(모장과 이희는 사람들이 미인이라 하지만 물고기는 그들을 보면 물 속 깊이 들어가고, 새는 그를 보면 높이 날아가고 고라니와 사슴은 그를 보면 후닥닥 달아난다. 이 네 가지 것들은 누가 천하의 올바른 아름다움을 알고 있는 것인가?"라고 하였고, 후에 '침어낙안沈魚落雁'은 여인의 극히 아름다운 미모를 상징하는 성어로 사용되었다. 송宋《착립신錯立身》은 "有沉魚落雁之容, 閉月羞花之貌.(침어낙안의 용모와 폐월수화의 용모를 지니고 있네)"라 하였다.

끄러워 물속으로 헤엄쳐 사라진다는 뜻이다. 서시는 춘추전국春秋戰國 시대 때 월越 나라 절세미녀로 마을의 여자들은 그녀를 따라하면 아름다워질 것이라 생각했고 심장병을 앓아 한쪽 가슴에 손을 얹고 미간을 찌푸리는 서시의 얼굴까지 흉내 내었다는 '동시효빈東施效顰'의 주인공이도 하다. 마을의 못생긴 추녀 동시東施가 병이 없는데도 서시처럼 얼굴을 찡그리고 다녔다하여 '효빈效顰'이라 한다. '찡그린 얼굴을 본받는다'는 뜻이다. '효效'는 '본받다'는 뜻이고, '顰(찡그릴 빈, pín)'은 '이맛 살을 찡그리다'는 뜻이다. 현재는 무분별하고 소신 없이 남을 모방하는 사람들을 가리키거나, 혹은 '그저 남의 흉내만 좀 냈을 뿐이다'라는 자신의 재능을 겸손하게 말하는 의미로도 쓰인다.

월왕越王 윤상允常의 아들 구천勾踐은 오吳 합려闔閭의 아들 부차夫差 군대에게 회계산에서 포위되어 패하였다. 월나라 충신 범려范蠡는 부차를 보복하기 위해 서시에게 예능을 가르쳐서 미인계로 오왕 부차夫差에게 바쳤다. 부차는 그 후 서시의 미모에 빠져 결국 월나라에 패망하였고, 서시는 그 후 부차에 대한 죄책감으로 강에 몸을 던졌다고 한다. 이 이야기가 바로 '와신상담臥薪嘗膽'과 관련이 있다. '와신상담'은 복수를 위해 '장작 위에 자리를 펴고 자고, 잠자리 옆에 쓸개를 매달아 놓고 쓴 맛을 봤다'는 뜻이다. 처음 구천과 범려는 오나라에 패한 후 복수를 위해 '너는 회계의 치욕을 잊었느냐(회계지치會稽之恥)'라고 자신을 채찍질하며, 장작더미에서 자고 쓸개의 쓴 맛을 보며 복수를 준비한다는 뜻이다.

구천과 범려의 관계는 또한 '토사구팽兎死狗烹'과 관련이 있다. 구천을 도와 가장 큰 공을 세운 신하는 범려范蠡와 문종文種으로 각각 상장군上將軍과 승상丞相을 지냈다. 공을 세운 후 범려는 구천을 믿을 수는 없는 인물로 판단하고 월나라를 도망쳤다. 그 후 제齊나라에 은거한 범려는 문종에게 '새 사냥이 끝나면 좋은 활도 감추어지고, 교활狡猾한 토끼를 다 잡고 나면 사냥개를 삶아 먹는다(교토진주구팽狡兔盡走狗烹, 비조진양궁장飛鳥盡良弓藏)'라는 편지를 써서 피신토록 충고하였다. 문종은 결국 주저하다가 구천에게 반역의 의심을 받아 자결自決하였다. 이가 '토끼가 죽으면 사냥개는 잡아먹힌다.'는 토사구팽兎死狗烹이 유래다.

**왕소군王昭君(明妃)**을 가리켜 '기러기가 미녀를 보고 날개 짓을 잃고 땅으로 떨어지다'는 '낙안落雁'이라 한다. 《서경잡기西京雜記》(갈홍葛洪, 동진東晋 사람, 284-364)에 왕소군의 이야기가 나온다. 왕소군은 17세 때 한漢나라 원제元帝의 후궁으로 입궁했다. 원제는 천명이 넘는 궁녀의 얼굴을 파악하기 위해 화공畵工(모연수毛延壽)을 시켜 초상화를 그리게 했고, 후궁들은 화공에게 뇌물을 바쳐 예쁘게 그려주도록 하였지만, 왕소군만이 뇌물을 바치지 않아 아름다운 미모에도 불구하고 5년간 원제의 총애를 받지 못하였다.

그 후 잦은 흉노匈奴의 침입에 고민하던 원제는 흉노의 선우單于 호한야呼韓邪를 달래기 위해 자신의 딸과 혼인시키고자 궁으로 초대했으나, 자신의 딸과 오랑캐를 혼인 시킬 수 없어, 자신의 후궁 중 총애 받지 못한 궁녀들을 불러 그 시중을 들게 하였고, 이 때 선우는 왕소군의 미모에 반했다. 이때야 원제 역시 왕소군의 절세미모를 알아보고 후회하여 화공 모연수를 죽였다고 한다. 왕소군이 집을 떠나가는 도중 그녀는 멀리서 날아가고 있는 기러기를 보고 고향생각이나 비파를 연주하자 한 무리의 기러기가 그 소리를 듣고 날개 움직이는 것을 잊고 땅으로 떨어져 내렸다 해서 낙안落雁이라 한다.

그 후 80여 년 동안 흉노와 한나라의 전쟁은 없었고, 호한야 선우가 죽은 후, 왕소군은 한나라로 돌아가고 싶었으나 흉노의 관습에 따라 호한야

의 본처 아들인 복주루復株累 선우單于의 연지(閼氏, 선우의 황후)가 되어 딸 둘을 낳으며 죽을 때까지 살았다.

'봄이 와도 봄 같지 않다'는 '춘래불사춘春來不似春'이란 용어도 왕소군의 슬픈 사연을 노래한 唐나라 시인 동방규東方虯의 시 '소군원昭君怨'에 나오는 말이다.

> 胡地無花草 오랑캐 땅엔 꽃도 풀도 없으니
> 春來不似春 봄이 와도 봄 같지가 않구나
> 自然衣帶緩 옷에 맨 허리끈이 느슨해짐은
> 非是爲腰身 허리 몸매를 위함이 아니다

양귀비楊貴妃는 '꽃도 부끄러워서 잎을 말아 올렸다'는 '수화羞花'로 불리운다. 풍만한 부귀모란富貴牡丹형 미인이라 한다. 당唐나라 현종玄宗의 아들인 왕자王子 수왕壽王과 혼인하였는데, 양귀비의 외모와 가무에 반한 시아버지인 현종은 수왕에게서 그녀를 빼내고 궁 안에 태진궁을 지어 이곳에서 양귀비와 매일 밤 사랑을 나누었다고 한다. 이 때 양귀비의 나이는 22세, 현종은 57세였다. 왕귀비가 어느 날 화원에 가서 꽃을 감상하다 함수화含羞花를 건드렸는데 함수화가 부끄러워 바로 잎을 말아 올렸다한다. 그 후 당나라 내에서 안록산安祿山의 난이 일어났고 현종이 양귀비에 빠져서 정사를 돌보지 않았으므로 멸망의 원인이 되었다. 현종이 촉蜀 성도成都로 난을 피하여 가던 중 마외파馬嵬坡에서 병사들이 양귀비를 죽일 것을 요구했고, 양귀비는 결국 불당에서 목매달아 죽었다 한다.

양귀비는 여지荔枝라는 과일을 몹시도 좋아했다 한다. 남방에서 나는 여지를 신선하게 먹기 위해 줄줄이 기수들을 대기시켜 놓고 수송하여 왔다고 한다.

당唐 두목杜牧《과화청궁過華清宮》

長安回望繡成堆, 장안에서 여산驪山을 바라보니 마치 비단처럼 높이높이 펼쳐져 있고,

山頂千門次第開. 산자락에 무수히 많은 궁궐 차례로 문 열리네.

一騎紅塵妃子笑, 흙먼지 일으키고 말 달려 들어오니 왕귀비 미소 머금거늘

無人知是荔枝来. 여지가 받쳐진 줄 아는 사람 없다네.

여지荔枝(lìzhī)

공자는 군자는 세 가지를 경계하라 하였다. "젊었을 때는 혈기血氣가 잡히지 않으니 여색女色을 경계하고, 장성년壯成年이 되어서 혈기가 왕성하니 남과 다툼을 경계하고, 늙어서는 쇠약衰弱해졌기 때문에 물욕物慾을 경계하라" 하였다.

작품설명

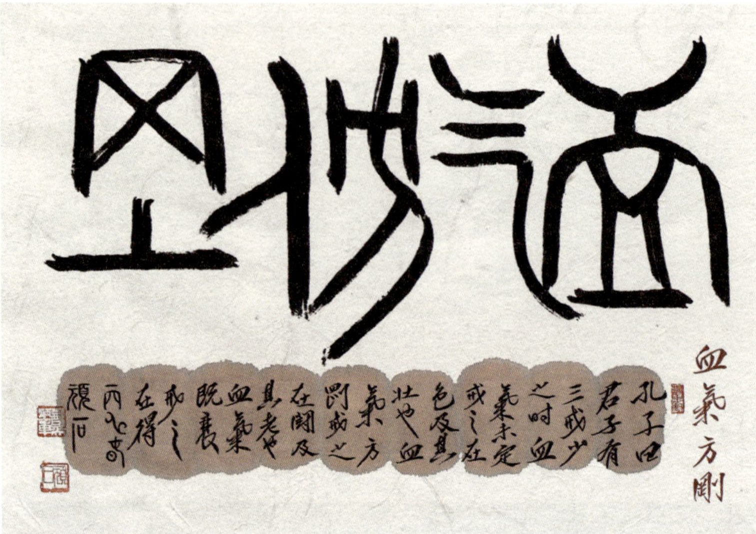

·완석 정대병 작·

혈기방강血氣方剛

血氣方剛. 孔子曰: 君子有三戒, 少之時, 血氣未定, 戒之在色, 及其壯也, 血氣方剛, 戒之在鬪, 及其老也, 血氣旣衰, 戒之在得.

丙申春, 頑石

孔子께서 말하였다. "군자에게는 경계할 것이 세 가지가 있다. 젊을 때 혈기가 잡히지 않아서 경계할 것은 여색女色에 있다. 장년壯年이 되어서 혈기가 왕성하여지면 경계할 것은 싸움에 있다. 늙게 되어 혈기가 쇠해지면 경계할 것은 물욕物慾에 있다."

병신년 봄, 완석

## 05

# 衆星拱北
# 중성공북

**별들이 북극성을 에워싸다**

(덕으로 백성을 다스리면 뭇별들이 북극성을 에워싸듯 모여든다)

‘중성공북衆星拱北’을 혹은 ‘중성환극衆星環極’·‘중성공극衆星拱極’이나 ‘중성공신衆星拱辰’으로 쓰기도 한다.

‘(衆)’자를 갑골문은 ‘해(日)’와 많은 사람이라는 뜻인 ‘㐺’로 이루어진 ‘’자로 쓴다. 날이 밝아 태양이 뜨자 노동일을 하러 가기 위해 많은 사람이 모이는 형상이다. ‘日’이 후에 ‘血’로 와전 되었다. ‘衆’자는 ‘㐺’자와 같은 자이다.

‘拱(손 맞잡을 공, gǒng)’은 ‘共’과 같은 자로 ‘에워싸다’는 뜻이고, ‘環(고리 환, huán)’자는 어떤 물체를 중심으로 ‘둥글게 에워싸다’는 뜻이다.

‘(共)’자를 갑골문은 ‘’으로 쓴다. 두 손으로 물건을 받쳐 들고 있는 형상이다. 후에 ‘手’를 추가하여 ‘공拱’으로 쓴다.

‘(環)’은 ‘玉’과 소리부 ‘睘’으로 이루어진 자이다. 고문자에서 ‘環’과 ‘睘’은 같은 자이다. 금문은 ‘(瑗)’·‘’·‘(睘)’ 등으로 쓴다. ‘睘’자는 또한 ‘(瞏)’자와 같은 자이다. ‘目’과 소리부 ‘袁’으로 이루어진 자이다. ‘(袁)’자는 옷 가운데 둥근 모양의 옥 장식이 달린 형상이다. 따라서 ‘睘(瞏)’자는 사람의 시선이 입고 있는 옷 앞부분의 동그란 구슬을 응시하는 형상이다. 그래서 '고리' 혹은 '둥글다'라는 뜻으로 쓰인다. '環'자를 혹은 고문자에서 옥고리가 서로 연결된 ''으로 쓰기도 한다.

'(極)'자는 '木'과 소리부 '亟'으로 이루어진 자이며, 고문자에서 '亟'과 같은 의미로 쓰인다. '(亟)'자를 갑골문은 ''·''으로 쓴다. 사람의 끝 부분에 한 획을 써서 '사람의 가장 끝자락'이라는 뜻이다. 후에 '木'을 추가하여 '집의 가장 위쪽 끝'이라는 뜻을 나타낸다. 금문은 ''으로 쓰거나, 혹은 '口'를 추가하여 ''으로 쓰고, '攴(복)'을 추가하여 ''으로 쓴다. 말이 극단에 이르고, '攴'을 추가하여 '빨리 하도록 하다'는 의미를 나타낸다.

'(北)'자는 두 사람이 등을 등지고 있는 '(背)'자의 초문이다. 후에 동서남북의 가차자로 쓰이게 되자, '肉'을 추가하여 '背'자로 쓰이게 되었다.

'중성공북衆星拱北'은 뭇 별들이 북극성을 중심으로 에워싸고 도는 것이다. 집정자가 덕으로 정치를 하게 되면, 그 집정자를 중심축으로 하여 뭇 백성들이 모두 모여 들고 받들게 되는 것이다. 백성이 집정자의 정책을 따르지 않고, 시위하고, 흩어지게 되는 것은 덕으로 정책을 실행하지 않기 때문인 것이다.

> 子曰: "爲政以德, 譬如北辰, 居其所而衆星共之."(爲政 02.01)
>
> 공자는 말하였다.
>
> "정치를 덕德으로 하는 것은 마치 북극성北極星이 제 자리에 있고 여러 별들이 그것을 향하여 도는 것과 같다."

'위정爲政'은 '정치를 하다'라는 뜻이고, '以'자는 수단과 방법을 표시하는 전치사 용법으로 쓰인다. '비여譬如'는 '비유하면 마치 ……와 같다'라는 뜻이다. '기소其所' 중 대사 '기其'는 북극성을 가리키고, '소所'는 '장소'를 가리키는 것으로 전체적으로 '북극성이 그 장소에 있다(거처하다)'라는 뜻이다.

'덕德'자는 '득得'자와 소리가 비슷하기 때문에 고문에서 종종 같은 의미로 쓰인다. '德(德)'자는 '彳(行)'을 생략하고 '悳(悳)'자로 쓰기도 한다. '직시하는 마음'·'정직한 마음'이란 뜻이다. '得(得)'자는 '길가에서 화폐 조개를 얻는다'는 뜻이다. '덕'이란 오랜 세월에 걸쳐 경험에서 얻은 인간의 가장 좋은 생활 질서의 선한 마음이다. 도덕은 학문과 수양을 통해 기를 수 있는 것으로 양심의 본질이지, 정치가가 법이나 구속력을 통해서 강제로 집행하고 억제해서 잡혀지는 것이 아니다. '덕'을 근본으로 하는 것이 바로 덕치주의德治主義이다.

'정政'자는 원래 '정복하다'는 '정征'자와 '바르게 하나'는 '正'자와 같은 뜻이다. 고대인들의 '정복'은 미개한 문화를 바로 잡아준다는 사상이 담겨 있다.

북극성을 혹은 북신北辰·북성北星·중극中極 등으로 칭하기도 한다. 중국 고대인들은 북극성을 사계四季를 바로잡고 기후변화를 주관하는 신으로 섬겼다. 이 별은 태자太子·제성帝星·서자庶子·후궁後宮·천추天樞의 다섯별과 함께 일직선상에 위치하고 있으며, 가장 중심이 되는 큰 별이기 때문에 다른 별들이 옹위를 하는 것으로 여겼다.

덕치德治를 하면 천하天下의 마음이 다 돌아와 일일이 다스리지 않아도 나라가 다스려짐을 말하는 것이다. 양혜왕은 자신은 정치를 잘 하는 것 같은데 인구는 불어나지 않고, 이웃나라는 잘 다스리지 못하는 것 같은데 인구가 줄어들지 않는 이유를 맹자에게 물었다.[14] 선정善政을 베풀어 살기 좋은 나라로 만들어야 이웃 나라가 부러워하고 배우기 위해 몰려드는 것이다.

> 七十者衣帛食肉, 黎民不饑不寒, 然而不王者, 未之有也. 狗彘食人食而不知檢; 涂有餓莩而不知發. 人死, 則曰: '非我也, 歲也.' 是何異於刺人而殺之, 曰: '非我也, 兵也.' 王無罪歲, 斯天下之民至焉.(《孟子 · 梁惠王上》)
>
> 70대의 사람들이 명주옷을 입고 고기를 먹고 백성들이 굶주리지 않고 춥게 살지 않는데, 왕 노릇을 하지 못한 사람은 여지껏 본 일이 없습니다. 개와 돼지가 사람 먹을 곡식을 먹어도 단속할 줄 모르고, 길에 굶어죽은 송장이 생겨도 창고를 열어 먹일 줄을 모르고, 사람이 죽으면 '내가 그렇게 한 것이 아니라, 흉년이 그렇게 한 것이다'라고 한다면, 그것이 어찌 사람을 찔러서 죽이고 '내가 그렇게 한 것이 아니라, 무기가 그렇게 한 것이다'라고 하는 것과 무엇이 다르겠습니까? 王께서 흉년을 핑계하는 일이 없다면 그때에는 온 천하의 사람들이 모여오게 될 것입니다.

공자나 맹자나 강조하는 정치는 덕치이다. 덕으로 나라를 다스려야지 개인적인 정치적 욕망으로 윗자리에 앉아 있으면 실패는 손바닥 보듯 뻔하다.

현재 취업이 어렵다. 마치 취업과의 전쟁을 치르고 있는 것 같다. 그럼

14 梁惠王曰: "寡人之於國也, 盡心焉耳矣. 河內兇, 則移其民於河東, 移其粟於河內; 河東兇, 亦然. 察鄰國之政, 無如寡人之用心者. 鄰國之民不加少, 寡人之民不加多, 何也?"(《孟子 · 梁惠王上》)

에도 집정자가 이는 내가 잘못한 것이 아니라 세계 경제가 전체적으로 어렵다고 핑계만 댄다면, 이는 칼로 사람을 죽이고도 자신이 죽인 것이 아니라 칼이 죽인 것이라는 것과 같다. 한 가정이 가난한 것은 그 집안 어른들의 몫이지 자녀들의 몫이 아니다. 취업 결국은 위정자의 몫이다.

노魯나라 정공定公이 공자에게 나라를 망하게 하거나 흥하게 할 수 있는 '한 마디의 말(일언一言)'을 해 주십사했다. 공자는 나라를 흥하게 하는 말은 '임금님 하기 힘드네' · '신하노릇하기 힘드네'라 하고, 나라는 망치는 말은 '백성이 내 말을 어기지 않는 것을 낙으로 삼는다'라 했다. 대통령이 나라를 다스리는데 너무 힘들고 관직자들이 백성을 돌보는데 너무 바빠 힘들어 죽겠네 하면 그 나라는 홍성하게 될 것이고, 집정자가 자기 고집대로만 하면서 백성이 자신의 말을 듣지 않으면 고집만 부리고 즐겁지 않게 생각한다면 이 나라는 망하는 나라나. 2016년 8월 '우·병우 대통령 수석 문제'와 '사드문제(THAAD, 薩德, 고고도 미사일 방어체계)'가 큰 사회적 문제다. 집정자가 자신의 고집만 부리다가 결국은 2016년 10월 '최순실 국정농단'사건이라는 국제적으로 망신을 당하는 치욕적인 사건이 벌어졌고, 국민이 분노하여 '박근혜 하야 촉구 촛불 집회'를 열고 '박근혜 대통령은 퇴진하라'고 외치고 있다.

작품설명

·임강 송연주 작·

위군불이爲君不易

丙申陽月, 林江.

'임금님 노릇 하기 쉽지 않다.'

병신년 음력 10월, 임강.

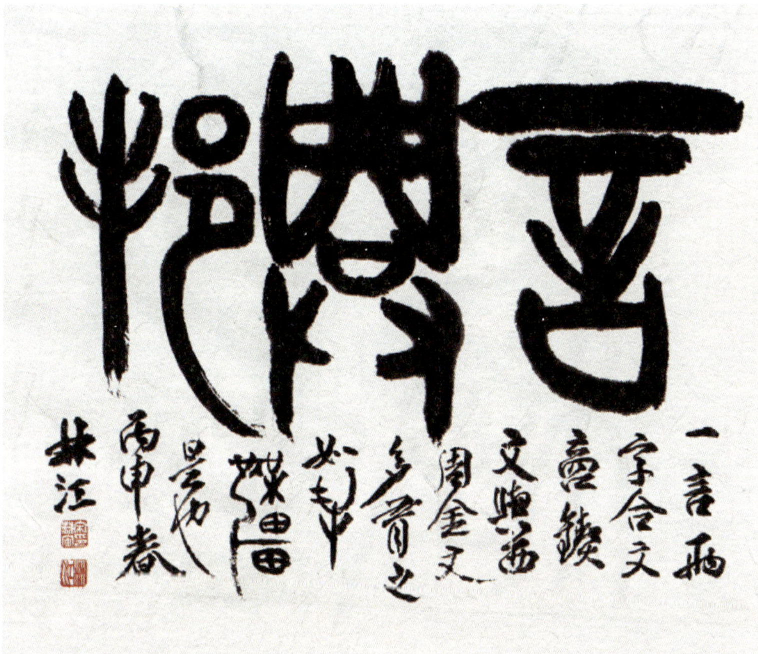

·임강 송연주 작·

일언흥방一言興邦

一言兩字合文, 商契文與兩周金文多有之. 如二牛無疆是也.

丙申春, 林江.

'일언一言'는 합문이다. 상나라 갑골문과 양주 금문 중에 자주 보인다. 예를 들어, 합문은 '이우二牛'와 '무강無疆' 등이 있다.

'한마디 말로 나라를 일으킨다'

병신년 봄, 임강.

작품설명

·정암 김선조 작·

중성환극衆星睘(環)極

衆星睘(環)極, 子曰:“爲政以德, 譬如北辰, 居其所而衆星共之.”

時光丙申, 暮春於撫松齋夕窓下, 靜喦(巖)

공자는 말하였다. “덕으로 정치를 하는 것은 마치 북극성이 제 자리에 있고 여러 별들이 그것을 향하여 도는 것과 같다.”

병신년 음력 삼월. 무송재 저녁 창가에서. 정암.

# 06

# 過勿憚改
## 과물탄개

**잘못을 알면 고칠 줄 알아야 한다**

(잘못이 있으면 고치기를 꺼려하지 말아라)

'과물탄개過勿憚改'는 '자신의 잘못이 있는 것을 알면 고치기를 꺼려하지 말라'는 뜻이다.

'[illegible](過)'자는 '辶(辵)'과 소리부 '咼'로 이루어진 자이다. '咼'자는 또한 '剮(바를 과, guǎ)'와 같은 자이다. '길을 가다가 넘어져 뼈가 다치다'는 뜻이다. '過'자는 또한 '[illegible]'로 쓰기도 한다. '過'자를 갑골문과 금문은 '辵(辶)'나 '止'와 '咼'로 이루어진 '[illegible]'·'[illegible]'로 쓰고, 전국戰國시기 초간은 '辵'과 '化'로 이루어진 '[illegible]([illegible])'로 쓴다. '化'는 '한 사람은 옳게 한 사람은 거꾸로 누워 있는 형상'으로 '변화하다'·'바꾸다'라는 뜻이다. 혹은 사람이 넘어져 뒤죽박죽이 된 모습이 아닌가한다. 결국은 '과過'는 길거리에서 잘못 발생된 상황과 관련이 있다.

'[illegible](行)'자는 갑골문은 '[illegible]'로 쓴다. 원래는 '네거리 길'의 모습이고, 후에 사람의 행동거지와 관련된 의미로 쓰인다.

'憚(꺼릴 탄, dān)'자는 '心'과 소리부 '單'으로 이루어진 자이다. '[illegible](單)'은 고문자에서 사냥을 할 때 사용하는 무기의 형상이다. 마음에 사람을 해치는 무기가 있기 때문에 '두려하하다'·'꺼리다'의 의미가 있다. '단單'

자를 갑골문은 ‘’ · ‘’으로 쓰고 금문은 ‘’ · ‘’으로 쓴다.

‘(改)’자는 ‘己’와 ‘攴(攵)’으로 이루어진 자로, 고문자 ‘己’는 ‘구불구불 흩어진 실’의 형상이다. 갑골문은 ‘’으로 쓴다. 고문자 ‘改’는 ‘흩어진 실을 손으로 다루는 모습’이다. 후에 ‘고치다’ · ‘바꾸다’는 의미로 쓰인다.

‘과물탄개’는 ‘지과필개知過必改’[15]로도 쓴다. ‘자신의 잘못이 있는 것을 알면 반드시 고치라’는 뜻이다.

子曰: “君子不重, 則不威, 學則不固. 主忠信. 無友不如己者. 過則勿憚改.”(學而 01.08)

공자는 말하였다.

“군자는 자중自重하지 않으면 위엄이 없고, 학문도 근저根柢가 견고해지지 않는다. 충성과 신용을 주로 하고, 자기보다 못한 사람을 벗으로 사귀지 말고, 과오를 저지르면 그것을 고치기를 꺼려하지 말라.”

‘군자자중君子自重’은 ‘자기의 말과 행동을 신중하게 하거나’ ‘자기 자신을 소중히 여기다’는 뜻이다. 자기 자신이 신중하게 하지 않고 행동을 바르게 하지 않으면, 다른 사람이 위엄을 느끼겠는가. 자신에 신중하지 않으면 배움이 그르칠 수 밖에 없다. 단단한 마음 확고한 신념이 없으면, 자그마한 어려움에도 쉽게 좌절하거나 포기를 하거나 힘들어 한다.

‘무우부여기無友不如己’는 일반적으로 ‘자기만 못한 사람을 벗으로 사귀지 말라’라는 의미로 해석하나, ‘자기와 뜻을 함께 하지 않는 자와 지향하

---

15 《좌전左傳 · 宣公二年》: “吾知所過矣, 將改之.”(진晉 영공靈公이 말했다. 내가 잘못한 것을 알게 되었으니 반드시 이 잘못을 고치고자 하오.)

는 바를 논하지 말라'라는 의미로 해석하는 것이《논어》의 취지에 맞을 것이다.

자신의 과오를 인정하고 이를 고치기란 쉽지 않다. 전쟁에서 죽음을 무릅쓰고 적을 향해 달리는 담량 또한 큰 용기이지만, 이와 더불어 자신의 과오를 솔직히 인정하고 비판 받을 것은 받고 고칠 것은 고칠 줄 아는 자가 또한 진정한 용기의 소유자이다. 하급자 앞에서 상급자가 자신을 잘못을 인정하고 수정한다는 것을 더욱 어렵다.

조조曹操는 삼국지연의三國志演義로 인하여 우리에게 좋은 인상을 받고 있지 않다. 간적奸賊·간웅奸雄·간신奸臣으로 흔히 인식된다. 하지만 현재는 그에 대한 평가가 매우 달라졌다. 노신魯迅은 "조조는 대단한 사람이며, 적어도 영웅이다. 내가 비록 조조와 한패는 아니지만, 이유 여하를 막론하고 그를 매우 존중한다."[16]라 하였다. 동한 헌제 건안 2년(197년), 조조에게 완성宛城(지금의 하남성河南省 남양시南陽市)에 웅거하고 있던 장수張繡가 투항해 온다. 장수는 모사 가후賈詡의 계략으로 거짓으로 항복하고, 조조에게 군대를 이동시켜야 하는데 군수 물자가 많아 모든 군사들에게 갑옷을 입히고 무기를 소지해 주도록 요구하여, 장수의 부대가 조조의 군영을 지날 때 갑자기 습격하여, 조조 군대는 결국 참패를 당하고 만다. 이 반란으로 조조의 장자 조앙曹仰과 맹장인 전위典韋, 조카인 조안민曹安民을 모두 전투에서 잃게 되고, 조조 자신도 화살에 맞아 죽을 뻔하였다. 조조는 이 전쟁의 패인敗因을 자신의 잘못으로 돌리고 많은 장

---

16 魯迅,《而已集》,〈魏晉風度及文章與藥及酒的關係〉. "其實, 曹操是一个很有本事的人, 至少是一個英雄, 我雖不是曹操一黨, 但無論如何, 總是非常佩服他."

수들 앞에서 "내가 장수에게 패한 것은 인질을 잡아놓지 않은 실수를 범했기 때문에 오늘 이 지경에 이르렀소, 나는 이미 내가 패인을 알고 있으니, 장군들 앞으로 살펴보시오. 두 번 다시는 이러한 잘못을 범하지 않을 것이오."[17]라고 여러 장수들 앞에서 말하였다. 조조는 자신의 실수는 장수의 부인과 자식들을 인질로 잡지 않은 데 있다하였다. 조조는 결코 간신이 아니다. 그렇다면 어떻게 삼국을 통일할 수 있는 발판을 마련할 수 있었겠는가! 자신의 잘못을 시인하고 잘못을 고치려고 노력하는 영웅이었다.

---

17 《三國志 · 武帝紀》: 公謂諸將曰: "吾降張繡等, 失不便取其質, 以至于此. 吾知所以敗. 諸卿觀之, 自今已後不複敗矣."

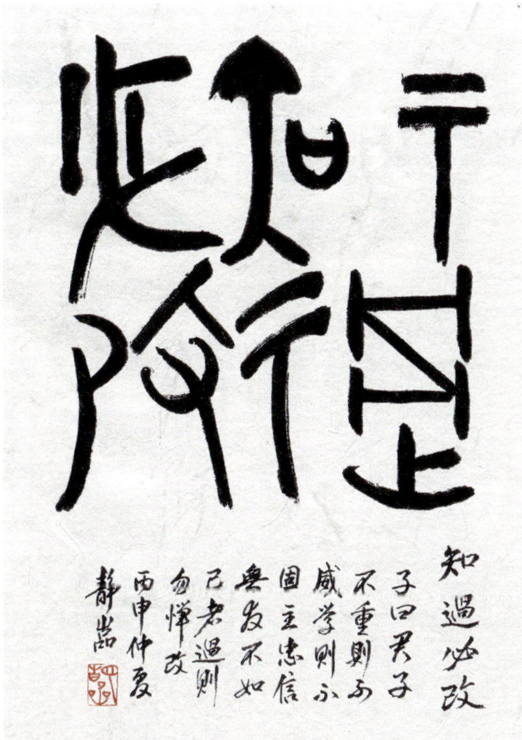

·정암 김선조 작·

지과필개知過必改.

知過必改. 子曰: 君子不重, 則不威, 學則不固. 主忠信. 無友不如己者. 過則勿憚改.

丙申仲夏, 靜巖.

지과필개. 공자는 말하였다. 군자는 자중하지 않으면 위엄이 없고, 학문도 근본이 견고해지지 않는다. 충성과 신용을 주로 하고, 자기만 못한 사람을 벗으로 사귀지 말고, 과오를 저지르면 그것을 고치기를 꺼려하지 말라.

병신년 음력 오월, 정암.

작품설명

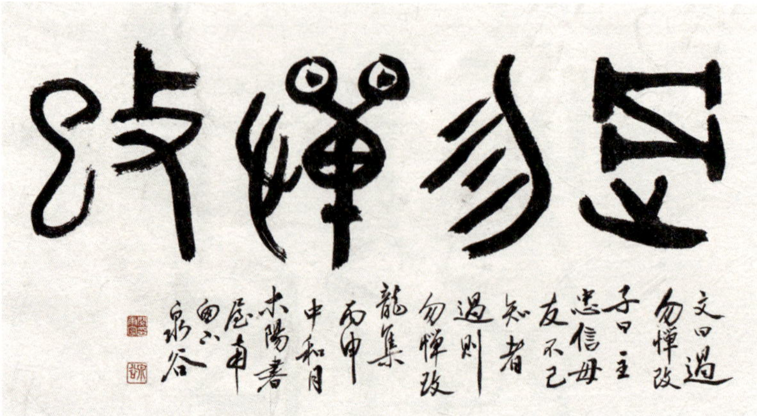

·천곡 민경부 작·

과물탄개過勿憚改

文日過勿憚改. 子曰: 主忠信. 無友不如己者. 過則勿憚改.

丙申中和月, 木陽書屋南囱(窓)下, 泉谷.

문장은 '과물탄개'이다. 공자는 "충성과 신용을 주로 하고, 자기만 못한 사람을 벗으로 사귀지 말고, 과오를 저지르면 그것을 고치기를 꺼려하지 말라." 했다.

병신년 음력 2월, 목양서옥 남쪽 창가에서 천곡.

## 07

# 溫良恭儉
# 온량공검

**온화하고 선량하고 공손하고 절약하다**

(정치는 온화하고 선량하고 공손하며 절약하는 것이 우선이다)

'온량공검溫良恭儉'은 혹은 '온량검양溫良儉讓'으로 쓰기도 한다. '온화하고 선량하며 공손하고 절약하다'는 뜻이다.

'(溫)'자는 의미부 '水'와 소리부 '昷'으로 이루어진 자이다. '昷'자는 그릇(皿)에 밥을 담아, '囚(죄수 수, qiú)'에게 먹여주니 온정을 베푸는 것이다.[18] '溫'은 '따뜻한 물' · '따뜻하다' · '온정을 베풀다'의 뜻으로 쓰인다. 갑골문 중 '' · ''자를 '溫'자로 해석하기도 한다. 갑골문에서 이 자는 '사람을 끓는 물속에 넣어 제물로 바치는 제사 명'의 뜻으로 쓰인다. 갑골문의 이 자에 대해서는 좀 더 연구가 필요할 것 같다.

'良(좋을 량, liáng)'자는 '廊(복도 랑, láng)'자와 관련이 있는 것이 아닌가 한다. '良'자를《설문해자》는 전문을 ''으로 쓰고, 고문을 '(𥃩)' · '(𡆰)' · '(𥃩)'으로 쓴다. 갑골문은 '' · '' · '' · '' · ''으로 쓰고,[19]

---

18 《說文》: "昷, 仁也. 从皿, 以食囚也."('昷'은 '어짐을 베푸는 것이다'. 그릇(皿)이 의미부이며, 그릇에 담아 죄수에게 음식을 먹이는 뜻이다.)

19 《新甲骨文編》(福建人民出版社), 333 쪽.

금문은 '' · '' · '' 등으로 쓴다.[20] '질서정연하게 늘어서 있는 복도'의 모습인 '廊(복도 랑, láng)'자의 초문이 아닌가 한다. 후에 '좋다' · '훌륭하다'라는 의미로 파생되어, '郞(사나이 랑, láng, làng)'이나 '朗(밝을 랑, lǎng)'의 문자가 생겨난 것으로 보인다. '(郞)'은 원래 '궁궐이나 정원의 회랑'이라는 뜻에서 '궁궐에서 일을 보는 최측근 사람'의 의미로 파생되어 쓰이고, 후에는 '멋있는 사나이'라는 의미로 쓰인다. '(朗)'은 '달빛이 잘 비추는 회랑'의 뜻으로 후에 '밝다'라는 의미로 쓰인다.

본《논어》에서는 '량良'은 '훌륭하다' · '온순하다'는 의미로 쓰인다.

'(恭)'자는 '心'과 '共'으로 이루어진 자로, 고문에서는 '共'으로 쓰거나 혹은 '龔'으로 쓴다. '(共)'자를 고문은 여러 손이 같이 모아져 있는 '(𢍁)'으로도 쓴다. 갑골문은 '' · ''으로 쓰고, 금문은 '' · ''으로 쓴다. 두 손은 물건을 받쳐 들어 바치는 모습이다. 따라서 '恭'은 '사람을 받드는 마음'이다.

'(儉)'자는 '人'과 소리부 '僉'으로 이루어진 자이다. '僉(모두 다 첨, qiān)'은 '많은 사람이 함께 말하다'는 뜻이다. '(僉)'자는 입을 상징하는 '亼(삼합 집, jí)'과 다수의 입을 표시하는 '吅(부르짖을 훤, xuān)'과 다수의 사람을 상징하는 '从'으로 이루어진 자이다. 따라서 '僉'은 '많은 입(사람)'을 뜻한다. 따라서 '儉'은 '많은 사람이 모범으로 삼아야 할 검소함'이라는 뜻을 지니고 있다.

'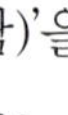(讓, 사양할 양, ràng)'은 '言'과 소리부 '襄(도울 양, xiāng)'으로 이루어진 자이다. '襄(도울 양, xiāng)'자는 토양(壤)과 관련이 있는 자가 아닌

20 《金文編》, 381 쪽.

가 한다. '襄'자는 의미부 '衣'와 '䍴'로 이루어지고 금문은 ''·''으로 쓴다. 《설문해자》는 '옷을 걷어붙이고 일을 하는 모습'이라 하였다.[21] 금문은 '衣'와 '土'와 '手'와 '농기구로 흙을 파헤치는 모습'으로 이루어진 자이다. '겉 흙을 걷어내고 수분이 촉촉한 땅 속에 씨앗을 심어 자라도록 돕다'라는 뜻에서 '돕다'·'양보하다'·'들어올리다'의 뜻으로 파생되어 쓰인다.

子禽問於子貢曰: "夫子至於是邦也, 必聞其政, 求之與? 抑與之與?" 子貢曰: "夫子溫良恭儉讓以得之. 夫子之求之也, 其諸異乎人之求之與?"(學而 01.10)

자금이 자공에게 물었다.

"우리 선생님께서는 어느 한 나라에 가시게 되면 반드시 그 나라의 정사政事에 참견하시고는 하시는데, 그것은 자진해서 요구하셔서인가요, 그렇지 않으면 (그 나라의 임금이) 정사에 참여시켜서인가요?"

자공이 말하였다.

"선생님께서는 온화, 양순, 공손, 검약, 사양 다섯 가지 덕성德性으로 인격을 이룩하셨습니다. 선생님께서 자진해서 요구하시는 것은 다른 사람들이 자진해서 요구하는 경우와는 다릅니다."

자금子禽은 진항陳亢의 자이다. 나이와 신상에 대해서는 확실치 않다. 자공子貢과 함께 이야기를 나누는 것이나 공자를 '부자夫子'라고 한 것으로 보아 공자의 제자 중 당시 상당히 중요한 제자 중의 한 사람임을 알 수

21 《설문해자說文解字》: "襄, 漢令: 解衣耕謂之襄. 从衣, 䍴聲."(한대의 율령에 의하면 옷을 걷어붙이고 농사일을 하는 것을 '양襄'이라 한다. 의미부 '衣'와 소리부 '양䍴'으로 이루어진 자이다.)

있다. 자공은 단목사端木賜(단목端木은 복성複姓)의 자이며, 위衛나라 사람으로 공자孔子보다 36세 연하이다.

'부자夫子'는 원래 대부大夫를 지낸 적이 있는 사람을 가리킨다. 공자 역시 노魯나라 사구司寇를 지낸 적이 있다. 후에 '선생님'이라는 의미로 파생되어 쓰이거나, 혹은 특별히 공자만을 전용적으로 지칭하는 칭호로 쓰이기도 한다.

'구지여求之與' 중 '지之'자는 '문기정聞其政'을 가리키고, '여與'자는 '여歟'자의 용법과 같은 자로 '의문어감'을 표시한다.

'억여지여抑與之與' 중 '억抑'자는 접속사인 '그렇지 않으면'이란 뜻으로 쓰이고, '여與'자는 '주다'·'베풀다'의 뜻이며, '지之'는 역시 '문기정聞其政'을 가리키고, '여'자는 '여歟'자의 용법으로 쓰인다. '與(줄 여, yǔ, yú, yù)'자의 소전은 ''로 쓰고 고문은 '(舁)'로 쓴다. 금문은 ''·''로 쓴다. 모두 '무거운 물건을 마주 드는' 형상이며, 후에 '돕다'·'물건을 들어 남에게 주다'라는 뜻으로 쓰인다. '억여지여抑與之與' 중 앞 '여與'자는 동사의 용법 '주다'·'제공하다'라는 뜻으로 쓰이고, 뒤 '여與'는 어기사 '여歟'의 용법으로 쓰인다.

'이득지以得之' 중 '이以'자는 전치사의 용법으로 쓰이며, 이 자 뒤에 목적어 '온량공검溫良恭儉'이 앞으로 이동되어 쓰인 것이다.

'夫子之求之也' 중 앞 '지之'는 주어와 동사를 연결해 명사구나 절의 형식을 취하게 하는 구조조사이고, 뒤 '지之'는 역시 '문기정聞其政'을 가리킨다.

'其諸異乎人之求之與' 중 '기저其諸'는 추측을 나타내는 '기其'에 강함 어감을 나타내는 '저諸'가 덧붙여 쓰인 형태로 쌍음절 '어기조사'이다. '아마'나 '혹은'이라는 뜻이다.

《논어》에서 쌍음절 어기사는 이외에도 '해기奚其' 등이 있다.

或謂孔子曰: "子奚不爲政?" 子曰: "書云: '孝乎惟孝, 友于兄弟', 施于有政. 是亦爲政, 奚其爲爲政 ? "(爲政篇 2.21)

어떤 이가 공자에게 물었다.

"선생님께서는 왜 정치를 하시지 않으십니까?"

공자가 말하였다

"《서경書經》에, '효도하라, 오직 효도하라, 그리고 형제에게 우애 있게 하라' 하였는데, 이 안에 정치를 행하는 도리가 들어 있으니, 이 역시 정치하는 것이거늘 어찌 반드시 정치를 해야만 하겠는가?"

'해기奚其'는 중 '해奚'는 '무엇'이라는 '의문 어기조사'이고, '기其'는 추측을 나타내는 어기조사이다. '어찌 ……하겠는가'라는 뜻이다.

'위위정爲爲政' 중 앞 '위爲'자는 동사의 용법으로 쓰이고, '위정爲政'은 앞 '위爲'자의 목적어로 쓰인다. '정치하는 일을 하다'라는 뜻이다.

'온량공검'은 '온화하고, 선량하고, 공경하고, 절약하는' 공자의 일상적인 생활양식이다.

유방劉邦과 항우項羽는 초한지楚漢志 중 유명한 인물이다. 유방은 보잘것 없는 집안 출신에다 깡패 출신이고, 항우는 막강한 귀족 출신이고 빼어난 인물이었으나, 결국은 '하늘이 나를 버린 것이다'라며 하늘을 원망하고 동성에서 죽음을 당한다. 사마천은 항우의 죽음은 '거만하였기 때문'이라 하였고, 유방은 자신은 '인재를 적재적소에 잘 임명하였으나 항우는 자만하고 의심이 많아 인재를 쓸 줄 몰라 패하였다'했다. 또한 항우는 사사로운 지혜만을 앞세우고 옛것을 스승으로 삼지 않았기 때문이라 하였다(불사고不師古).

항우가 관중을 버리고 초나라를 그리워하고, 의제를 쫓아내고 스스로 왕이 되어 왕후들이 자신을 배반하고 원망하게 되자 상황이 어렵게 되었다. 항우는 스스로 공로는 자랑하고 자신의 사사로운 지혜만을 앞세워 옛것을 스승으로 삼지 않고, 패왕의 공업이라 하고 무력으로 천하를 정복하여 다스리려고 하다가 결국 3년 만에 나라를 망치고 동성에서 죽음을 당하는 몸이 되었다. 죽으면서도 아직 깨닫지 못하고 스스로를 책망하지 않으니 이는 잘못된 것이다. 그리고는 '하늘이 나를 망하게 하는구나. 결코 내가 싸움을 잘하지 못한 죄가 아니다'라는 말을 핑계로 삼으니 이는 잘못된 일이 아니겠는가.[22]

고조는 낙양의 남궁에서 주연을 베풀며 "열후와 여러 장수들은 짐을 속이지 말고 모두 사실대로 속마음을 이야기 해보시오. 내가 천하를 얻을 수 있었던 까닭이 무엇이며 항우가 천하를 잃은 까닭이 무엇이오?"라 하였다.

고기와 왕릉이 말하였다.

"폐하는 오만하여 다른 사람을 업신여기고 항우는 인자하여 다른 사람을 사랑할 줄 압니다. 그러나 폐하는 사람을 보내서 성지를 공략하게 하시고 나서 점령되는 곳은 그에게 나누어주어 천하와 더불어 이익을 함께 하고자 하였습니다. 반면에 항우는 어질고 재능 있는 자를 시기하여 공로가 있는 자를

---

22 及羽背關懷楚, 放逐義帝而自立, 怨王侯叛己, 難矣. 自矜功伐, 奮其私智而不師古, 謂霸王之業, 欲以力征經營天下, 五年卒亡其國, 身死東城, 尚不覺寤而不自責, 過矣. 乃引'天亡我, 非用兵之罪也', 豈不謬哉!(史記 · 項羽本紀)

미워하고 현자를 의심하며 전투에 승리해서는 다른 사람에게 그 공을 돌리지 않고 땅을 얻고서도 다른 사람에게 그 이익을 나누어 주지 않았으니, 이것이 항우가 천하를 잃은 까닭입니다."

그러자 고조 항우가 말하였다.

"그대는 하나는 알고 둘은 모르는 구려. 군막 속에서 책략을 짜내 천 리 밖에서 승리를 결정짓는 데는 장량(자방子房)만 못하고, 나라를 안정시키고 백성들을 위로하며 군량을 공급하고 운송도로를 끊기지 않게 하는 일은 소하蕭何에 미치지 못하오. 또 백만 대군을 자유자재로 통솔하여 반드시 승리를 이끌어 내고 공격하면 반드시 점령하는 것은 내가 한신韓信만 못하오. 이 세 사람은 모두 영웅호걸로서 내가 이들을 임용한 것이 바로 내가 천하를 얻을 수 있었던 까닭이오. 허나 항우는 범증范增 한 사람 만이 있었으나 그마저 제내로 쓰지 못하고 신용하지 못하였으니, 항우項羽가 나에게 포로로 잡힌 까닭이오."[23]

역사는 우리에게 많은 것을 가르쳐 준다. 역사는 경험이다. 경험은 가장 큰 지혜이다. 그래서 공자는 "옛 과거를 잘 관찰하여 학습하고 다가올 미래의 신지식을 알면 스승이 될 수 있다"하였다.('온고지신溫故知新')

---

23 高祖置酒雒陽南宮. 高祖曰: "列侯諸將無敢隱朕, 皆言其情. 吾所以有天下者何" 项氏之所以失天下者何?" 高起 · 王陵對曰: "陛下慢而侮人, 項羽仁而愛人. 然陛下使人攻城略地, 所降下者因以予之, 與天下同利也. 項羽妒賢嫉能, 有功者害之, 賢者疑之, 戰勝而不予人功, 得地而不予人利, 此所以失天下也." 高祖曰: "公知其一, 未知其二. 夫運籌策帷帐之中, 決勝于千里之外, 吾不如子房. 鎭國家, 撫百姓, 給饋餉, 不絶糧道, 吾不如蕭何. 連百萬之軍, 戰必勝, 攻必取, 吾不如韓信. 此三者, 皆人杰也, 吾能用之, 此吾所以取天下也. 項羽有一范增而不能用, 此其所以爲我擒也." (《史記 · 高祖本紀纪》)

작품설명

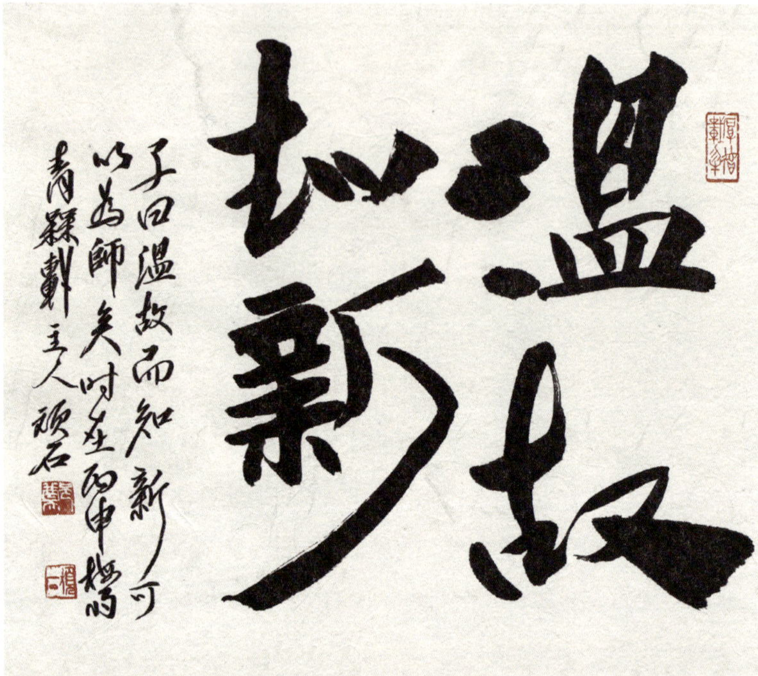

·완석 정대병 작·

온고지신溫故知新

子曰: 溫故而知新, 可以爲師矣.

時在丙申梅雨青梅軒主人頑石.

공자는 말하였다. "이미 배운 것을 익숙하도록 복습하여 새로운 것을 알게 되면 남의 스승 노릇을 할 수 있을 것이다."

병신년 음력 4월, 청매헌주인 완석

공자는 논어에서 정치란 다른 곳에 있는 것이 아니라, 먼저 '자신을 바르게 하는 것이다'라고 하였다.[24] 공자는 한 나라의 정사政事를 '온화하고 선량하고 공손하고 절약하는'(온량공검溫良恭儉) 태도로 관여하였다. 만약에 집정자가 이러한 태도로 정책에 임하고 국민을 대한다면 그 나라는 아마도 삼년이 되지 않아 큰 정치적 성과를 거둘 것이다. 그래서 공자는 자신에게 나라를 다스리는 기회가 주어진다면 삼년이 채 되지 않아서 성과를 거둘 것이라고 확신하였던 것이다.

24 "子曰: 苟正其身矣, 於從政乎何有? 不能正其身, 如正人何?"(13.13)(공자는 말하였다. "자기 몸을 바로 갖는다면 정치에 종사하는 데 무슨 힘든 일이 있겠는가? 자기 몸을 바로 갖지 못한다면 어떻게 남을 바로잡겠는가?")

작품설명

·남천 오인성 작·

삼년유성三年㞢(有)成

三年二字合文, 甲骨文所習見也.

丙申春, 男泉.

합문 '삼년三年'은 갑골문에 자주 보이는 자이다.

병신년 봄. 남천

# 08

# 小大由之
## 소대유지

**작은 일이든 큰일이든 모두 통용되다**

(대소를 막론하고 모든 일은 조화로움을 근본으로 한다)

'소대유지小大由之'는 '작은 일이든 큰일이든 모두 이를 따른다'는 뜻이다.

'유由'자를 금문은 ''·''으로 쓰며, 갑골문은 ''·''으로 쓴다. 술그릇에서 술이 나오는 모습이 아닌가 한다. 후에 '말미암다'·'근본으로 하다'의 파생어로 쓰이고, 다시 후에 전치사 용법으로 허사화虛詞化되어 '……으로부터 말미암다'로 쓰인다.

有子曰: "禮之用, 和爲貴. 先王之道, 斯爲美, 小大由之. 有所不行, 知和而和, 不以禮節之, 亦不可行也."(學而 01.12)

유자가 말하였다.

"예禮의 실용적 가치는 조화調和에 있다. 고대 성왕聖王들의 도리는 그로(조화라는 점으로) 인해서 아름다웠던 것으로 대소大小 사事를 막론하고 다 그것을 지향하여 행하여졌던 것이다. 만약 행할 수 없는 일이 있으면 곧 조화를 인지하고 조화를 이루며, 일정한 규율제도로 절제하지 않으면 또한 행할 수 없게 되는 것이다."

예절이란 인간이 사회 생활하는데 있어 가장 기본이 되는 자율적인 행위규범이다. 인간은 욕망을 조절하고 사회의 질서를 유지하는 것이 예절이다. 그러나 예절 속에 조화로움이 무엇인지를 제대로 알고 조화를 이루워야 하며 적절한 예절로 인간의 욕망을 절제를 해야만, 예속에 얽매이지 않는 편치 못한 구속이 안 될 것이다.

'지화이화知和而和' 구절은 또한 '한낱 조화에 귀중한 가치가 있다는 것만을 알고 조화를 지향하는 것'으로 이해하여, 조화를 위한 억지로의 조화이고, 예절로 절제를 하지 않으면 행할 수 없게 된다고 해석하기도 한다.

《중용中庸》은 '모든 법칙에 합치되며 천하의 가장 큰 근본이 되는 것'을 '화和'라 하였다.《논어》중 '화'를 매우 적절하게 설명하고 있다.

喜怒哀樂之未發, 謂之中; 發而皆中節, 謂之和; 中也者, 天下之大本也; 和也者, 天下之達道也. 致中和, 天地位焉, 萬物育焉.(《中庸》)

희노애락이 아직 발동되지 않아 마음이 어디에도 치우침이 없는 것을 '중中'이라고 한다. 발동하여 모두 법도에 합치되는 것을 '화和'라 한다. 중은 천하 모든 사물의 큰 근본이며, 화는 천하 고금 중 달도이다. 그러므로 중화의 도를 만물에 확충하면 천지의 모든 것은 제 위치에 안착하고 만물은 발육하게 된다.

'중'은 '치우치거나 편벽되지 않으며 지나침이나 모자람도 없는 근본'이고, '화'는 즉 생명활동이 합리적인 상태로 전화된 상태이다. 인간에게 내재되어 있는 본심과 본성이 천하의 대본인 '중'이고, 본심이 발현하여 희노애락을 중절中節하게 하면 천하의 달도인 '화和'인 것이다. 인간의 본성에 따라 표현된 활동이 도덕실천이다. 만약에 실천이 만물에 미치면 만물은 모두 합리적인 존재로 전환되어 도덕 가치를 드러낼 것이다. 오직 본성을 실현하여 모든 존재물을 합리적 존재로 전환시켜야만 비로소 천도가 성행하여 모든 것을 존재하게 해야 대본에 합치되는 것이다. 자신의 본성을 성실히 이행하면서 다른 기타 존재물의 본성까지 충분하게 실현하였을 때, 천지는 비로소 올바른 위치를 얻게 되고 천하 만물은 자연스럽게 융성하게 되는 것이다.



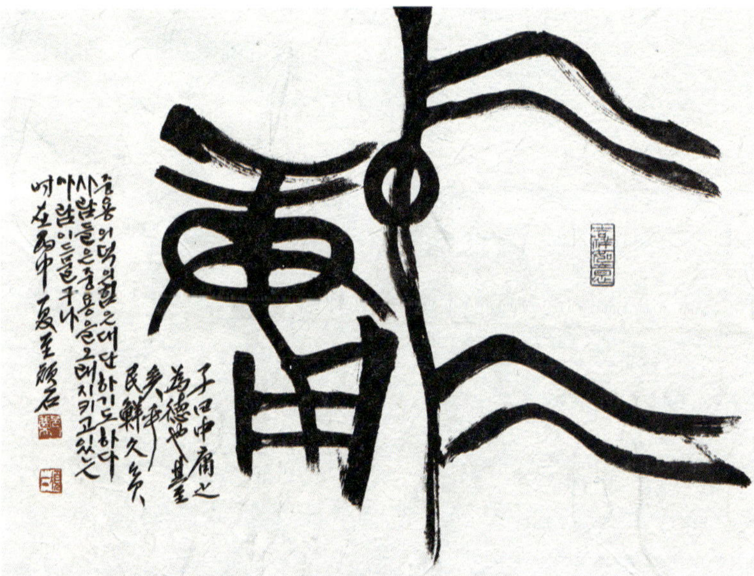

·완선 정대병 작·

중용中庸

"子曰: 中庸之爲德也, 其至矣乎! 民鮮久矣."

時在丙申夏至, 頑石.

공자는 말하였다. "중용의 힘은 대단하기도 하다. 사람들이 중용을 오래 지키고 있는 일이 적으니."

병신년 하지 완석.

'咊(和)'는 '龢(조화될 화, huā)'와 같은 자이다. '화龢'자를 갑골문은 '龢'으로 쓰고, 금문은 '龢'·'龢'으로 쓴다. '龠(피리 약, yuè)'과 소리부 '화和'로 이루어진 자이다. 악기 피리(龠)에서 나오는 소리가 조화를 이루는 형상이다.

진정한 예란 자연 질서의 조화에 따라 자연스럽게 하는 편안한 의식이지만, 조화를 이루지 못하는 억지스러운 예는 형식적이고 맹목적이어서 오히려 인간의 자유를 구속하는 불편한 사회적 규제일 따름인 것이다.

작품설명

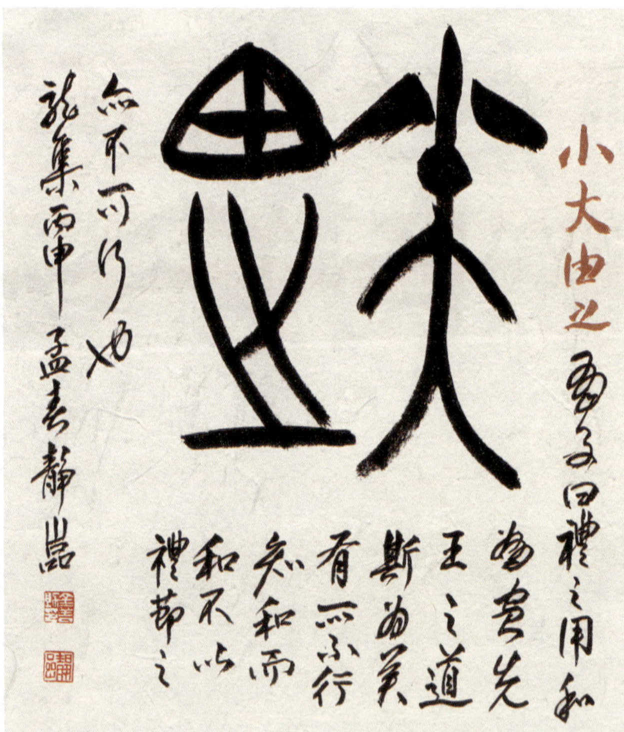


· 정암 김선조 작 ·

소대유지小大由之.

小大由之. 有子曰: "禮之用, 和爲貴. 先王之道, 斯爲美, 小大由之. 有所不行, 知和而和, 不以禮節之, 亦不可行也."

龍集丙申, 孟春靜嵒(巖).

유자가 말하였다.

"예禮의 실용적 가치는 조화調和에 있다. 고대 성왕聖王들의 도리는 그로(조화라는 점으로) 인해서 아름다왔던 것으로 대소大小 사事를 막론하고 다 그것을 지향하여 행하여졌던 것이다. 만약 행할 수 없는 일이 있으면 곧 조화를 인지하고 조화를 이루며, 일정한 규율제도로 절제하지 않으면 또한 행할 수 없게 되는 것이다."

병신년 음력 일월, 정암.

무조건 남의 의견을 따르는 것은 '화和'가 아니고, 이는 '부화뇌동附和雷同'이다. 공자는 군자는 '화이부동和而不同'하고, 소인은 '동이불화同而不和'라 하였다.[25] '동이불화'는 '부화뇌동'이다. '부화뇌동'은 줏대 없이 남의 의견에 따라 행동하는 것이다. 진정한 조화란 남이 나와 다른 점을 상호 인정하고 존중하면서, 한편으로는 상호 서로 조화를 이루어 나가는 것을 말한다. 이를 '동중존이同中存異, 이중구동異中求同'이라 한다. '같은 것에서 서로 다름을 찾고, 서로 다름에서 같음을 찾는다'는 뜻이다. 이를 줄여서 '존이구동存異求同'이라 한다. 그래야만 세계가 대동大同하게 된다. 온

25 "子曰: 君子和而不同, 小人同而不和."(子路 1323)(공자는 말하였다. "군자는 화합하기는 하나 뇌동雷同하지는 않고, 소인은 뇌동하기는 하나 화합和合하지는 않는다.")

세상이 화평을 하고 함께 번영할 수 있는 것이다. 그래야 국제적 전쟁, 테러가 없어지는 것이다.

《사기史記》의 〈이사열전李斯列傳〉에 '토양세류土壤細流'라는 고사성어가 나온다. '흙과 작은 물줄기'라는 뜻으로 '하찮은 것들'이라는 뜻이다. 이 하찮은 것을 모두 받아들이기 때문에 태산이 되고 바다가 될 수 있다는 것이다. 이런 넓은 마음을 '해납백천海納百川'이라 한다.[26] 바다는 모두 시냇물을 받아들인다는 뜻이다. 대국은 모름지기 작고 힘없는 모든 소국을 다 받아들일 수 있기 때문에 대국이 될 수 있다는 뜻으로 쓰인다. 진시황이 다른 제후국 출신의 대신들이 진秦나라에 해가 된다고 생각하여 축출하려고 하자 이사李斯가 《간축객서諫逐客書》(《상진왕서上秦王書》)라는 상소를 올려 이러한 정책은 대국다운 마음이 아니라고 주장하였다.

> 地廣者粟多, 國大者人衆, 兵强則士勇. 是以泰山不讓土壤, 故能成其大. 河海不擇細流, 故能就其深. 王者不却衆庶, 故能明其德. 是以地無四方, 民無異國, 四時充美, 鬼神降福.
>
> 경작지가 넓으면 곡식이 많이 나오고 나라가 크면 인구가 많고, 무기가 강하면 병사 역시 용감해질 수 있다고 들었습니다. 그러므로 태산은 흙 한 줌도 마다하지 않아 높은 큰 산이 될 수 있었고, 강과 바다는 작은 물줄기도 가리지 않고 받아들여서 크고 깊은 물이 될 수 있습니다. 왕은 어떠한 사람도 물리치지 않아야 자신의 덕을 천하에 밝힐 수 있습니다. 이 때문에 지역은

26 "海納百川, 有容乃大. 壁立千仞, 無欲則剛"이라는 대련 구절은 청대 말기 임즉서林則徐가 양광총독兩廣總督을 역임하고 있을 때 쓴 당련堂聯의 글귀로 유명하다. "바다는 광활한 도량度量을 지녔기 때문에 모든 시냇물을 다 받아들이고, 천길이나 되는 높은 산은 세속의 욕망을 지니지 않았기 때문에 강한 것이다."라는 뜻이다.

동서남북을 가리지 않고 백성은 그 출신을 따지지 않아야 일 년 내내 풍족하고 행복하며 천지신명도 복을 내립니다.

2016년 11월 8일에 미국 대선이 치러진다. 민주당 주자는 힐러리 클린턴이고, 공화당 주자에 도널드 트럼프이다. 이중 트럼프는 일종의 '백인우월주의'를 주장하고 있다. 미국은 이민자가 지속적으로 늘어나면서, 향후 30년에는 어쩌면 백인이 소수가 될 수 있다는 위기감에서, 이전 백인이 절대다수를 차지했고 우대를 받았던 시절을 그리워하면서 생겨난 극히 이기적인 주장이다. 2차 세계대전 독일의 나치스가 주장한 나치즘Nazism에서나 있을법한 주장이다. 이러한 우월주의 때문에 IS(이슬람국가Islamic State, 이슬람 수니파 무장단체)가 극단적인 테러를 저지르고, 흑인에 대한 경찰의 인종차별적 폭력으로 인해 경찰혐오로 흑인청년이 경찰을 향해 총기를 난사하는 극히 대립적인 양상으로 살생이 벌어지고 있는 것이다.

작금은 태산과 바다와 같이 '토양세류土壤細流'하고 '해납백천海納百川'하는 넉넉한 마음이 필요한 때이다.

중국 사천대학四川大學 교훈校訓

# 09

# 恭近於禮
## 공근어예

**공손함을 예에 맞게 하다**

(공손함을 예에 맞게 하여야 치욕을 면할 수 있다)

'공근어예恭近於禮'는 공손하고 정중한 행동을 예절에 맞추어 행함을 말한다.

有子曰: "信近於義, 言可復也. 恭近於禮, 遠恥辱也. 因不失其親, 亦可宗也."(學而 01.13)

有子가 말하였다.

"지켜야 할 언약이 정의正義에 가까우면 그 말은 실행할 수 있다. 공손한 것이 예절에 가까우면 치욕을 면할 수 있다. 가까이 지내면서도 친근함을 잃지 않고 좋은 관계를 지속으로 유지한다면 역시 존경할 만하다."

유자有子는 유약有若의 자이다. 공자의 제자로 공자보다 43살 아래라고 한다.

'인불실기친因不失其親' 중 '인因'자에 대하여 다양한 해석을 한다. 일반적으로 '가까이 지내면서도 친근함을 잃지 않고 좋은 관계를 지속으로 유지한다면'으로 해석한다. 그러나 명사적 용법으로 해석하여 '가까운 사람'·'의지하는 사람', 혹은 '인姻'의 통가자로 보고 '혼인은 자기 친가를 배반하지 않은 여인과 결혼하다'·'혼인을 하는 데 있어 데려올 수 있는 범위를 벗어나지 않는다는 것도 중요한 일'이라고 이해하기도 한다.

'(因)'자는 '囗'과 '大'로 이루어진 자이다. 갑골문은 ''으로 쓰고, 금문은 ''·''으로 쓴다. '자리에 크게 누워 있는' 형상이다. 후에 '의지하다'·'의탁하다'·'말미암다'의 파생어로 쓰이고, 다시 전치사나 접속사의 용법인 '…… 때문에'·'……인하여'의 뜻으로 쓰인다.

본 구절에서 '인因'은 앞에서 언급된 '신信-의義'와 '공恭-예禮'의 형식 구조를 참고하여, '인因-친親'도 같은 구조나 같은 개념으로 이해할 수 있다. 그래서 '인因'은 주어의 용법으로 쓰이고, '친親'은 '인因'을 하기 위한 필요한 덕목이다. '인因'은 '친하다'·'가까이 지내다'라는 의미가 있다. '인심因心'은 '친신인애親信仁愛'하는 마음이고, '인모因母'는 또는 '친모親母'를 뜻한다.

> "維此王季, 仁心則友."(《詩經·大雅·皇矣》)
>
> 이 왕계께서는 친근한 마음은 우애로우시다.
>
> "親有禮, 因重固, 閑攜貳, 覆昏亂, 霸王之器也."(《左傳·閔公元年》)
>
> 친한 나라에게는 예의를 지키고, 가까이에 있는 친근한 나라에는 그 관계를 더욱 공고하고 안정되게 하며, 혼란한 나라를 뒤덮는 것이 패왕의 계책이다.

따라서 본 구절에서 '인因'은 '가까이 하는 사람' 혹은 '의탁할 수 있는 대상'으로 해석할 수 있다. 전체적으로 '가까이 지내는 사람에게 지속적으로 그 친근함을 잊지 않는 것'을 말한다.

‘(宗)’은 ‘宀’과 ‘示’로 이루어진 자로 ‘집안 중앙이 놓여 있는 신주神主’의 형상이다. 집안에 신주를 모신 곳은 집안의 중심이 되는 곳이기 때문에 ‘종갓집’ · ‘종파’ 등의 뜻으로 쓰이고, 후에는 ‘으뜸’ · ‘정통’의 파생어로 쓰인다. 갑골문은 ‘’ · ‘’ · ‘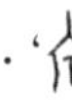’으로 쓴다.

‘신근어의信近於義’ 중 ‘신信’은 ‘상호간의 믿음, 약속’이다. 약속은 반드시 지켜야 한다. 상호간의 신뢰이기 때문이다. 하지만 그 약속에는 도의가 있어야 한다. 도의가 없는 약속, 정당성이 없는 약속은 패거리의 맹목적인 약속인 것이다. 부당한 일을 저지르기 위한 약속일 수도 있기 때문이다.

‘공근어예恭近於禮’는 타자에게 존경을 표시할 때는 적절한 예의로 해야 하는 것이다. 그렇지 않으면 아부가 되고 부적절한 관계가 될 수 있다. 큰 액수를 감사를 표시하거나 필요이상으로 예의를 갖춰 오히려 상대방으로 하여금 불편을 느끼게 한다면, 상대방이 수치심을 느끼게 되고 혹은 상대방을 욕되게 하는 일이 발생하기도 한다. 2016년 9월 28일부터 ‘김영란법’이 실행된다. 이른바 ‘관피아(관료+마피아) 방지법’ 이다. ‘부정청탁 방지 및 공직자 이해 충돌 방지법’으로 공무원이 관련성 없는 사람에게 100만원 이상의 금품이나 향응을 받으면 댓가성이 없어도 형사 처벌하는 내용이다. 이 법의 실행은 관경 유착, 정경 유착과 공직자의 부패를 차단함으로써 관피아의 사슬을 끊는 강력한 장치가 될 수 있다고 정부에서는 설명할 수 있다. 중요한 것은 정책의 논의가 아니라, 어떻게 실행하느냐의 문제이다. 김영란법은 공직자들의 각종 부정부패 척결을 목적으로 만들었다. 고질적 부정부패와 금품수수가 공직에서 너무나 많이 자행되어왔기 때문이다. 이 법의 대상은 당초대로 공직자에 국한하고, 언론인이나 국공립임직원에 대한 부정부패는 일반적인 원칙에 따라 처벌하면 될 것이다. 또한 식사대접, 휴가비 등도 모두 범죄행위에 포함된다고 하는데, 이 법이 잘 못 실행되면 결국은 '관피아 방지법'이 아니라, 피라미만 잡아들이는 졸속행정으로 되기가 쉽다.

'인불실기친因不失其親'은 '가까이 지내면서도 친근함을 잃지 않고 좋은 관계를 지속으로 유지한다'는 뜻이다. '가까이 지내면서도 친근함을 잃지 않고 좋은 관계를 지속으로 유지한다는 것', 쉽지 않으면서도 매우 중요하다. 나이를 먹다보면, 각자의 이유가 있다보면, 그렇게 친하게 지냈던 친구들과 좋은 관계를 계속 유지하기란 쉽지 않다. 일 년에 겨우 한두 번 안부를 묻는 것이 전부이거나 혹은 잘 하면 연말에 한번 만난다. 또한 친하고 가까울수록 더욱 상대방을 존경하고 아껴주어야 한다. 집안 식구 역시 마찬가지다. 친근하다 해서 함부로 대하거나 함부로 말하기 쉽다. 가장 많이 접촉하고 가장 가깝기 때문에 오히려 더 큰 상처받을 수 있다. 친하다는 것은 서로 의지할 수 있다는 것이지 화가 날 때 화풀이하는 대상이 아니다. 인생을 사는데 있어, 좋은 친구가 있고 행복한 가정이 있다는 것이 가장 큰 행복이다.

작품설명

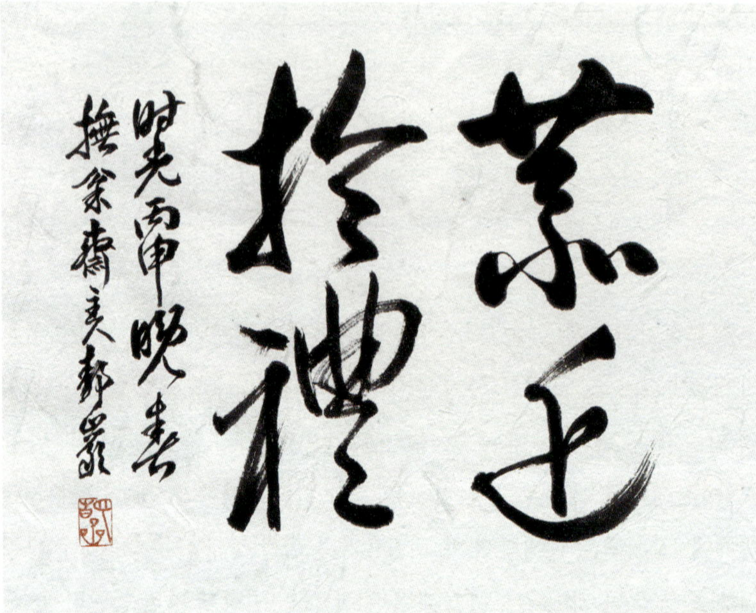

공근어예恭近於禮.

時光丙申, 晩春, 撫松齋主人 靜巖.

공손함은 예에 맞게 하여야 한다.

병신년, 늦봄, 무송재 주인, 정암.

## 10

# 敏事愼言
# 민사신언

### 행동은 민첩하게 말은 신중하게
(군자는 실천은 민첩하게 말은 조심하게 한다)

'민사신언敏事愼言'은 '민어사이신어언敏於事而愼於言'의 구절을 줄인 말이다. '일은 민첩하게 하고 말은 신중하게 하라'는 뜻이다.

'(敏, 재빠를 민, mǐn)'은 '攴(攵)'과 소리부 '每'로 이루어진 자이다. '(每)'자는 갑골문은 ''·''으로 쓰고, 금문은 ''·''으로 쓴다. '비녀를 꽂은 여인'의 모습이다. 어머니는 자식에 대한 변함없는 사랑의 의미이기 때문에 '언제나'·'매번'이란 뜻이 있다. '민敏'은 어머니가 매를 들고 교육을 실시하는 모습으로, 자식이 영민하게 행동하여 '민첩하게 실천하도록 하다'라는 뜻이다.

'(事)'자를 갑골문은 ''로 쓰고, 금문은 ''로 쓴다. 손에 도구를 쥐고 있는 형상이다. 후에 '일' 혹은 '일을 하다'는 뜻으로 쓰인다.

'신愼'은 '心'과 소리부 '眞'으로 이루어진 자이다. '(眞)'자를 금문은 '匕(비수 비, bǐ)'와 소리부 '貝(鼎)'으로 이루어진 ''·''으로 쓴다. 혹은 고문자에서 '眞'과 '貞'은 같은 자이며, 후에 '진실되다'나 '점을 치다'는 뜻의 파생어로 쓰인 것이 아닌가 한다. '정鼎'자는 고문자에서 '정貞'으로도 쓰인다. '貞'자는 '卜'과 '鼎'자로 이루어진 자이며, 갑골문은 '(鼎)'·'(貞)'

으로 쓰고 '점을 쳐 묻다'라는 의미이다. '청동제기를 차려 제사를 지니고, 점을 쳐 신에게 물어보는 것'은 모두 '곧다'와 '정직하다'는 의미와 관련이 있다. 따라서 '신愼'은 '마음으로 신중하게 함'을 가리킨다.

子曰: "君子食無求飽, 居無求安, 敏於事而愼於言, 就有道而正焉, 可謂好學也已."(學而 01.14)

공자는 말하였다.

"군자로서 식사하는 데는 배부르기를 바라지 않고, 거처하는 데는 편안하기를 바라지 않고, 일에 민첩하며 말에 조심스럽고, 인격을 갖춘 사람에게 나가 자신을 바로잡는다면 배우기를 좋아한다고 할 수 있다."

'취유도이정언就有道而正焉'의 뜻을 줄여서 '취정고명就正高明'이라고 한다. 즉 '고명한 사람에게 가르침을 청하여 바르게 하다'는 뜻이다. '취就'는 '나아가다' · '좇다' · '따르다', '유도有道'는 '도가 있는 사람', '정正'은 '바로 잡다'는 뜻이다. '언焉'은 '여기에'라는 '于(於)是' · '于(於)此' · '于(於)之'의 뜻과 같다.

본 구절에서는 배우기 좋아하는 사람이 취해야 할 '식食' · '거居' · '사事' · '언言' · '도道'에 대한 태도에 대하여 언급하고 있다. 즉 봉록이나 부귀, 거처하는 집, 일에 대한 태도, 조심해야 하는 언사, 도를 취하는 마음가짐 등이다.

'식무구포食無求飽'의 문자적 해석은 '밥을 먹는데 배부름을 구하지 않는다'라는 뜻이다. 재산에 대한 태도로 해석할 수 있다. 재산에 욕심을 부리지 않기 때문에, 봉록에 너무 집착하지 않고, 부정부패를 저지를 수 있는 여지의 마음을 다스릴 수 있다.

자신이 사는 거처를 낭비하여 너무 화려하게 치장을 해서는 안 된다. 가족이 살만한 편안한 안식처이면 족하거늘, 큰 정원이 달린 거대한 저택을 가질 필요는 없을 것이다. '산은 높아서가 아니라 신선이 있어 유명한 것이고, 물은 깊어서가 아니라 용이 있어 신비로운 것'이라 하였다.[27] 거처는 화려함이 아니라, 어떻게 꾸미느냐에 달려있다. 화려한 장식이 아니라, 그곳에 사는 사람이 누구냐가 중요한 것이다. 천하 만물을 통괄할 수 있는 넓은 가슴을 가진 자가 거처하는데 대궐 같은 집이 필요할 리가 없다.

배우기 좋아하는 사람은 '식食'·'거居'에 관심을 두지 말라는 공자의 가르침이 매우 흥미롭다. 배운다는 것은 결코 배부르고, 좋은 집에 살고자 하는 것이 아니다. 어떻게 주위 사람들과 더불어 잘 살고, 자기에 맡겨진 일은 민첩하게 처리하고, 말은 삼가 조심하는 것이다. 자신이 맡은 바에 대한 책임에 더 관심을 두어야지, 일 처리 후에 가져다 줄 금전적 이득에만 관심을 갖는다면, 일이 성공적으로 잘 마무리 될 리도 없을 것이고, 일 자체에 대해서 어떤 흥취를 느낄 수 없을 것이다.

'식食'·'거居'·'사事'·'언言'은 역시 '도道'의 일종이다. 이러한 덕목을 잘 처리하는 자가 '유도有道'한 사람이다. 주위에 이러한 사람이 있다면 이를 본받고 따르는 것이 '배움'이다.

---

27 《陋室銘》: "山不在高, 有仙則名. 水不在深, 有龍則靈."(唐, 劉禹錫)

작품설명

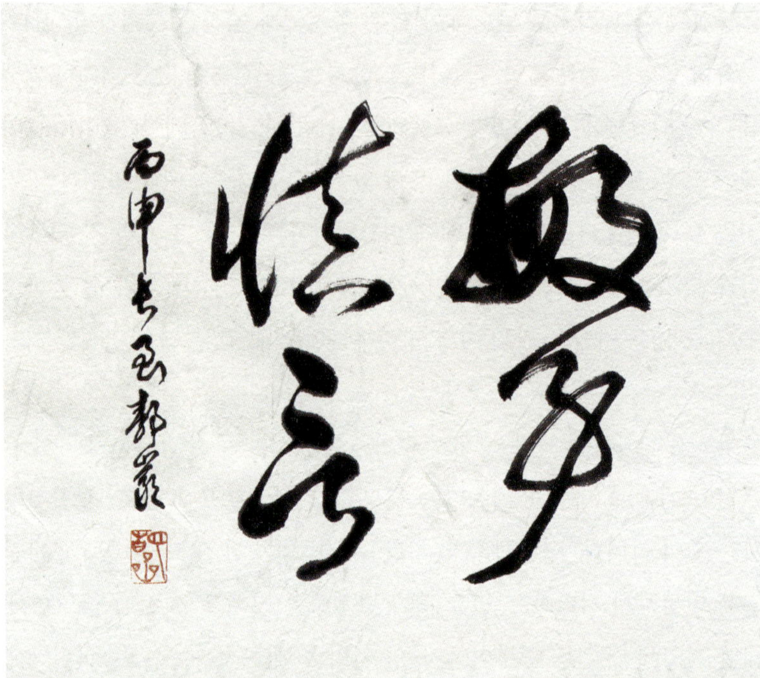

·정암 김선조 작·

민사신언敏事愼言

丙申長至, 靜巖

행동은 민첩하게 말은 신중하게

병신년, 5월, 정암.

일은 민첩하게 처리하고 말은 삼가는 것이 '민사신언敏事愼言'이다. 말만 앞세우고 실천으로 옮기지 못하는 경우가 우리는 종종 있다. 그래서 차라리 말은 어눌하게 할지언정 행동으로 보여주는 것이 낫다.(눌언민행訥言敏行)

子曰: "君子欲訥於言而敏於行."(里仁 04.24)

공자는 말하였다.

"군자는 말에는 더디고 하고 실천에는 민첩하고자 한다."

말만 하고 실천하지 않았음을 부끄럽게 여겨야 한다. 말만 한 것을 전혀 부끄럽게 생각하지 않으면, 이후에도 계속해서 말뿐이고 약속을 지키기 않는 사람이 되기 쉽다. 선거판이번 공약公約이 공약空約이 되는 경우가 꼭 있다. 실천하기 위하여 내놓는 약속이 아니라 단지 당선만을 위한 것이기 때문에, 이를 부끄럽게 여기지도 않고 또한 이를 당연시 하는 경우가 많다. 그래서 공자는 '실천하지 못한 약속은 부끄럽게 생각하여야 한다'하였다.

子曰: "其言之不怍, 則爲之也難."(顔淵 14.20)

공자는 말하였다.

"말을 앞세우는 것을 부끄러워하지 않으면 말을 실천하기가 힘이 든다."

작품설명

·임강 송연주 작·

其言之不怍, 則爲之也難.

丙申中和, 林江.

"말을 부끄러워하지 않으면 실천하기가 힘든다."

병신년 음력 2월, 임강

# 11

# 富而好禮
## 부이호예

### 부유하나 예를 좋아하다
(부유하나 교만하지 않는 것 보다 부유하면서도 예절을 갖추는 것이 낫다)

'부이호예富而好禮'는 '부유하나 교만하지 않는다.'의 뜻으로, '부이무교富而無驕'·'부이불교富而不驕'로 쓰기도 한다.

子貢曰: "貧而無諂, 富而無驕, 何如?" 子曰: "可也, 未若貧而樂, 富而好禮者也." 子貢曰: "詩云, '如切如磋, 如琢如磨', 其斯之謂與?" 子曰: "賜也, 始可與言詩已矣, 告諸往而知來者."(學而 0115)

子貢이 말하였다.

"가난하면서도 아첨함이 없고, 부유하면서도 교만함이 없다면 어떠하겠습니까?"

공자는 말하였다.

"괜찮기는 하나 가난하면서도 도道를 즐기고, 부유하면서도 예禮를 좋아하는 것만은 못하다."

자공이 말하였다.

"시경에 '끊은 것 같고 간 것 같고 쪼은 것 같고 닦은 것 같다'고 한 것은 이 말씀을 두고 한 것입니까?"

공자는 말하였다.

"사賜야말로 함께 시詩를 논할 만하다. 지난날의 일을 일러주었는데 앞으로 할 일을 이해하는구나."

본 구절에서 '부이호예富而好禮' 이외에도 '빈이무첨貧而無諂'·'부이무교富而無驕'·'절차탁마切磋琢磨'·'고왕지래告往知來' 등의 성어가 쓰이고 있다.

'절차탁마'의 구절은《위풍衛風·기오淇澳》편에 보인다. 자공子貢이 본래 가난하였다가 후에 부자가 되었기 때문에, 빈천과 부귀에 대하여 공자에게 가르침을 받는 내용이 아닌가한다.

'빈이무첨貧而無諂'과 '빈이락貧而樂', '부이무교富而無驕'와 '부이호예富而好禮'의 차이란 무엇일까?

'빈이무첨'은 '가난을 벗어나기 위하여 다른 사람에게 아첨하지 않는 것'을 말한다. 가난을 벗어나기 위하여 아첨을 한다는 것은 윗사람에게 아부를 하거나 혹은 부당한 방법으로 뒷거래를 한다는 것이다. 내가 빈곤에 처하게 되었을 때 이를 마음에 두고 벗어나려 하는데, 결코 남에게 아부하거나 아첨하지 않는다고 하더라도 이미 마음속에 가난이란 굴레를 상당히 염두에 두고 있다는 것이다. 부당한 방법을 사용하지는 않지만 이를 벗어나기 위하여 전전긍긍하는 것이다. 이러한 태도가 결코 잘못되었다는 것은 아니다. 정도正道가 있는데도 빈곤하다면 이는 자신이 부족하기 때문으로 이 또한 잘못이다. 빈곤을 벗어나기 위해 끊임없이 성찰하고 노력해야 옳다. 하지만 벗어나야 하겠다는 신념이 자신의 굴레가 되어 이 굴레를 벗어나지 못하고 전전긍긍한다는 것 또한 매우 불행한 일이다. 이러면 주위에 대한 원망과 불신이 쌓이기 쉽다. 그래서 공자는 빈곤에 처하게 되었다하더라도 이를 즐겁게 대처하여야 한다하였다.

도연명陶淵明은 "나는 적은 봉록을 위하여 허리를 굽힐 수 없고 향리 소인배들에게 알랑거리겠는가"라 하면서,[28] 유명한 〈귀거래혜사歸去來兮辭〉를 지었다. 아래는 도연명의 〈음주飮酒〉라는 시다. 도연명의 안빈낙도의 생활을 엿볼 수 있다.

도연명陶淵明 음주飮酒

秋菊有佳色, 裛露掇其英. 가을 국화 빛깔도 좋을시고, 이슬 젖은 꽃잎을 따다가

泛此忘憂物, 遠我遺世情. 시름 잊게 하는 술에 띄워서, 나의 세상 버린 마음 더욱 속세 멀어지네.

一觴雖獨進, 杯盡壺自傾. 하나 술잔 혼자 마시건만, 술잔 비면 술병은 저절로 기우러지네

日入群動息, 歸鳥趨林鳴. 해는 지고 세상 만물 쉬니, 새들도 지저귀며 숲으로 돌아오네.

嘯傲東軒下, 聊復得此生. 동헌 아래 후련하게 휘파람 부니, 이런 생은 다시 얻어도 좋겠네.

'裛(적실 읍, yì)'자는 '浥(젖을 읍, yì)'자와 통한다. 도연명의 이러한 삶이 바로 가난해도 대자연 모두를 소유한 진정한 즐거운 마음이다.

'부이무교富而無驕'는 '부이호예富而好禮'는 차원이 서로 다르다. 아마도

28 《晉書陶潛傳》: "吾不能爲五斗米折腰, 拳拳事鄕里小人邪."(나는 얼마 되지 않은 적은 봉록을 위하여 허리를 구부리고, 향리의 소인배 무리에게 알랑거릴 수 있겠는가.)

자공은 이미 '부자이나 교만하지 않았으나' 그 다음 더 높은 차원인 '부이호예'의 단계에는 이르지 못한 듯하다. '부이무교'는 부자가 태도가 거만하거나 교만한 태도를 취하지는 않으나, 그러나 아직은 남을 편안하게 하는 속 깊은 배려하는 뜻이 없다. 예 禮는 '극기복례克己復禮'하는 마음이다. '자신의 욕심을 버리고 사람이 본래 지녀야할 예의와 법도를 따르는 마음으로 되돌아가'야 하는 것이다.

논어에서 공자는 '극기복례'하는 것이 인仁이라 했다. 인을 실천하는 것은 자기로부터 시작되는 것이지 남으로부터 시작되는 것이 아니라했다. 또한 '극기복례'하는 방법은 예가 아니면 보지도, 듣지도, 말하지도, 행동하지 않는 것이라 하였다.[29] 교만하지 않는 마음은 예가 아니면 행동으로 옮기지 않는 겸손한 마음이다.

---

29 "顔淵問仁. 子曰: '克己復禮爲仁. 一日克己復禮, 天下歸仁焉. 爲仁由己, 而由人乎哉?' 顔淵曰: '請問其目.' 子曰: '非禮勿視, 非禮勿聽, 非禮勿言, 非禮勿動." 顔淵曰: "回雖不敏, 請事斯語矣.'(顔淵1201)(안연이 인에 관해서 여쭈어 보았다. 공자는 말하였다. "'자기를 극복하고 예禮로 돌아가는 것이 인이다.' 어느 날이건 자기를 극복하고 예로 돌아가게 되면 온 천하가 인에 따르게 될 것이다. 인을 실천하는 것은 자기로부터 시작되지 남으로부터 시작되기야 하겠느냐?" 안연이 말하였다. "그 세목을 말씀하여 주셨으면 좋겠습니다." 공자가 말하였다. "예禮가 아니면 보지 말고, 예가 아니면 듣지 말고, 예가 아니면 말하지 말고, 예가 아니면 움직이지 말라." 안연이 말하였다. "제가 민첩하지는 못하지만 이 말씀을 받들어 실천하기에 힘쓰겠습니다.")

·임강 송연주 작·

시청언행眎(視)聑(聽)言行

丙申麗月, 林江.

보고, 듣고, 말하고, 행동하다.

병신년 음력 2월, 임강

자공이 스승인 공자보다 뛰어나다고 말하는 사람들이 있었는데,[30] 왜 이러한 물음이 있었겠는가? 자공이 진정으로 내재된 예禮를 행하지 않았기 때문인지도 모른다. 남 앞에서 잘 난 것처럼 행동하여 다른 사람 눈에 스승인 공자보다 뛰어나게 보이도록 하였기 때문일 것이다. 자공이 공자에게 자신은 어떤 그릇이냐고 물었을 때, 공자는 제사 때 서직黍稷을 담는 그릇인 호련瑚璉이라고 하였는데,[31] 이는 자공의 인품이 아직은 아무데나 갖다 써도 모두를 담을 수 있는 큰 그릇이 아니었기 때문일 것이다.

---

30 叔孫武叔語大夫於朝曰: "子貢賢於仲尼." 子服景伯以告子貢. 子貢曰: "譬之宮牆, 賜之牆也及肩, 窺見室家之好. 夫子之牆數仞, 不得其門而入, 不見宗廟之美, 百官之富. 得其門者或寡矣. 夫子之云, 不亦宜乎!"(子張 19.23)(숙손무숙이 조정에서 한 大夫에게 말하였다. "자공이 공자보다 잘났다." 자복경백이 이 이야기를 자공에게 일러주었더니, 자공이 말하였다. "집의 담에다 비유한다면, 저의 담은 어깨까지 닿아서 집의 좋은 것을 들여다보게 됩니다. 우리 선생님의 담은 여러 길이나 되어서 그 문을 찾아내서 들어가지 않는다면 그 안에 있는 종묘宗廟의 아름다움과 온갖 관원들의 수효가 많은 것이 보이지 않습니다. 그 문을 찾아낸 사람이 어떻게 된 노릇인지 적습니다. 그러니 그 분이 그렇게 말씀하시는 것도 그럴법한 일이 아니겠습니까?)

31 子貢問曰: "賜也何如?" 子曰: "女, 器也." 曰: "何器也?" 曰: "瑚璉也."(公冶長 05.04)(子貢이 "저를 어떻게 생각하십니까?"라고 묻자 공자는 "너는 그릇이다."라 하였다. "무슨 그릇입니까?"하니, "호련이다.")

·정암 김선조 작·

부이호예富而好禮

富而好禮,

歲華丙申立春. 撫松齋丶(主)人靜巖

부유하면서 예를 좋아하다.

병신년 입춘, 무송재 주인 정암

작품설명

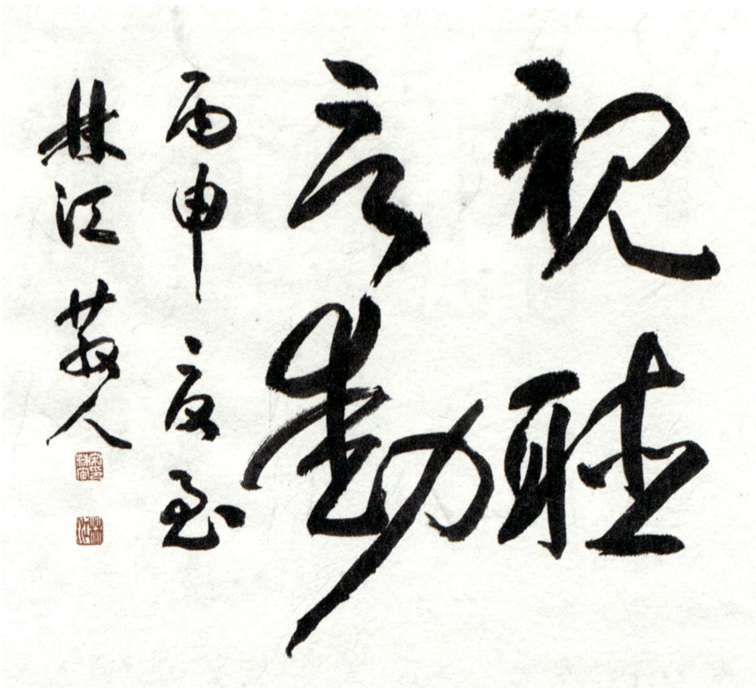

·임강 송연주 작·

시청언행視聽言行

丙申夏至, 林江散人.

"보고 듣고 말하고 행동하다."

병신년 하지, 산인 임강.

# 12

# 告往知來
# 고왕지래

## 과거를 알려주면 미래를 알다
(과거를 추론하여 미래의 일을 알아내다)

'고왕지래告往知來'는 '지나간 일을 알려 주니 앞으로 닥쳐올 일을 안다'나 '한 가지를 알려 주니 이를 추론하여 다른 것을 미루어 안다'라는 뜻으로 쓰인다.

子貢曰: "貧而無諂, 富而無驕, 何如?" 子曰: "可也, 未若貧而樂, 富而好禮者也." 子貢曰: "詩云, '如切如磋, 如琢如磨', 其斯之謂與?" 子曰: "賜也, 始可與言詩已矣, 告諸往而知來者."(學而 01.15)

子貢이 말하였다.

"가난하면서도 아첨함이 없고, 부유하면서도 교만함이 없다면 어떠하겠습니까?"

공자는 말하였다.

"괜찮기는 하나 가난하면서도 도를 즐기고, 부유하면서도 예禮를 좋아하는 것만은 못하다."

자공이 말하였다.

"시경에 '끊은 것 같고 간 것 같고 쪼은 것 같고 닦은 것 같다'고 한 것은 이 말씀을 두고 한 것입니까?"

공자는 말하였다.

"사賜야말로 함께 시詩를 논할 만하다. 지난날의 일을 일러주었는데 앞으로 할 일을 이해하는구나."

'여절여차如切如磋, 여탁여마如琢如磨'는《시경》의〈위풍衛風 · 기오淇澳〉편에 보인다. 이 시는 밤낮을 가리지 않고 노력하는 위衛나라 무공武公의 덕을 칭송한 것으로 알려져 있다.

저 기수 물굽이를 바라보니, 푸른 대나무 우거져 있네.

훌륭하신 우리 군주, 깎고 다듬고 쪼고 간 옥과 같다네.(如切如磋, 如琢如磨)

중엄하고 위엄 있고, 빛나고 의젓하시네.

훌륭한 우리 군주님, 아무래도 잊을 수 없네.[32]

저 기수 물굽이를 바라보니, 푸르른 대나무 무성하네.

훌륭하신 우리 군주님, 아름다운 옥돌 귀막이며 관의 구슬 장식은 별처럼 빛나네.

중엄하고 위엄 있고, 빛나고 의젓하시네.

훌륭한 우리 군주님, 아무래도 잊을 수 없네.[33]

---

32 "瞻彼淇奧, 綠竹猗猗. 有匪君子, 如切如磋, 如琢如磨. 瑟兮僩兮, 赫兮咺兮. 有匪君子, 終不可諼兮."(《衛風 · 淇澳》)

33 "瞻彼淇奧, 綠竹青青. 有匪君子, 充耳琇瑩, 會弁如星. 瑟兮僩兮, 赫兮咺兮. 有匪君子, 終不可諼兮."(〈衛風 · 淇澳〉)

저 기수 물굽이를 바라보니 푸르른 쌍인 듯 무성하네.

훌륭하신 우리 군주님, 금과 같고 주석 같고, 구슬 홀 같고 둥근 구슬과도 같네.

너그럽고 여유로우신 모습으로 큰 수레 옆 나무에 기대섰네.

우스갯소리도 곧잘 하지만 지나치지는 않다네.[34]

《시경》에서의 '절차탁마切磋琢磨'는 깎고 다듬어서 훌륭하게 만들어진 옥을 훌륭한 군자에 비유하고 있다. 혹은 '절차탁마'하여 그 다음 구에 나열되어 있는 '충이수영充耳琇瑩, 회변여성會弁如星' 등등이 만들어진 옥기를 가리키는 것으로 이해할 수 있다. 그러나 그 다음에 '여如'자를 사용하여 '군자'를 비유한 것으로 보아 정성을 다해 만들어진 구슬을 군자에 비유한 것으로 보인다.

《논어》에서 '절차탁마'는 자공에게 '빈이무첨貧而無諂'하기보다는 '빈이락貧而樂'하도록 하고, '부이무교富而無驕'하기보다는 '부이호예富而好禮'로 한 단계 업그레이드하라는 뜻으로 쓰이고 있다. 계속해서 더 노력하고 연마하라는 뜻이다.

'기사지위여其斯之謂與?' 중의 '기其'자는 추측을 표시하는 어기조사이고, '사斯'는 대사의 용법으로 쓰여 앞에서 언급된 공자의 '빈이락貧而樂'하고 '부이호예富而好禮'하라는 내용을 가리킨다. '지위之謂'는 '위지謂之'의 문자 순서가 바뀐 것이다. '여與'는 '여歟'의 용법과 같은 자로 감탄을 표시하는 어기조사이다.

34 "瞻彼淇奧, 綠竹如簀. 有匪君子, 如金如錫, 如圭如璧. 寬兮綽兮, 猗重較兮. 善戲謔兮, 不爲虐兮."(〈衛風 · 淇澳〉)

'고저왕이지래자告諸往而知來者' 중 '저諸'자는 대사의 '지之'의 용법으로 '자공子貢'을 가리킨다. '그에게 지나간 것을 알려 주니 올 것을 알다'라는 뜻이다.

'徃(往)'자는 '彳'과 소리부 '㞷'으로 이루어진 자이다. '㞷'은 '止'와 소리부 '王'으로 이루어진 자이며, 갑골문은 ''으로 쓴다. 본 구절에서는 '지나간 과거의 일'이라는 뜻으로 '이미 알고 있는 일'이라는 의미로 쓰인다. '래來'는 '앞으로 올 일'로 '알지 못하는 일'을 가리킨다. 하나를 알려 주니 추론하여 둘을 안다는 뜻이다.

'來(來)'자는 원래 식물 보리의 형상인데 후에 '오다'라는 의미로 가차되어 쓰인다.

'知(知)'자는 '구口'와 소리부 '시矢'로 이루어진 자이다. '화살이 과녁을 적중하였는지를 알다'라는 뜻에서 후에 '지식'·'지혜' 등의 의미로 쓰인다.

'고왕지래告往知來'는 논어 중 '거일반삼擧一反三'이나 '문일지십聞一知十'의 의미와 비슷하다. 하나를 알려주면 열을 유추해서 안다는 뜻이다. 자공은 안회는 하나를 들으면 열을 유추해 내지만 자신은 겨우 둘을 미루어 짐작할 수 있다 하였다.

謂子貢曰: "女與回也孰愈?" 對曰: "賜也何敢望回? 回也聞一以知十, 賜也聞一以知二." 子曰: "弗如也, 吾與女弗如也."(公冶 05.09)

선생님께서 자공에게 물었다.

"너와 안회는 어느 쪽이 우수하냐?"

"제가 어떻게 감히 안회를 바라볼 수 있겠습니까? 안회는 하나를 듣고서 열을 아는데 저는 하나를 듣고서 둘을 압니다."

공자는 말하였다.

"그만 못하다. 나와 너는 그만 못하다."

공자 역시 겸손하게 안회보다 못하다 하였다. 안회는 인을 실천하기 위하여 어느 누구보다 노력하였던 것으로 보인다.

공자는 배우고도 생각해 유추해 내지 못하면 아무 쓸모가 없고, 생각만 하고 배우지 않으면 독단에 빠지게 된다 하였다.[35] '과거를 알려주어 미래를 알 수 있으려면', 생각하고 배워야 한다.

'과거를 알려주면 미래를 안다'는 것은 곧 '온고지신溫故知新'이기도 한다. 이전에 배운 내용을 잊지 않고, 배운 내용을 근거로 하여 새로운 것을 유추해 내는 것이 '온고지신'이다.



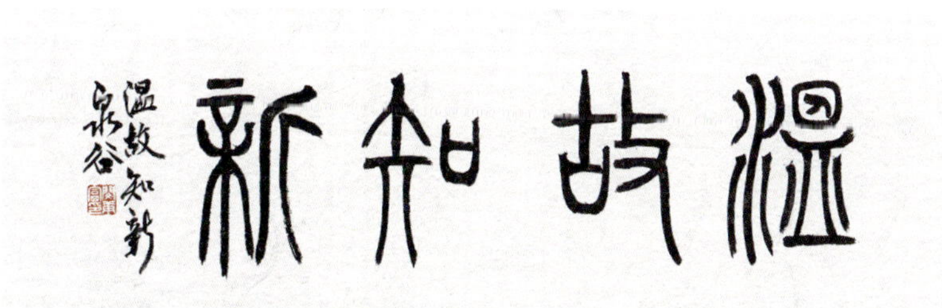

·천곡 민경부 작·

온고지신溫故知新

溫故知新. 泉谷.

온고지신. 천곡.

35 子曰: "學而不思則罔, 思而不學則殆."(爲政 02.15)(공자는 말하였다. "배우고 생각하지 아니하면 아무것도 배우지 않은 것과 같고, 생각하고 배우지 아니하면 독단에 빠지게 위험하게 된다.")

# 13

# 一言以蔽
## 일언이폐

한마디로 총괄하다

(한마디로 간추려 말할 수 있다)

'일언이폐一言以蔽'는 '일언이폐지一言以蔽之'를 줄인 말이다. '일언이폐지' 중 '지之'는《시경詩經》을 가리킨다. '한 마디로 개괄하다'라는 뜻이다.

'(蔽)'자는 '艸'와 '폐敝'로 이루어진 자이다. '(敝, 해질 폐, bì,bié)'자는 '攴'와 '㡀(해어진 옷 폐)'로 이루어진 자이다. '敝'자를 갑골문은 ''로 쓰고, 금문은 ''·''로 쓴다. '해진 옷에 조각을 대고 꿰매는 모습'이다. 천을 대기 때문에 '덮다'·'싸다'라는 의미가 파생되었다. '한마디로 전부 덮을 수 있다'는 것은 한마디로 모두를 개괄할 수 있다는 뜻이다.

> 子曰: "詩三百, 一言以蔽之, 曰, '思無邪'."(爲政 02.02 )
>
> 공자는 말하였다.
>
> "시詩 3백편은 한 마디로 말해서 생각에 사악邪惡함이 없다고 하겠다."

지금 전하여지는《시경》은 305편인데 孔子 시대에는 이보다 많았을 것이다. 공자는《시경》을 한 마디로 '사악한 생각이 들어있지 않은 것(사무사思毋邪)'이라 하였는데, 이는 시경의 내용이 가식 없이 민간의 진실 된

음성을 담고 있음을 말하는 것이다. '사무사'라는 구절은《시경》의〈노송魯頌 · 경駉〉에 나오는 구절이다.〈경駉〉은 명마名馬가 귀인을 태워 수레를 끄는 모습을 노래한 내용이다.

〈노송魯頌 · 경駉〉

살찌고 큰 수컷 말이 먼 들 밖을 달리고 있네.
살찐 큰 말들은 살이 흰 검은 말과 흰털 섞인 누런 말이 있고
검은 말과 누런 말은 힘차게 수레를 끄네.
그 말들 한없이 훌륭하기만 하다네.[36]

살찌고 큰 수컷 말이 먼 들 밖을 달리고 있네.
살찐 큰 말들은 푸르고 흰 얼룩말과 누렇고 흰 얼룩말이 있고
붉고 누런 말과 검푸른 말은 수레를 훌륭하게 끄네.
그 말들 한없이 재주가 뛰어나네.[37]

살찌고 큰 수컷 말이 먼 들 밖을 달리고 있네.
살찐 큰 말들은 돈 점박이 말과 검은 갈기에 흰 말이 있고,
검은 갈기의 붉은 말과 흰 갈기의 검은 말이 있는데, 수레를 끌고 잘도 달리네.
그 말들 싫증도 나지 않게 잘도 끄네.[38]

---

36 "駉駉牡馬, 在坰之野. 薄言駉者, 有驈有皇, 有驪有黃, 以車彭彭. 思無疆, 思馬斯臧."

37 "駉駉牡馬, 在坰之野. 薄言駉者, 有騅有駓, 有騂有騏, 以車伾伾. 思無期, 思馬斯才."

38 "駉駉牡馬, 在坰之野. 薄言駉者, 有驒有駱, 有騮有雒. 以車繹繹. 思無斁, 思馬斯作."

살찌고 큰 수컷 말이 먼 들 밖을 달리고 있네.
살찐 큰 말들은 잿빛 흰빛 얼룩말과 붉고 흰 얼룩말이 있고,
정강이 흰 말과 양 눈 흰 말이 있는데, 수레를 힘차게도 잘도 끄네.
아무런 생각 없이 말은 달려가고만 있네.[39]

《시경》에서의 '사무사思無邪'는 말이 전혀 흩어짐이 없이 잘 달리고 있는 모습을 나타내고 있다. '사思'자는 의미없는 조사로 쓰인다.

'駉(살이 찐 말 경, jiōng)'은 '살찌고 큰 말', '坰(들 경, jiōng)'은 '도심에서 멀리 떨어진 들'을 가리킨다. '박언薄言'과 '유율有驈' 중의 '유有'는 모두 조사의 용법으로 쓰인다. '驈(샅 흰 검은 말 율, yù)' '사타귀가 흰 검은 말', '황皇'은 '흰 털이 섞여 있는 누런 말', '驪(털빛이 온통 검은 말 려, lí)'은 '검은 말', '황黃'은 '흰털이 섞여 있는 누런 말', '팽팽彭彭'은 말이 '힘 있게 수레를 끌고 가는 모양'의 뜻이다.

'사무강思無疆' 중 '사思'자에 대해서는 의견이 분분하다. 의미 없는 조사, 혹은 대사인 '사斯'의 용법, 실사實詞인 '생각하다'의 뜻으로 쓰인다고 주장하기도 한다. '사思'자는 그 다음에 '마馬'자가 오거나 혹은 '무無'자가 오는데, 만약에 '마'자인 경우엔 '생각하다'의 실사로 해석하기엔 다소 무리가 있어 보인다. 따라서 조사나 혹은 대사로 해석할 수 있다. 한편 '사' 다음에 '무'자가 오는 경우인 '무강無疆'·'무기無期 '·'무두無斁'·'무사無邪' 역시 말의 어떤 행동거지에 대한 내용이기 때문에 역시 '생각하다'의 의미로 해석하는 것보다 조사의 용법으로 해석하는 것이 옳다. 그러나 《논어》의 '사무사'는 공자가 《시경》 구절을 단장취의斷章取義하여 《시

39 "駉駉牡馬, 在坰之野. 薄言駉者, 有駰有騢, 有驔有魚, 以車祛祛. 思無邪, 思馬斯徂."

경》의 내용을 한마디로 요약하고자 한 것이기 때문에 실사의 용법으로 해석하여도 별 무리가 없어 보인다.

'臧(착할 장, zāng)'은 '선善'의 의미로 쓰여 '훌륭하다'는 뜻이다.

'騅(오추마 추, ; 馬-총18획; zhuī)'는 '검푸른 털에 흰 털이 섞인 말', '駓(황부루 비, pí)'는 '누른빛과 흰빛이 섞인 말', '騂(붉은 말 성, xīng)'은 '붉은 말', '騏(털총이 기, qí)'는 '푸르고 검은 무늬가 장기판처럼 줄이 진 말', '伾伾'는 '비비駓駓'로 쓰며 '말이 수레를 끌고 힘차게 달리는 모양'을 뜻한다. '무기無期'는 원래 시간의 끝없음을 뜻하는 본 구절에서는 말의 '재기'가 무한함을 말한다.

'驒(연전총 탄, tán)'은 '돈닢을 늘어놓은 듯한 흰무늬가 박힌 검푸른 말', '駱(낙타 락, luò)'은 '검은 갈기의 흰 말', '騮(월따말 류, liú)'는 '털빛이 붉고 갈기가 검은 말', '雒(몸은 희고 갈기는 검은 말 가리온 락 luò, lè)'은 '흰 갈기의 검은 말', '역역繹繹'은 '말이 잘 달리는 모양', '斁(싫어할 두(역), dù, yì)'은 '싫어하다'는 뜻으로 '무역無繹'은 '호감이 가서 좋아하다'는 뜻이다. '作'자는 '흥'의 의미로 쓰여 말이 '힘찬 것'을 말한다.

'駰(오총이 인, yīn)'은 '흰 털이 섞인 거무스름한 말', '騢(적부루마 하, xiá)'는 '붉은 빛 흰 빛이 섞인 말', '駵(월다말 류, liú)'자는 '騮'자와 같은 자로 '털이 붉고 갈기가 검은 말', '魚'는 '두 눈 언저리가 흰말', '거거'는 '힘차게 수레를 끌고 가는 모양'을 뜻한다. '사무사思無邪'와 '사마사조思馬斯徂' 중의 '사思'자 역시 조사로 쓰이며, '말이 수레를 끌고 달려가다'라는 뜻이다.

공자는 자신의 논지를 펼칠 때《시경》의 구절을 인용하여 자신의 의견을 설명하는 형식을 자주 사용하였다. 예를 들어《예기禮記 · 치의緇衣》편이 있다.

子曰: "有國者章善癉惡, 以示民厚, 則民情不貳. 詩云, "靖共爾位, 好是正直."(《禮記 · 緇衣》)

공자가 말하였다. 나라를 가진 자는 좋은 것을 밝히고, 나쁜 것을 밝힘으로써, 백성에게 후덕함(후厚)을 보여 주어야 한다. 그래야 백성의 정이 변하지 않는다.《시경 · 소아 · 소명》은 '그대의 직위를 조용히 하고 공손히 하며, 정직한 사람을 좋아하라(그러면 신이 네 소원을 듣고 축복을 크게 내려 주리라)'하였다.

공자는 만년에 제자를 가르치는 데 있어 육경六經 중《시경》을 첫 번째로 삼았다. 시는 인간의 가장 순수한 감정에서 우러난 것이므로 정서를 순화하고 다양한 사물을 인식하는 데는 그 만한 것이 없다고 생각하였기 때문이다. 공자는 아들 백어伯魚에게는 "《시경》의 〈주남周南〉과 〈소남召南〉을 공부하지 않으면 마치 담벼락을 마주하고 서 있는 것과 같다"라 하였다.[40]

《시경》 305편은 '풍風' · '아雅' · '송頌' 세 부분으로 나누어지는데, '풍' 즉 '국풍國風'은 여러 제후국에서 채집된 민요로, 사랑의 시가 대부분이며 남녀 간의 애틋한 정과 이별의 아픔 등이 아주 원초적인 목청으로 소박하게 그려져 있다. '아雅'는 대아大雅와 소아小雅로 나누는데, 궁궐에서 연주되는 곡조에 가사를 붙인 것이다. '송頌'은 종묘의 제사에 쓰이던 악가樂歌로 주송周頌 · 노송魯頌 · 상송商頌이 있다.

---

40 子謂伯魚曰: "女爲周南? 召南矣乎? 人而不爲周南? 召南, 其猶正牆面而立也與?"(陽貨 17.10)(공자가 伯魚에게 말하였다. "너는 周南과 召南을 공부하였느냐? 사람으로서 周南과 召南을 공부하지 않으면 그것은 마치 담에 맞대고 서 있는 것과 같을 것이다.)

풍 · 아 · 송에 '부賦' · '비比' · '흥興'을 합친 것을 육의六義라 하는데, 풍아송風雅頌은 내용 · 체재의 구분이고 후자는 문장 수사상의 분류이다. 고대 제왕들은 먼 지방까지 채시관采詩官을 파견하여 민요를 채집하고 민심의 동향을 파악하여 정치를 하는데 참고하였다. 하지만 《시경》의 악보가 전해지지 않아 시의 곡조는 알 수 없다.

子曰: "興於詩, 立於禮, 成於樂."(泰伯 0808)

공자는 말하였다. "시詩로써 감흥感興을 갖고, 예禮로써 자립自立하고, 음악으로 완성한다."

시詩는 읊조리는 동안에 억양抑揚과 반복이 있어 사람을 감동케 하고 감흥을 느끼게 하여 선善을 좋아하고 악惡을 미워하는 마음을 일으켜준다. 예禮는 행위의 節度이다. 예에 따라 행동하면 외부 사물에 동요되지 않고 자립할 수 있게 된다. 음악은 성정性情을 화평하게 해주고 사악邪惡하고 더러운 마음을 씻어주므로 음악으로 고상한 인품을 갖게 해 주는 것이다. 또한 인간은 시詩를 통하여 흥하게 되는 것이기 때문에 심신을 수양하기 위해서는 반드시 시를 배워야 하는 것이다. 《상해박물관장전국초죽서上海博物館藏戰國楚竹書 · 공자시론孔子詩論》은 귀족 무덤에서 발견된 중국 전국戰國시기의 공자가 《시경》을 논한 문서 자료이다.

공자가 말하였다. "시가詩歌는 사람의 의지를 드러내는 것이며, 악곡樂曲은 인간의 정감을 드러내는 것이며, 문자란 함의된 내용을 드러내는 것이다."[41]

---

41 "孔子曰: 詩無吝志, 樂亡吝情, 文無吝言."

(공자가 말하기를): "《시경》은 커다란 문과 같이 의리義理를 크게 밝히는 것이다. 일반백성과 함께 즐거움을 꾀하고자 한다면 어떤 시를 고려해야 하는가? 《방풍邦風》(《국풍國風》)이 바로 그것이다. 백성에게 슬픔과 우환이 있고 위아래가 융합하지 못하니 그 마음 씀이 장차 어떠한가?"[42]

작품설명

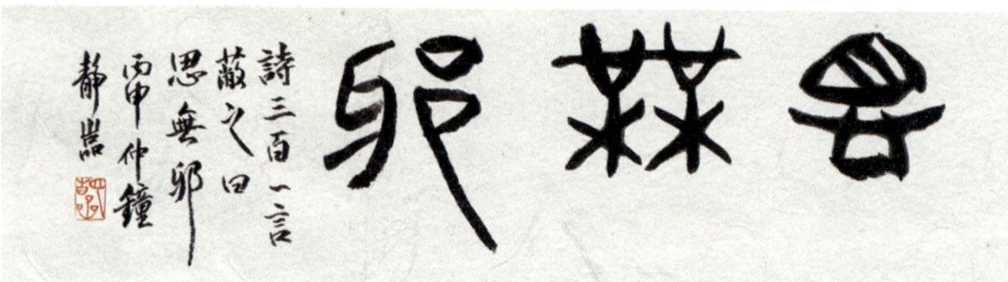

·정암 김선조 작·

사무사思無邪

詩三百, 一言以蔽之, 曰, '思無邪'.

丙申仲鍾, 靜巖.

"시 3백편은 한 마디로 말해서 생각에 사악邪惡함이 없다고 하겠다."

병신년 음력 이월, 정암

42 "曰: 詩其猷平門歟與? 賤民而逸之, 其用心也將何如？ 曰: ≪邦風≫是也. 民之有慼患也, 上下之不和者, 其用心將何如？"(≪上海博物館藏戰國楚竹書 · 孔子詩論≫)

# 14

# 有恥且格
## 유치차격

부끄러움과 격식을 갖추다

(덕과 예로써 가르치면 부끄러움을 알고 격식을 갖추게 된다)

‘유치차격有恥且格’은 백성을 덕德과 예禮로 인도하면 잘못을 하게 되었을 때 ‘수치심을 느끼게 되고 올바른 격식을 갖추게 된다’는 뜻이다. 법으로만 다스리려 한다면 법망을 피하려 요행을 부리고, 범을 어겨도 부끄러워하지 않는 것이다.

‘치恥’자는 ‘耳’와 ‘心’으로 이루어진 자로 사람이 나쁜 소리를 들으면 부끄러운 마음을 갖게 된다는 뜻이다. ‘恥’자는 회의자이나 형성자인 ‘耻’로 쓰기도 한다.

‘차且’자는 중복이나 거듭을 나타내는 접속사이다.

하지만 ‘격格’자에 대하여 역대로 다양한 해석을 한다. ‘격格’자를 ‘감화를 받다’·‘이르게 되다’ 등등의 의미로 해석한다. ‘[illegible](格)’자는 의미부 ‘木’과 소리부 ‘各’으로 이루어진 자로 원래는 ‘나무로 각각의 틀에 맞춰 만든 난간이나 창문틀’이라는 의미로 쓰인다. 후에 ‘바로 잡다’는 파생어로 쓰인다. 고문자에서는 ‘格’과 ‘各’자가 같은 의미로 쓰인다. ‘[illegible](各)’은 ‘口’와 ‘夊(뒤져서 올 치, zhǐ)’로 이루어진 자로 갑골문은 ‘[illegible]’·‘[illegible]’으로 쓰고, 금문은 ‘[illegible]’·‘[illegible]’으로 쓴다. 발(止)이 어떤 지점(口)을 향하여 들어오는 형상이다. 그래서 '이르다'라는 '来'나 '至'로 해석한 것이다. '各'은 후에 다른 어떤 곳에서 자신이 살고 있는 곳으로 들어왔기 때문에 '이질적 집단' 즉 나와 구별되는 '각각'이라는 의미로 쓰인다. 따라서 '格'은 '각 사물이 가지고 있는 각각의 이치에 이르게 파악하다'라는 뜻이다. '격물格物'은 각 사물이 가지고 있는 이치를 궁구窮究함을 말한다. 본 구절에서는 '바로 잡다'라는 의미인 '격식을 갖추다'라는 파생어로 쓰인다.

> 子曰: "道之以政, 齊之以刑, 民免而無恥, 道之以德, 齊之以禮, 有恥且格."(爲政 02.03)
>
> 공자는 말하였다.
>
> "정치적 법제法制로 인도하고 형벌刑罰로써 다스리면 백성들은 법제와 형벌은 모면하나 수치심이 없게 되고, 덕德으로 인도하고 예禮로 다스리면 수치심을 갖게 되고 또 올바르게 된다."

'도지이정道之以政'은 '도지이덕道之以德'과 상대덕 개념이고, '제지이형齊之以刑 '은 '제지이예齊之以禮'와 상대적 개념이다. '도道'자는 '인도하다'의 뜻이다. '지之'는 대사로 '민民'을 가리킨다. '이정以政' 중 '이以'는 '……로써'라는 전치사 용법으로 쓰이며, 백성을 인도하는데 '정령政令'으로 한다는 것이다. '정政'은 백성을 정치적 법제를 이용하여 다스리는 것으로 훈훈한 마음으로 인도하는 덕치와는 다르다. '정政'으로 하면 일종의 법적인 속박에서만 벗어나면 되기 때문에, 법을 위반하고도 이에 대해 전혀 수치심을 느끼지 않고, 법제法制를 모면하게 되면 오히려 기쁘게 생각하고 양심의 가책을 느끼지 않는다.

'齊(齊)'자를 갑골문은 ''으로 금문은 ''으로 쓴다. '곡물(작물)이 나

란히 서 있는 모습'이다. 후에 '가지런히 하다' · '다스리다'의 파생어로 쓰인다.

'形(刑)'자는 '刑' · '𠛬'자로 쓰기도 한다. '刀(刃)'과 소리부 '井'으로 이루어진 자이다. 전국戰國시기 《곽점초간郭店楚簡》은 '인刃'자를 써서 '[illegible]'으로 쓴다. '井(井)'자는 우물에 막대로 설치된 네모난 난간의 모습이다. 고문자 '정井'은 '네모꼴 같이 질서정연함'을 뜻하는 의미를 가지고 있다. 따라서 '질서 정연하게 되도록' 다스리는 것이 '제齊'이다.

백성에게 질서를 지키고 공동적인 삶을 영위하는 것을 법적인 제재制裁로서가 아니라 자연스럽게 기꺼이 상대방을 배려하고 존중하는 예의 범절로 한다면, 만약에 잘못을 저지르게 되면 부끄러움을 느끼게 될 것이고 사회의 질서는 '바로 잡히게(격格)' 되는 것이다. 즉 정해진 틀에 맞추어 타의에 의하여 억지로 살아가는 것이 아니라 자의에 의해 사랑하고 배려하며, 법질서가 굴레가 아니라 서로 잘 살아가도록 하는 공공의 약속이 되도록 하여야 한다.

노자는 사람을 부리는 힘이 '덕德'이라 하였다. 이것이 법도가 되어야 한다 하였다. 백성을 잘 다스릴 수 없는 것은 법으로만 다스리려 하기 때문인 것이다.

> 훌륭한 용사는 무력으로 싸우지 않으며, 잘 싸우는 사람은 성내지 아니하며, 적을 잘 이길 수 있는 자는 그와 함께 싸우지 아니하고 승리를 취하는 것이다. 사람을 잘 쓰는 사람은 남보다 아랫자리에 처신한다. 이것을 다투지 않는 덕德이라 하며 이것을 사람을 부리는 힘이라 한다. 이것은 하늘의 짝이

될 수 있는 극치의 법도인 것이다.[43]

백성들이 굶주리는 것은 그들을 다스리는 사람들이 거두는 세금이 많기 때문에 그래서 굶주리게 되는 것이다. 백성들을 다스리기가 어렵게 되는 것은 그들을 다스리는 사람들이 인위적인 다스림을 하기 때문에, 그래서 다스리기가 어렵게 되는 것이다.[44]

《서경書經》에서는 덕으로 다스리는 '덕치'를 '경덕敬德'·'명덕明德'·'현덕顯德'이라 하였다.[45] 옛 성인들은 덕을 나라를 다스리는 가장 중요한 방식으로 삼았다. '경'은 존경하는 것이고, 명과 현은 드러내 밝히는 것이다. 옛 성인들은 덕을 가장 중요한 덕목으로 삼지 않으면 '하늘이 가만히 두지 않고 큰 나라든 작은 나라들 멸망이라는 큰 벌을 내린다'라고 생각하였다.[46] 이러한 '덕을 가장 중요한 덕목으로 삼고 벌을 그 다음으로 항목이며 벌은 매우 신중하게 처리하여야 한다'는 정치를 '명덕신벌明德愼罰'이라 하였다.

---

43 "善爲士者不武. 善戰者不怒. 善勝適者不與. 善用人者爲之下. 是謂不爭之德. 是謂用人之力. 是謂配天之极."(《老子》 68章)

44 "民之饑以其上食稅之多, 是以饑. 民之難治以其上之有爲, 是以難治."(《老子》 75章)

45 惟乃丕顯考文王, 克明德愼罰.(《周書 · 康誥》) (위대하신 아버지 문왕은 덕을 밝히고 형벌을 삼가 신중히 다루었다.) 先王旣勤用明德.(《周書 · 梓材》)(선왕께서 밝은 덕을 힘써 실천하였다.) 公稱丕顯德.(《周書 · 洛誥》)(공께서 넓은 덕을 드러내다.) 皇自敬德.(《周書 · 無逸》)(임금이 스스로 덕을 존경하다.)

46 "惟天不畀不明厥德, 凡四方小大邦喪, 罔非有辭于罰."(《周書 · 多士》)(하늘이 함께 하지 않으신 것은 그가 덕을 밝히지 않았던 것이고, 모든 세상의 작고 큰 나라들이 망한 것은 모두 죄를 지어 벌을 내리신 때문이었다.)

> 하늘은 백성을 가엾게 여기시니 백성이 바라는 바를 하늘은 반드시 그대로 따른다.[47]

> 병이 있는 것 같이 돌보아주면 백성들은 모두 허물을 버릴 것이고, 어린 아이를 보호하듯 하면 백성들은 편안히 다스려지는 것이다.[48]

위정자가 명심해야 할 것은 '하늘은 항상 백성 편'이라는 것을 알아야한다. 즉 민심이 곧 천심이고, 천심 곧 민심이다. 백성은 돌보아 주는 것이지 법률이라는 명목하에 굴복시키는 것이 아니다.

자하子夏가 노魯나라 산동성山東省 거보莒父의 읍재邑宰로 있을 때, 공자에게 "정치란 무엇입니까"에 대하여 물었다. 공자는 "정치란 빨리빨리 어떤 실적을 달성하려 말고 장기적 플랜으로 할 것이며, 작은 이득을 챙기려 하지 말라" 하였다. 집정자가 자신이 집정하는 동안에 어떤 성과를 내기 위하여 무리하게 계획을 추진하려 한다면 아마도 좋은 결과를 거둘 수 없을 것이며, 자신의 이익을 위하여 함부로 어떤 사업을 추진하게 된다면 단언컨대, 결국은 백성의 원망소리만 커지게 될 것이다.

---

47 "天矜于民, 民之所欲, 天必從之."(《周書 · 泰誓》)

48 "若有疾, 惟民其必棄咎; 若保赤子, 惟民其康乂."(《周書 · 康誥》)

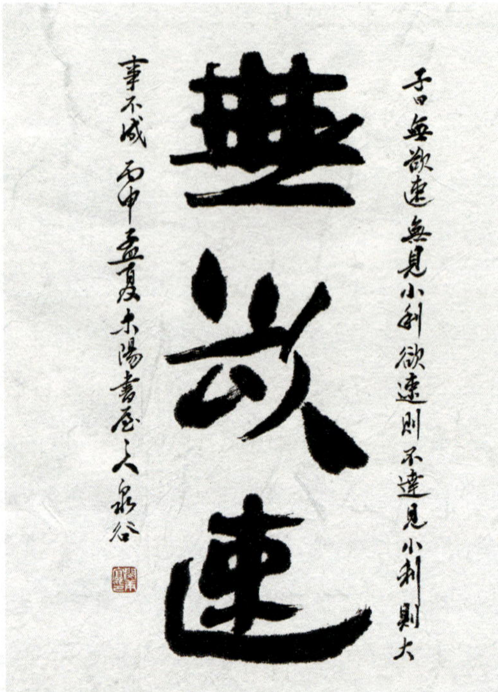


·천곡 민경부 작·

무욕속無欲速

子曰: 無欲速, 無見小利. 欲速, 則不達, 見小利, 則大事不成.

丙申孟夏, 木陽書屋主人泉谷.

“공자는 말하였다. 일을 속히 하려고 하지 말고, 작은 이익을 돌보지 말아라. 속히 하려고 들면 철저해지지 않고, 작은 이익을 돌보면 큰 일이 이루어지지 않는다.”

병신년 음력 4월, 목양서옥 주인 천곡.

·정암 김선조 작·

유치차격有恥且格

子曰: "道之以政, 齊之以刑, 民免而無恥, 道之以德, 齊之以禮, 有恥且格."

龍集丙申流月, 撫松齋主人靜巖.

공자는 말하였다. "정치적 법제로 인도하고 형벌로써 다스리면 백성들은 법제와 형벌은 모면하나 수치심이 없게 되고, 덕으로 인도하고 예로 다스리면 수치심을 갖게 되고 또 올바르게 된다."

병신년 음력 유월, 무송재 주인 정암.

15

# 犬馬之養
## 견마지양

**부모를 봉양하다**

(개와 말도 자신의 어미를 돌볼 줄 안다)

《논어》의 '견마지양犬馬之養'은 다양한 해석을 한다. '개와 말도 사람을 봉양할 줄 안다', '개와 말도 자신의 어미를 봉양할 줄 알다', '사람이 개나 말을 기르다' 등등. 결국은 부모를 봉양하되 진심됨이 없음을 말한다.

현재 한어에서는 '견마지양'을 '부모를 봉양하다'의 겸양謙讓하게 표현하는 말로 쓰인다.

子游問孝. 子曰: "今之孝者, 是謂能養. 至於犬馬, 皆能有養, 不敬, 何以別乎?"(爲政 02.07)

자유가 효에 관해서 여쭈어 보자 공자는 말하였다.

"오늘날에는 효라고 하면 부모를 먹여 살릴 수 있다는 것을 의미하는데, 개와 말까지도 다 먹여 살려주는 사람이 있으니, 공경하지 않는다면 (짐승을 기르는 것과) 무엇으로 구별하겠느냐."

자유子游의 성은 언言이고 이름은 언偃이다. 자유는 자이다. 오吳나라 사람으로(노魯나라 사람이라는 설도 있음) 공자의 제자이며, 공자보다 45세 어리다고 한다.

'養(養)'자는 '食'과 소리부 '羊'으로 이루어진 자이다. 고문古文은 '羊'과 '攴(攵)인 '羖(羖)'으로 쓴다. 양에게 먹이를 주거나, 막대를 들고 양을 기르는 모습이다.

효는《논어》중 중요한 덕목 중의 하나이다.

공자는 효란 부모의 뜻을 어기지 않고 예로 받드는 것이라 하였다.

子曰: "父在觀其志, 父沒觀其行, 三年無改於父之道, 可謂孝矣."(學而 01.11)

부친이 생존할 때에는 그 뜻을 살피고, 부친이 세상을 떠나면 그 행적을 살펴 부친이 해오던 방법을 3년 동안 고치지 않는다면 효자라 할 수 있다.

子曰: "三年無改於父之道, 可謂孝矣."(里仁 04.20)

공자는 말하였다.

"삼년 상의 기간 중 부친이 해 오던 방법을 고치지 않는다면 효자라 할 수 있다."

曾子曰: "吾聞諸夫子, 孟莊子之孝也, 其他可能也, 其不改父之臣與父之政, 是難能也."(子張 19.18)

증자가 말하였다.

"내가 선생님한테서 들은 것이지만, 맹장자의 효는, 다른 것은 다 그대로 해낼 수 있지만, 그가 부친의 가신과 부친의 정책을 바꾸지 않은 것만은 그대로 해내기 어렵다."

孟懿子問孝. 子曰: "無違." 樊遲御, 子告之曰: "孟孫問孝於我, 我對曰, 無違."

樊遲曰, "何謂也?" 子曰: "生事之以禮, 死葬之以禮, 祭之以禮."(爲政 02.05)

맹의자가 효에 관해서 여쭈어 보자 공자는 말하였다.

"어기는 일이 없도록 하는 것이니라."

번지가 선생님을 수레로 모셨는데 공자는 말하였다.

"맹손이 나에게 효를 묻기에 내가 '어기는 일이 없도록 하는 것이니라' 하고 대답하였다."

번지가 물었다.

"무슨 뜻으로 하신 말씀이십니까?"

공자는 말하였다.

"살아 있을 적에는 예禮로써 섬기고, 죽으면 예로써 장사지내고, 예로써 제사지낸다."

부모에게 효도하는 것은 일종의 책임감에서 하는 것이 아니라 진심으로 즐거운 마음으로 하는 것이다. 그래야 항상 웃는 즐거운 마음으로 부모를 대할 수 있는 것이다. 그렇지 않으면 단시 '견마지양犬馬之養'일 따름이다.

子夏問孝. 子曰, "色難. 有事, 弟子服其勞, 有酒食, 先生饌, 曾是以爲孝乎?"(爲政 02.08 )

자하가 효에 관해서 묻자 공자는 말하였다.

"부드러운 안색으로 부모를 섬기기가 어렵다. 일이 생기면 자제들이 그 수고를 맡아 보고, 술과 음식이 생기면 부모가 먹게 하는 것을 孝라고 여기는가?"

효도는 금전으로 하는 것이 아니다. 돈 몇 푼 건네주는 것이 효가 아니라 마음으로 하는 것이다.

자로가 말하였다.

"안타깝습니다, 가난하여. 부모 생전에 봉양할 것이 없었고 돌아가신 후에는 예를 다하지 못하였습니다."

공자가 말하였다.

"콩을 먹고 물을 마셔도 매우 기쁘게 하면 이를 효라 하는 것이다. 부모가 돌아가셨을 때 팔과 발의 형체만을 염습殮襲하되[49] 예제를 정해진 기간 내에 장사를 지내지 못하고 곽을 쓰지 못한다 하더라도 자신의 재력에 맞게 한다면 이를 예라 하는 것이다."[50]

'철숙음수啜菽飮水' 중 '철숙啜菽'은 '콩을 먹다'라는 의미로, '변변치 못한 음식이지만 부모님께 기쁨의 효를 하다'는 뜻이다. '숙수승환菽水承歡'이란 성어가 이 구절에서 유래하였다. '자녀가 부모 곁에서 재롱을 부려 기쁘게 한다'는 '승환슬하承歡膝下'라는 뜻과 같다. '승환承歡'은 '다른 사람의 기분을 맞추어 기쁘게 하다'라는 뜻이고, '숙수菽水'는 '콩과 물이라는 뜻으로 변변치 못하고 검소한 음식'을 가리킨다. '슬하膝下'는 '무릎 아래라는 뜻으로 부모의 곁' 혹은 '자식'이라는 뜻이다.

군자에게 세 가지 즐거움이 있다 하였는데, 그 중의 첫째가 '부모가 모두 살아계시고 형제가 무고한 것'이다. 둘째는 '하늘과 세상에 부끄럽지 않고', 셋째는 '영재를 얻어 가르치는 것'이라 하였다.

---

49 염습殮襲은 시신을 씻긴 뒤 수의를 갈아입히고 염포로 묶는 상례이다.

50 子路曰: "傷哉貧也. 生無以爲養, 死無以爲禮也." 孔子曰: "啜菽飮水, 盡其歡, 斯之謂孝. 斂手足形, 還葬而無椁, 稱其財, 斯之謂禮."(《禮記 檀弓》)

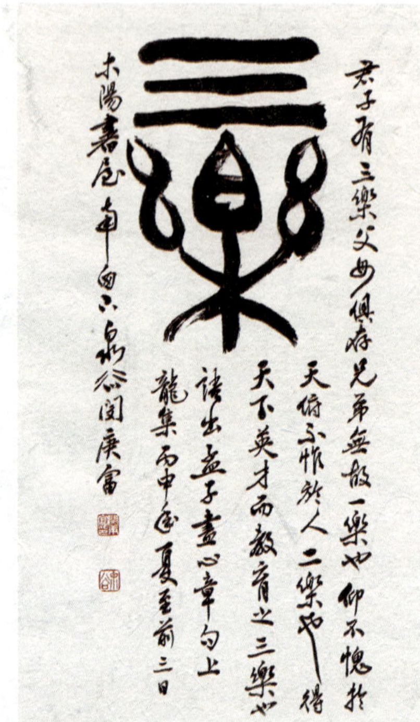

·천곡 민경부 작·

삼락三樂

"父母俱存, 兄弟無故, 一樂也. 仰不愧於天, 俯不怍於人, 二樂也. 得天下英才而教育之, 三樂也."語出孟子盡心章局上.

龍集丙申年夏至前三日, 木陽書屋南囱(窓)下, 泉谷閔庚富.

"부모가 다 생존하고, 형제들에 연고가 없는 것이 첫째의 즐거움이다. 우러러보아서 하늘에 부끄럽지 않고, 굽어보아서 사람에게 부끄럽지 않은 것이 둘째의 즐거움이다. 천하의 뛰어난 인재人材를 얻어서 교육하는 것이 셋째의 즐거움이다." 이 구절은《맹자 · 진심장》에 나오는 말이다.

병신년 하지 삼일 전, 목양서옥의 남쪽 창가에서, 천곡 민경부.

효가 무엇이냐는 자하子夏의 물음에 공자는 '부드러운 안색으로 부모를 섬기기가 어렵다'(색난色難)라 하였다. 부모님의 삼년 병환에 효자 없다하였다. 한결같이 부모님께 부드러운 안색으로 모시기란 쉽지 않다. 이외에도 부모님의 안색을 잘 살피는 것 또한 효일 것이다. 건강의 안색, 기분의 안색, 걱정의 안색을 잘 헤아려 부모님의 마음을 읽어야 한다. 그래서 부모님과 자주 대화를 나눌 수 있는 기회를 만들어야 한다.

논어에서 '색色'은 주로 여색女色과 안색顔色의 의미로 쓰인다. 여색은 '현현이색賢賢易色'의 예문이 있고, 안색은 '찰언관색察言觀色'이 있다. '현현이색'은 '현자를 중히 여기고 여색은 가벼이 여기다'는 뜻이고, '찰언관색'은 '다른 사람의 말을 잘 살피고, 남의 표정을 잘 관찰하다'는 뜻이다. 자장이 어느 날 '통달通達'한다는 것에 대하여 물었다. 공자는 정직하고 정의롭고, 말을 잘 살피고 일굴빛을 잘 헤아리고, 남에게 겸허하게 대하면 이미 통달하였다고 할 수 있다하였다.

> 夫達也者, 質直而好義, 察言而觀色, 慮以下人.(顏淵 12.20)
>
> 통달했다는 것은 정직하면서 정의를 좋아하며, 남의 말을 살피고 얼굴빛을 헤아리며, 남에게 겸허하기를 생각하는 것이다.

다른 사람의 안색을 잘 살피는 것 또한 매우 중요하다. 눈치코치도 없이 아무 말에나 끼어들거나, 알지도 못하면서 아는 척하는 것은 다른 사람의 이마 살을 찌푸리게 하는 꼴불견이다. 그렇다고 해서 너무 소심하게 말을 하지 않아도 안된다. 말을 극히 아끼는 사람이 있다. 마치 말을 하지 않는 것이 입이 무거운 것처럼 생각하지만, '아! 이 사람은 나에게는 말하고 싶지 않구나. 나를 신뢰하지 않구나'라고 생각하게끔 할 수 있다.

그래서 공자는 '말을 해야 하는데 말을 하지 않으면 사람을 잃을 것이고, 말을 하지 말아야 하는데 말을 하면 쓸데없이 하는 말이 되는 것이다'라 하였다. 따라서 말을 할 때는 말을 해야 하고, 말을 하지 말아야 할 때는 말을 하지 말아야 하는 것이다. 이것 또한 '찰언관색察言觀色'이다.

子曰: "可與言而不與言, 失人, 不可與言而與之言, 失言. 知者不失人, 亦不失言."(衛靈公 15.08)

공자는 말하였다. "함께 말할 만한 사람인 데도 그와 함께 말하지 않는 것은 사람을 잃는 것이다. 함께 말할 수 없는 사람인데도 그와 함께 말하는 것은 말을 잃는 것이다. 지혜로운 사람은 사람을 잃지 않고 또 말도 잃지 않는다."

·임강 송연주 작·

찰언관색察言觀𢒼(色)[51]

丙申春 , 林江.

‘말을 살피고 안색을 관찰하다.’

병신년 봄, 임강.

51 《說文解字》: “色(色), 顏气也. 从人, 从卪. 𢒼(𢒼), 古文.”(색은 안색의 기운이다. ‘人’과 ‘卪’로 이루어진 회의자이다. 고문은 ‘𢒼’으로 쓴다.)

# 16

# 多聞闕疑
## 다문궐의

많이 듣고 의심스러운 것은 보류하다

(많이 들어보고 의심이 가는 일은 미뤄 보류해야 한다)

'다문궐의多聞闕疑' 구절을 의미적으로 '다문'과 '궐의'의 연합구조로 보고 '많이 듣고 의심스러운 것을 남겨두다'라는 뜻으로 해석하기도 하고, '다문'을 위어구謂語句로, '궐의'를 목적어로 보고 '의심나는 것은 많은 사람의 의견을 들어라'로 해석하기도 한다.

'(闕, 대궐 궐, quē, què)'자는 '門'과 소리부 '欮(그 궐, jué)'로 이루어진 자이다. '(欮)'자는 '欠'과 '屰'으로 이루어진 자이다. 《설문해자說文解字》는 '(瘚, 상기 궐, jué)'자의 이체자라 하였다. 즉 기氣가 위로 거꾸로 올라가는 병환의 일종이라 하였다. 금문은 ''·''으로 쓴다. 후에 '빠지다'·'모자라다'·'어지럽다'·'부족하다'의 파생어로 쓰인다. '궐闕'은 '높으나 안이 비어 있어 충분한 공간이 있는 대궐'을 가리킨다. 본 구절에서는 '남겨 놓다'라는 의미로 쓰인다.

'(疑, 의심할 의, yí)'자를 갑골문은 ''·''·''로 금문은 ''·''로 쓴다. 갑골문은 막대를 들고 있는 사람이 어디로 갈지 몰라 고개를 두리번거리는 모습이고, 금문은 소를 기르는 사람이 어느 길로 가야할지 몰라 고개를 두리번거리는 모습이다. 소전小篆 ''자는 금문의 형태가 변형된 것이다.

子張學干祿. 子曰: "多聞闕疑, 愼言其餘, 則寡尤, 多見闕殆, 愼行其餘, 則寡悔. 言寡尤, 行寡悔, 祿在其中矣."(爲政 02.18)

자장이 간록장干祿章을 배우자 공자는 말하였다.

"많이 듣고 의문스러운 것은 남겨 두고, 그렇게 하고도 남은 의문스러운 일은 말하기를 삼가하면 과오가 적을 것이고, 많이 보고 미심쩍은 일은 남겨 두고, 그렇게 하고도 남은 미심쩍은 일은 행하기를 삼가면 후회되는 일이 적을 것이다. 말에 과오가 적고 행동에 후회되는 일이 적으면 봉록은 그 가운데 있는 것이다."

자장子張의 성은 전顓이고 이름은 사師이다. 본래 진陳나라 사람이었으나 후에 노魯나라로 왔다. 공자의 제자로 공자보다 48세나 어리다고 한다.

'학간록學干祿'은 '간록干祿을 배우다'라는 뜻이다. 혹 '학學'자를 쓰고 있기 때문에, 혹은 《시경詩經》중에서 언급한 '간록'에 관한 내용을 배우고 싶다라고 해석하기도 한다.

저 한산 기슭 바라보니 개암나무 호나무가 우거져 있네.

점잖으신 군자님은 점잖게 녹을 구하시네.[52]

복을 구하시어 모든 복 얻으셨으니 자손은 이루 헤아릴 수 없네.

---

52 "瞻彼旱麓, 榛楛濟濟. 豈弟君子, 干祿豈弟."(《詩經·大雅·旱麓》)

공경하고 아름답게 임금 노릇 제후 노릇 다하네.

잘못도 실수도 없이 모두 옛 법도 따르네.[53]

《시경》 중의 '간록干祿'은 '봉록俸祿을 구하다'라는 뜻이다. 그러나 《논어》는 공자가 자장에게 봉록을 구하려면 언행을 조심하라고 하는 것으로 보아, 《시경》의 내용을 묻는 것이 아니라 '관직을 구하고 봉록을 얻으려면' 어떻게 해야 하는지 행동거지에 대한 가르침을 받고자 하는 것으로 보인다. 언행을 삼가면 자연히 과오가 적어질 것이고, 그러면 복록福祿은 저절로 따라올 것이라 하였다. 따라서 굳이 《시경》에 대한 물음으로 이해할 필요가 없을 것 같다.

'복록'은 나라의 '봉록'이다. 나라의 봉급을 받는 것을 말한다. 집정자는 언행을  함부로 해서는 안 된다. 의심나는 것은 독단적으로 처리하지 말고 주위 사람들과 충분히 상의하여 결정하여야 한다.

言－多聞闕疑－寡尤

말－자주 듣고 미심쩍은 말은 심사숙고 하라－잘못이 적어진다

行－多見闕殆－寡悔

행동－자신을 자주 되돌아보고 위험에 빠질 일은 하지 않는다－후회할 일이 없다

'(尤, 더욱 우, yóu)'자를 갑골문은 ''로 쓴다. '肬(사마귀 우, yóu)'·'疣(사마귀 우, yóu)'자의 초문이다. 팔목에 솟아난 돌기를 가리킨

53 "干祿百福, 子孫千億. 穆穆皇皇, 宜君宜王. 不愆不忘, 率由舊章."(《詩經·大雅·假樂》)

다. 후에 '잘못' · '결점' 등의 파생어로 쓰인다. '殆(殆, 위태할 태, dài)'자는 '歹(부서진 뼈 알, dǎi, è)'와 소리부 '台'로 이루어진 자이다. '죽음에 이를 정도로 위태롭다'는 뜻이다.

집정자는 어느 누구보다도 말조심하고, 정책은 두루두루 그 결과를 관찰하고 충분히 논의한 다음 실행하여야 한다. 그렇지 않으면 말 한마디가 백성에게 큰 혼란을 야기할 수 있으며, 정책 결정이 역사적으로 돌려놓을 수 없는 커다란 과오가 생길 수 있다. 만약에 정책이 미심쩍다면 과감하게 보류를 하고 더욱 더 알아보고 철저한 분석을 한 다음 충분히 백성의 의견을 수렴한다면 실패하는 일을 없을 것이다.

작품설명

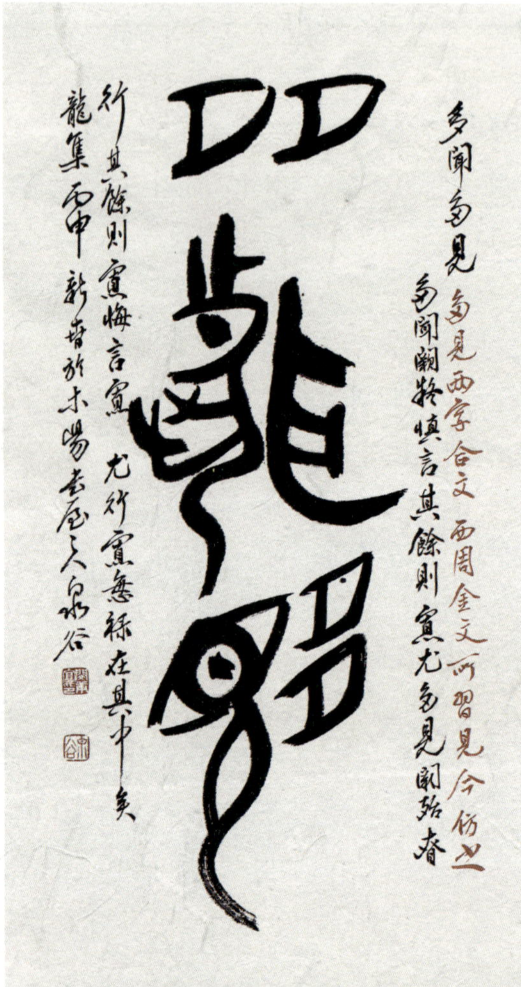

·천곡 민경부 작·

다문다견多婚(聞)多見

多聞多見. 多見兩字合文, 兩周金文可習見, 今仿之.

"多聞闕疑, 愼言其餘, 則寡尤, 多見闕殆, 昚(愼)行其餘, 則寡悔. 言寡尤, 行寡悔, 祿在其中矣."

龍集丙申新春, 木陽堂屋主人, 泉谷.

다문다견. 합문 '다견多見'자는 양주 금문 중에 자주 보이는 자이며, 이를 모방하여 쓰기로 한다. "많이 듣고 의문스러운 것은 남겨 두고, 그렇게 하고도 남은 의문스러운 일은 말하기를 삼가하면 과오가 적을 것이고, 많이 보고 미심쩍은 일은 남겨 두고, 그렇게 하고도 남은 미심쩍은 일은 행하기를 삼가면 후회되는 일이 적을 것이다. 말에 과오가 적고 행동에 후회되는 일이 적으면 봉록은 그 가운데 있는 것이다."

병신년 음력 1월, 목양단 주인, 천곡.

# 17

# 擧直錯枉
## 거직조왕

정직으로 잘못됨을 바로잡다

(정직한 일을 표준으로 삼아 잘못된 일을 바로 잡다)

‘거직조왕擧直錯枉’은 ‘정직함을 들어서 바르지 않는 것 위에 놓다’라는 뜻으로, ‘거직조왕擧直措枉’·‘거직조왕擧直厝枉’으로 쓰기도 한다. 이의 반대말은 ‘직直’과 ‘왕枉’자의 위치를 바꾸어 ‘거왕조직擧枉措直’·‘거왕조직擧枉厝直’으로 쓴다.

‘(擧)’자를 ‘手’와 ‘舁(與)’로 이루어진 자이다. ‘(與)’자는 ‘舁(마주 들여, yú)’와 ‘與’로 이루어진 자이며, 고문은 ‘(舁)’으로 쓴다. 힘을 합하여 무거운 물건을 드는 형상이다.

‘(直)’자는 시선을 직시하는 모습이다. 고문은 ‘(㮚)’로 쓴다. 나무를 대고 반듯한지를 눈으로 직시하는 모습이다. 갑골문은 ‘’으로 쓰고, 금문은 ‘’으로 쓴다. ‘직直’자의 아랫부분 ‘ㄴ’은 금문 ‘’자 중 왼쪽 부분이 변형된 것으로 반듯한가를 가늠하는 잣대의 모양이 아닌가한다.

‘(錯)’자는 ‘금金’과 ‘석昔’으로 이루어진 자이다. ‘(昔)’은 ‘巛(災)’와 ‘日’로 이루어진 자로 ‘재앙(수재水災)이 일어났던 옛날’, ‘재앙이 있었던 가장 어렸었던 과거로 기억하다’라는 뜻에서 ‘두다’·‘남겨 놓다’라는 의미로 파생되어 쓰인다. 갑골문은 ‘’·‘’으로 쓰고 금문은 ‘’으로 쓴다.

"巛(災)'와 '日'로 이루어진 형태이다.

'㭶(枉)'자는 '木'과 소리부 '王(㞷)'으로 이루어진 자이다. '㞷(㞷)'자에 대하여《설문해자說文解字》는 초목이 함부로 자란 모양이며, '土' 위에 '之'가 있는 형태라 하였다.[54] '枉(굽을 왕, wǎng)'은 '굽다'나 '사악한 사람'이라는 뜻으로 쓰인다.

哀公問曰: "何爲則民服?" 孔子對曰: "擧直錯諸枉, 則民服, 擧枉錯諸直, 則民不服."(爲政 02.19)

애공께서 "어떻게 하면 국민이 심복心服하게 됩니까?"하고 물었다.

孔子께서 대답하였다.

"정직한 사람을 등용登用해서 정직하지 않은 사람들 위에 놓으면 백성이 심복하고, 정직하지 않은 사람을 정직한 사람들 위에 놓으면 백성이 심복하지 않습니다."

애공哀公(재위 492~477 B.C)은 노魯의 임금으로 성은 희姬이고 이름은 장蔣이며, 정공定公의 아들이다.

백성을 다스리는 것은 윗사람이 먼저 정직하며, 이 정직으로 다스려야 백성이 심복하게 되는 것이다. 공자는 윗사람이 먼저 정직하고 예를 갖추어야 따른다고 누누이 강조하고 있다.

윗사람이 예禮를 좋아하면 백성들이 감히 공경하지 않는 이가 없게 되고,

---

54 《說文》: "㞷, 艸木妄生也. 从之在土上."

윗사람이 의義를 좋아하면 백성들이 감히 복종하지 않는 이가 없게 되고, 윗사람이 신信을 좋아하면 백성들이 감히 실정(정情)대로 하지 않는 이가 없게 된다.[55]

공자는 일찍이 재아宰我에게 제곡帝嚳[56]은 백성들의 위급함을 알아 천하로 하여금 복종토록 했다 하였다. 제곡이 백성이 급한 일이 있으면 먼저 자신을 반성하고, 백성을 신처럼 섬기니 하늘도 감동하여 보살펴 주었다 하였다.

곡嚳은 현효玄枵의 손자이면서 교극喬極의 아들이니 이름은 고신高辛이라고 한다. 날 때부터 신령스럽고 이상하여 자기가 스스로 자기 이름을 말했다. 남을 돌봐주기는 넓게 하고, 이익을 두터이 하되 그것을 자기 몸을 위해 하지 않으며, 총명하기는 아무리 멀고 아무리 적은 것이라도 살펴 알며, 어질면서도 위엄이 있고 은혜가 있으면서도 미더우며, 천지의 뜻을 순하게 하여 백성의 급한 일을 알며, 자기 몸부터 닦아서 천하 사람을 복종하게 하며, 땅에서 나는 재물을 취하여 절도 있게 썼다. 만백성을 가르쳐서 이익이 있게 하며, 일월의 도수를 알아 다시 그것을 맞이하고 보내며, 귀신의 이치에 밝아서 공경하여 섬기며, 그 얼굴빛은 화락하고 그 덕은 무겁고, 그 움직임은 시기에 맞게 하고, 그 의복은 절후에 맞게 하여 온 천하 사람들을 기르고 보호하였다. 그런 까닭에 일월이 비치는 곳과 풍우가 이르는 바에 따라서 감화

---

55 "上好禮, 則民莫敢不敬, 上好義, 則民莫敢不服, 上好信, 則民莫敢不用情."(子路 13.04)

56 옛날 中國 五帝의 한 사람. 黃帝의 曾孫이며 堯의 祖父라고도 한다. 顓頊을 보좌하여 그 공으로 辛땅에 봉하였다가 다시 顓頊의 뒤를 이어서 亳땅에 都邑하였으므로 高辛氏라 한다.

하지 않는 자가 없었다 한다.[57]

윗사람이 아랫사람을 자신의 수족으로 생각하면 아랫사람은 윗사람을 부모처럼 섬기는 것이다. 그래야 백성은 집정자를 믿고 따르며 시키지 않아도 백성은 자신의 일처럼 열심히 하는 것이다.

옛날 밝은 임금의 백성 다스리는 법은 반드시 땅을 갈라 제후들에게 나누어주고 또 무리를 나누어 다스리게 하였던 것이니, 이렇게 한 뒤에라야 어진 백성들은 숨기는 일이 없고 사나운 백성들은 남을 속이는 일이 없는 것이다. 그런 뒤에도 유사를 시켜 매일 살피고 때로는 조사하여 어진 자는 올려쓰고, 불조한 자는 물리쳐 버린 까닭으로 어진 자는 즐거워하고 불초한 자는 두려워하는 것이다. 환과鰥寡로 있는 자를 불쌍해하고, 고독孤獨한 자를 길러 주고 빈궁한 자를 구휼하고 효제하는 자를 좋은 길로 인도해 주고 재주 있고 능한 자를 뽑아 쓰는 것이다. 이 일곱 가지 교훈이 닦아진다면 사해 안에 형벌 받을 백성이 없게 될 것이다. 윗사람이 아랫사람에게 친절히 하는 것은 마치 수족이 마음과 뜻대로 움직이는 것과 같을 것이며, 아랫사람이 윗사람에게 친절히 하는 것은 마치 어진 자식이 사랑하는 어미를 생각하는 것과 같을 것이다. 윗사람과 아랫사람이 서로 친절하기를 이 같이 하는 때문에 명을 내리면 따르게 되고 무슨 일이고 시키기만 하면 빨리 행하게 되는 것이

57 ≪孔子家語 · 五帝德≫: "宰我曰:「請問帝嚳」 孔子曰:「玄枵之孫, 喬極之子, 曰高辛. 生而神異, 自言其名, 博施厚利, 不於其身, 聰以知遠, 明以察微. 仁以威, 惠而信, 以順天地之義. 知民所急, 修身而天下服, 取地之財而節用焉, 撫教萬民而誨利之; 曆日月之生朔而迎送之. 明鬼神而敬事之, 其色也和, 其德也重, 其動也時, 其服也哀. 春夏秋冬, 育護天下, 日月所照, 風雨所至, 莫不從化."

다. 백성이 그 덕을 생각하여 가까이 있는 자는 즐겨 복종하고 멀리 있는 자는 와서 따르게 되니 이것이 정치의 지극한 것이다."[58]

공자는 섭공葉公이 정치에 대하여 묻자 '가까운 곳에 있는 백성은 기뻐하고, 먼 곳에 사는 백성들이 정치 잘한다는 소문을 듣고 찾아오는 것이다'라 하였다.[59]

작품설명

·임강 송연주 작·

근열원래近說(悅)遠來

"近者說, 遠者來." 乙未小寒, 林江.

"가까운 데서는 기뻐하고 먼 데서는 온다", 을미년 소한, 임강

---

58 ≪孔子家語 · 王言解≫: "昔者明王之治民也, 法必裂地以封之, 分屬以理之, 然後賢民無所隱, 暴民無所伏. 使有司日省而時考之, 進用賢良, 退貶不肖, 則賢者悅而不肖者懼. 哀鰥寡 · 養孤獨 · 恤貧窮 · 誘孝悌 · 選才能. 此七者修, 則四海之內無刑民矣. 上之親下也, 如手足之於腹心. 下之親上也, 如幼子之於慈母矣. 上下相親如此, 故令則從, 施則行, 民懷其德, 近者悅服, 遠者來附, 政之致也."

59 "葉公問政. 子曰: '近者說, 遠者來.'"(子路 13.16)(섭공이 정치에 관해서 물었다. 공자는 말하였다. '가까운 데서는 기뻐하고 먼 데서는 오는 것입니다.'")

공자는 자장子張에게 "백성들이 속히 복종하기를 원한다면, 도道로써 다스리고, 백성들의 잘못을 용서하며, 인仁으로써 교화에 보탬이 되도록 하고, 백성들을 충신忠信어린 마음으로 다스려야 한다" 하였다.

백성들에게 조금 허물이 있을지라도 반드시 그 착한 점은 없는가 구해 봐서 그 허물을 용서해 주어야 하며, 백성에게 큰 죄가 있을지라도 반드시 그 까닭을 알아봐서 어진 것으로 돕고 감화시켜야 하며 만일 죽을죄가 있다고 하더라도 그 사람을 살려서 착하게 만들어야 한다. 이 때문에 위와 아래가 모두 친절하여 서로 떠나지 않고 도와서 덕화가 흘러 막히지 않는 것이다. 그런 까닭에 덕이란 것은 곧 정치의 시초라고 말한 것이다. 정치를 화합하게 하지 못하면 백성들이 그 명령에 복종하지 않으며, 명령을 좇지 않으면 백성들은 나랏일에 익숙하지 못하며, 나랏일에 익숙하지 못하면 그들을 부릴 수가 없게 되는 것이다. 군자로서 자기가 한 말에 신임을 얻고자 한다면 먼저 자기의 마음을 허하게 가져야 하며, 정치를 신속히 행하고자 한다면 자기 몸부터 무슨 일이고 먼저 행해야 하며, 백성들이 자기 명령에 잘 복종하게 하려면 무슨 일이든지 올바른 도로 다스려야 하는 것이다. 백성들이 아무리 잘 복종한다 할지라도 위력으로 억누르면 그들이 진심으로 복종하지 않는다. 그렇다면 충성과 신의가 아니고서는 백성들에게 친절을 취할 수가 없는 것이며 안과 밖이 서로 응하지 않으면 여러 백성에게 신의를 취할 수가 없게 되는 것이다. 이것이 백성을 다스리는 지극한 도이며, 벼슬하는 큰 요령이다."[60]

---

60 ≪孔子家語 · 入官≫: "民有小罪, 必求其善, 以赦其過, 民有大罪, 必原其故以仁輔化, 如有死罪, 其使之生, 則善也. 是以上下親而不離, 道化流而不蘊. 故德者, 政之始也. 政不和則民不從其教矣. 不從教, 則民不習. 不習, 則不可得而使也. 君子欲言之見信也, 莫善乎先虛其內, 欲政之速行也, 莫善乎以身先之, 欲民之速服也, 莫善乎以道御之. 故雖服必强, 自非忠信, 則無可以取親於百姓者矣. 內外不相應, 則無已取信於庶民者矣. 此治民之至道矣, 入官之大統矣." 이민수 옮김, ≪孔子家語≫, 을유문화사, 2003, 257~258쪽

결국은 나라가 잘되고 백성이 편안해지는 것은 다스리는 집정자에 의해 결정되는 것이지 백성에게 달려 있는 것이 아니다.



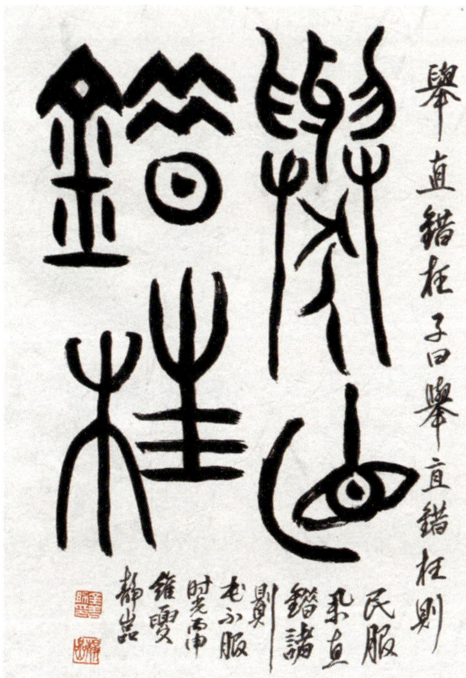

·정암 김선조 작·

거직조왕擧直錯枉
子曰: "擧直錯諸枉, 則民服, 擧枉錯諸(直), 則民不服."(爲政 02.19)
時光丙申維夏, 靜嵒(巖)
孔子께서 대답하였다. "정직한 사람을 등용해서 정직하지 않은 사람들 위에 놓으면 백성이 심복하고, 정직하지 않은 사람을 정직한 사람들 위에 놓으면 백성이 심복하지 않습니다."

병신년 음력 사월, 정암.

# 18

# 人而無信
## 인이무신

사람이 신임이 없다면

(사람이 신임이 없으면 쓸모가 없다)

'인이무신人而無信'은 '사람이 믿음이 없다'는 뜻으로, '인이무신人而無信, 부지기가不知其可(사람이 믿음이 없으며 쓸 만한 데가 있는지 알 수가 없다)' 구절의 준말이다. 결국은 사람이 믿음이 없으면 쓸데가 없다는 말이다.

'가可'자는 뒤에 수레를 비유로 들고 있기 때문에 사람이 '쓸모가 없고 있음'을 가리키는 것으로 보인다.

'(可)'자의 초문은 '柯(자루 가, kē)'가 아닌가 한다. 갑골문은 ''로 쓰고, 금문은 '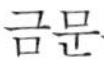'로 쓴다. '자루 달린 도끼로 나무를 찍을 때 나는 소리'를 형상한 것이 아닌가한다. '나무를 도끼로 찍는 소리'에서 '가哥'·'가歌'자가 파생되었고, '자루로 쓸 수 있는 나무' 혹은 '나무를 자를 때 사용할 수 있는 도끼'라는 의미에서 '적절하다'·'가능하다'라는 의미가 파생된 것으로 보인다.

子曰: "人而無信, 不知其可也. 大車無輗, 小車無軏, 其何以行之哉?"(爲政 02.22)

공자는 말하였다.

"사람이 신용이 없으면 쓸 만한 데가 있는지 알 수가 없다. 큰 수레에 멍에 걸이가 없고 작은 수레에 멍에 걸이가 없으면 무엇을 가지고 가게 하겠는가?"

'(而)'자는 '턱수염'의 형상이며, 후에 조사로 가차되어 쓴다. '(無)'자는 원래 무인巫人이 손에 기구를 들고 춤을 추고 있는 '무舞'자가 본래의 의미이다. 후에 '없다'라는 가차자로 쓴다. 금문은 '' · '' · ''로 쓴다.

'대거大車'는 두 사람이 이상이 끄는 큰 수레로 짐을 싣는 '우마차(우차牛車)'라 하고, '소거小車'는 '작은 수레'로 사람이 타는 '마차馬車'라 한다. '輗(끌채 끝 쐐기 예, ní)'와 '軏(끌채 끝 월, yuè)'는 모두 멍에걸이이다. '輗'자와 '軏'자는 음이 서로 통하고 의미가 같은 동원자이다. 모두 멍에걸이로 하나는 달구지의 멍에걸이이고 하나는 마차의 멍에 걸이다. '예輗'자의 고음은 'ŋeɣ(支)'이고 '월軏'자는 'ŋjwat(月)'로, 성모는 모두 '의疑' 성모聲母에 속하고 운부韻部는 서로 통한다.

마차의 '월 軏'

·완석 정대병 작·

인이무신人而無信

子曰: "人而無信, 不知其可也. 大車無輗, 小車無軏, 其何以行之哉?"

丙申重午, 頑石.

공자는 말하였다. "사람이 신용이 없으면 쓸 만한 데가 없다. 큰 수레에 멍에 채잡이가 없고 작은 수레에 멍에 채받이가 없으면 무엇을 가지고 가게 하겠는가?"

병신년 음력 5월 5일 중우절. 완석

나라에 풍부한 식량(족식足食)과 많은 군대(족병足兵), 백성의 신뢰(민신民信) 중에서 만약에 백성의 신뢰가 무너지면 나라는 존립하지 못한다하였다.

子貢問政. 子曰: "足食, 足兵, 民信之矣." 子貢曰: "必不得已而去, 於斯三者何先?" 曰: "去兵." 子貢曰: "必不得已而去, 於斯二者何先?" 曰: "去食. 自古皆有死, 民無信不立."

자공이 정치에 관해서 여쭈어 보았다. 공자가 말하였다.

"식량을 충분하게 마련하고, 무기를 충분하게 마련하고, 국민들이 위정자爲政者를 믿게 하는 것이다."

자공이 말하였다. "반드시 한 가지를 버리지 않으면 안 된다면 세 가지 가운데에서 무엇을 먼저 버려야 합니까?"

"무기를 버려라."

자공이 말하였다. "반드시 한 가지를 버리지 않으면 안 된다면 남은 두 가지 가운데에서 무엇을 먼저 버려야 합니까?"

"식량을 버려라. 옛날부터 죽음이란 모든 사람에게 다 있어 왔다. 국민들이 위정자를 믿지 않으면 정치를 해나갈 수 없는 것이다."

맹자는 신임을 얻지 못하면 나라를 다스릴 수 없고, 그 믿음은 '우정'·'효도'·'반성'을 통하여 나온다하였다. '성실'은 곧 하늘의 도리라 하였다. 성실은 곧 신뢰(信)인 것이다. 성실은 이 세상 모든 일을 성사시킬 수 있는 극단의 처방이다.

孟子曰: "居下位而不獲於上, 民不可得而治也. 獲於上有道, 不信於友, 弗獲於上矣. 信於友有道, 事親弗悅, 弗信於友矣. 悅親有道, 反身不誠, 不悅於親矣. 誠身有道, 不明乎善, 不誠其身矣. 是故誠者, 天之道也. 思誠者, 人之道也. 至誠而不動者, 未之有也. 不誠, 未有能動者也." (孟子 · 離婁上)

아랫자리에 있으면서 윗사람의 신임信任을 얻지 못하면 백성을 다스려 내지 못한다. 윗사람의 신임을 얻는 데는 방법이 있다. 벗들에게 신용을 얻지 못하면 윗사람에게 신임을 받지 못한다. 벗들에게 신용을 얻는 데는 방법이 있다. 어버이를 섬겨서(어버이가) 기뻐하지 않으면 벗들에게 신용을 얻지 못한다. 어버이를 기뻐하게 하는 데는 방법이 있다. 자신을 반성하여서 성실하지 않은 점이 있으면 어버이에게 기뻐함을 받지 못한다. 자신을 성실하게 하는 데는 방법이 있다. 선善을 밝게 알지 못하면 자기 자신을 성실하게 하지 못한다. 이러한 까닭으로 성실 그 자체는 하늘의 도리道理이고, 성실해지려고 생각하는 것은 사람의 도리다. 지극히 성실한데도 그것에 감동되지 않은 사람은 여지껏 나와 본 일이 없다. 성실하지 않고서 남을 감동시켜 낸 사람은 나와 본 일이 없다.

공자는 제자들에게 '고전문헌', '덕행', '충성된 마음', '신의' 등 네 가지를 중하게 여기고 가르쳤다. 이는 사람이 믿음이 없어 '인이무신人而無信'한다면, 아무 쓸모가 없기 때문이다.

子以四敎, 文, 行, 忠, 信. (述而 07.25)

공자께서는 네 가지를 가르치셨다. 역대의 문헌, 실천과 충성과 신용이 그것이다.

·정암 김선조 작·

人而無信不知其可인이무신부지기가.

人而無信, 不知其可也, 論語句.

歲華丙申香春, 撫松齋主人靜嵒(巖).

사람이 신용이 없으면 쓸 만한 데가 있는지 알 수가 없다. 논어 구절.

병신년 춘 삼월에. 무송재 주인 정암.

'선종외시先從隗始(선자외시先自隗始)'라는 말이 있다. 원래는 '먼저 외隗로부터 시작始作하다'라는 뜻이다. '외隗'는 중국 전국시기 연燕나라 사람으로 곽외郭隗를 가리킨다. '선종외시'는 후에 '사물事物을 시작始作하려면 우선 말을 꺼낸 자부터 착수着手해야 하다', '큰일을 이루려면 먼저 작은 일부터 시작始作하여야 한다'나 혹은 현대 중국어에서는 주고 '자신을 자기가 추천하다'라는 뜻으로 쓰인다.

중국 전국戰國시대 연燕나라의 소왕昭王이 제齊나라에 복수를 하고자 모사謀事 곽외郭隗를 불러 인재들을 모을 방안을 묻자, '천금시마골千金市馬骨'(천금구마千金求馬, 천금을 주고 죽은 말을 사다) 이야기를 하면서, '먼저 저부터 시작하십시오(선종곽시先從隗始)'라 하였다. 큰 인재를 얻고자 한다면 먼저 겸허하게 자신을 낮추고 인재들로 하여금 '믿음'을 갖도록 하여야 한다는 것이다.

곽외 선생은 말했다.

"제왕帝王이 되는 자는 스승과 같이 하며, 왕이 되는 자는 친우와 같이 하며, 패자霸者는 신하와 함께 하며, 나라를 망치는 자는 역부役夫들과 함께 노닌다하였습니다. 몸을 굽혀 남을 모시고 북면北面하여 학문을 배우면 자기보다 일백 배 나은 자가 찾아오는 법입니다.

다음, 먼저 달려 나와 일하고 나중에 쉬며, 먼저 묻되 나중에 아는 척하면 열 배 나은 자가 찾아옵니다. 남이 달려 나가 일할 때는 나도 달려 나가 일하면 자기와 같은 자가 찾아옵니다. 의자에 앉아 지팡이에 기대어 거드름이나 피우고 눈을 부라리면서 일만 시키면 그저 마구간 잡부 정도나 찾아 오겠지오. 미워하고 분격하며 방자하고 핑계 대며 꾸짖기만 할 줄 아는 자에게는 노예들이나 겨우 찾아오는 것입니다. 이상의 예로부터 내려오는 도에 복종하여 선비를 모으는 방법입니다. 왕께서는 진실로 나라 안의 현자를 널리 선택하시려거든 먼저 그 문하에 몸을 굽혀 찾아가십시오. 천하가 왕이 그렇게 겸손히 어진 자를 구한다는 것을 듣게 되면 천하의 선비들이 틀림없이 우리 연나라로 늦을 세라 달려올 것입니다."

소왕이 물었다. "제가 우선 먼저 누구를 찾아보는 게 좋겠습니까?"

곽외는 이렇게 비유를 들었다.

"제가 옛날 얘기를 하나 하지요. 옛날 어떤 임금이 일천 금으로 천리마를 구하려 하였지만 삼년이 되도록 구하지 못하였습니다. 그때 궁중 청소하는 자가 임금에게 나타나 '청컨대 제가 구해 오겠습니다.'라 하였습니다. 왕이 그를 보냈더니 과연 석 달 만에 천리마를 구해왔습니다. 그러나 그 말은 죽은 말이었는데, 그 자는 오백 금에 말머리를 사서 돌아와 임금에게 보고 하는 것이었습니다. 임금은 크게 노하여 꾸짖었습니다. '내가 구하는 것은 산 말이요, 죽은 말을 그것도 어찌 오백 금이나 주고 사왔단 말이오?' 그러자 그 청소하는 자의 대답은 '죽은 말도 오백 금이나 주고 샀는데, 하물며 살아 있는 말이야 어떻겠습니까? 천하가 틀림없이 대왕은 말을 살 줄 안다고 여기고 곧 좋은 말이 지금 곧 모여들 테니 두고 보십시오.' 과연 일 년이 넘지 않아 천리마가 세 필이나 들어왔습니다.

지금 대왕께서 진실로 선비를 모으고 싶거든 저로부터 시작하십시오. 저 같은 자도 섬김을 받는다면 하물며 저보다 어진 자들이 가만히 있겠습니까? 어찌 일천리를 멀다하겠습니까?"[61]

---

61 《戰國策 · 燕策一 · 燕昭王收破燕後即位》: "郭隗先生對曰: '帝者與師處, 王者與友處, 霸者與臣處, 亡國與役處. 詘指而事之, 北面而受學, 則百己者至. 先趨而後息, 先問而後嘿, 則什己者至. 人趨己趨, 則若己者至. 馮几據杖, 眄視指使, 則廝役之人至. 若恣睢奮擊, 呴籍叱咄, 則徒隸之人至矣. 此古服道致士之法也. 王誠博選國中之賢者, 而朝其門

소왕은 큰 깨달음을 얻고 당시에 이름 없던 곽외를 사부로 모시고 후히 대접하자 이 그 소문을 듣고 전국에서 인재들이 몰려들었다한다. 여기에서 천리마는 인재이다. 죽은 천리마는 쓸모없는 인재이다, 한 나라의 임금이 하찮은 재능을 가진 자에게 극진한 대접을 한다는 것은 신하에 대한 신뢰이고 믿음이다.

한 나라 한 회사, 혹은 자그마한 그룹이든 책임자가 누구냐에 따라 경우는 확연히 달라진다. 리더에게 가장 중요한 것은 주위에서 그와 함께 일을 하는 참모들이다. 러더는 참모를 보는 눈을 가져야 한다. 참모를 보는 혜안은 결국 리더자의 몫이다. 참모들과 머리를 맞대고 문제를 해결해 나가야하는데, 그저 사사로운 정에 얽매여 인선人選을 해야하겠는가.

---

下, 天下聞王朝其賢臣, 天下之士必趨於燕矣.' 昭王曰: '寡人將誰朝而可?' 郭隗先生曰: '臣聞古之君人, 有以千金求千里馬者, 三年不能得. 涓人言於君曰: '請求之.' 君遣之. 三月得千里馬, 馬已死, 買其首五百金, 反以報君. 君大怒曰: '所求者生馬, 安事死馬而捐五百金?' 涓人對曰: '死馬且買之五百金, 況生馬乎? 天下必以王為能市馬, 馬今至矣.' 於是不能期年, 千里之馬至者三. 今王誠欲致士, 先從隗始;隗且見事, 況賢於隗者乎? 豈遠千里哉?'"

## 19

# 見義勇爲
# 견의용위

**옳으면 용감하게 행하라**

(정의로운 일이면 용감하게 맞서야 한다)

‘견의용위見義勇爲’는 ‘도의적인 것을 보면 용감하게 행동으로 옮기라’는 뜻이다.

‘(義)’자는 혹은 ‘(羛)’로 쓴다. ‘의義’자는 날이 있는 긴 창(我)에 양(羊)의 머리를 꽂은 모습으로 ‘위엄’을 뜻한다. ‘羛’자 중의 ‘弗’은 ‘紼(동아줄 불, fú, fèi)’로 양을 동아줄로 묶어 놓은 모습이다. 날이 달린 창 등에 양과 같은 동물을 묶어 족장의 위엄을 표시하기 위해 들고 다니는 지팡이다. 후에 위엄있는 있는 행동거지라는 뜻으로 ‘儀(거동 의, yí)’자가 파생되었다. ‘義’자를 갑골문은 ‘’ · ‘’로 쓰고, 금문은 ‘’ · ‘’로 쓴다.

‘(勇)’자는 ‘力’과 소리부 ‘甬(用)’으로 이루어진 자이다. 혹은 ‘(戒)’ · ‘(恿)’으로 쓴다. 즉 힘(力)과 무력(戈), 마음(心)을 쓰는 자가 용감한 사람인 것이다.

子曰: “非其鬼而祭之, 諂也. 見義不爲, 無勇也.”(爲政 0224)

공자는 말하였다.

“자기의 귀신이 아닌데 그것을 제사하는 것은 아첨이다. 옳은 일임을 알고 행하지 않는 것은 용기가 없는 것이다."

'기귀其鬼'는 '자기의 귀신'이다. 제예祭禮에 자신이 받들어 제사를 지내는 귀신을 말한다. 천자나 제후만이 태산에 제사를 지낼 수 있는 것이다. 노魯나라 대부大夫 계씨季氏가 태산에 제사를 지내려는 것을 보고 당시 계씨의 가신이었던 염유冉有에게 지내지 못하도록 권유케 하였으나 말리지 못하자 '옳은 일임을 알고 행하지 않는 것은 용기가 없는 것이다'라 한 것이다.

'(祭)'자는 '肉(月)'·'又(手)'와 '示'로 이루어진 자이다. 손으로 고기를 들어 제사에 바쳐 제사를 지내는 모습이다. 갑골문은 ''·''로 쓰고, 금문은 ''·''로 쓴다.

'諂(아첨할 첨, chǎn)'자는 '言'과 소리부 '臽(함정 함, xiàn)'로 이루어진 자이다. '말로 함정에 빠지게 하는 것'이란 뜻이다. '(臽)'자를 갑골문은 ''으로 쓰고, 금문은 ''으로 쓴다. 사람이 함정에 빠져있는 모습이다.

'(爲)'자는 '爪'와 '象'으로 이루어진 자로 '코끼리는 부리는' 모습이다. 후에 '(일을)하다'라는 파생어로 쓰인다. 갑골문은 ''·''로 쓴다.

'견의용위'는 '의로운 일을 보면 용감하게 맞서'는 '용감한 행위'를 가리킨다. 용감한 것도 중요하지만 때와 장소에 맞는 '지혜'가 필요하다. 이를 두고 '견의지위見義智爲'라 한다. 예를 들어, 칼을 들고 사람을 위협하는 강도를 맞섰다면, 무조건 용감을 앞세워 대들지 말고 지혜를 발휘하여 강도를 벗어나게 하여야만 자신과 상대방의 안전을 보장할 수 있다.

2015년 11월 21일 김영삼 전 대통령이 서거하였다. 김대중 전 대통령과 함께 한국 민주주의를 위해 살신성인한 분들이다. '닭 모가지를 비틀어도 새벽은 온다', '신의와 지조를 가진 사람만이 정치를 해야 한다'와 '대도무문大道無門'은 김영삼 전 대통령이 암울했던 시절 곧잘 인용했던 경구警句다. 새벽을 여는 닭의 상징성에 빗대 독재는 망하고 말 것이라고예고한 말이다. 그렇게 해서 또 그분들은 힘차게 홰를 치며 '꼬끼오'하고 우렁차게 우는 울음소리를 내어 독재의 어둠을 가르고 민주주의라는 새로운 새벽을 열었다.

'대도무문'은 송나라 무문無門 혜개慧開 선사禪師(1183-1260)가 '大道無門, 千差有路, 透得此關, 乾坤獨步.(큰 깨달음은 문이 없는 것이다. 깨달음에는 천차만별의 많은 길이 있는데, 만약에 이 무문관無門關을 통과하게 되면 온 천하를 홀로 걸을 수 있다.)'[62]라는 구절에서 나온 말이다. 물론 큰 길은 천하의 정의를 뜻하고, 이 천하의 큰 정의는 어떤 불의不義라는 장애물이 있을 수 없다는 말로 인용하여 쓴 것이다.

대한민국 독립을 위해 목숨을 버렸던 이육사 '광야'라는 시가 있다. 이육사는 해방을 일 년여 앞둔 1944년 1월 북경의 감옥에서 옥사하였다

광야

이육사(1904 ~ 1944)

지금 눈 내리고
매화 향기 홀로 아득하니
내 여기 가난한 노래의 씨를 뿌려라

---

62 대도大道'는 '돈오頓悟(깨달음)'의 '법문法門'(부처님의 가르침)이다. 불법佛法(부처님의 가르침)에는 팔만여 개의 법문法門이 있는데, 이 중 하나의 큰 돈오가 있으면 다른 법문은 모두 통할 수 있다는 말이다.

다시 천고의 뒤에

백마 타고 오는 초인이 있어

이 광야에서 목 놓아 부르게 하리라.

일제에 죽음으로 맞서 선인들이 '가난한 노래의 씨를 뿌렸고', 뒤이어 김대중 · 김영삼과 같은 민주투사들이 그 '노래의 씨'를 싹 트이게 하였으며, 이제는 지금의 젊은이들이 '백마 타고 오는 초인이 되어 이 광야에서 목 놓아' 어려운 국내외 난국을 극복하고 세계의 지구촌을 건설하여야 한다.

작품설명

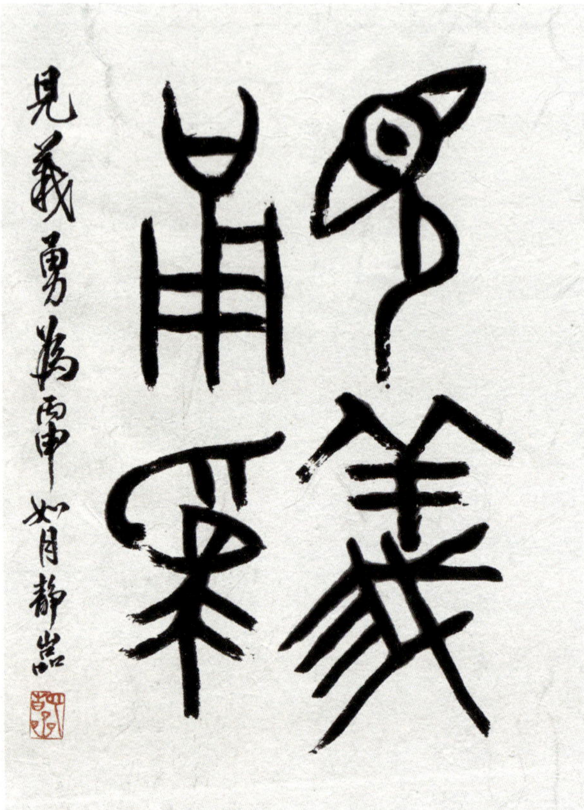

·정암 김선조 작·

견의용위見義甬(勇)爲

見義勇爲.

丙申如月 靜巖.

옳으면 용감하게 행하라.

병신년 음력 이월, 정암.

# 20

# 君子之爭
## 군자지쟁

군자의 다툼은
(군자는 정식적인 규율에 따라 경쟁을 하지 함부로 다투지 않는다)

《논어》에서의 '군자지쟁君子之爭'의 '군자의 다툼은 정식적인 겨룸 이외에는 함부로 다투지 않는다'는 말의 준말이다.

'爭(爭)'자는 '爪'·'厂'과 '又(手)'로 이루어진 자이다. 즉 손과 손으로 가운데 물건을 서로 빼앗으려 다투는 모습이다. 갑골문은 ''·''으로 쓴다.

子曰: "君子無所爭. 必也射乎! 揖讓而升, 下而飮. 其爭也君子."(八佾 03.07)

공자는 말하였다.

"군자는 다투는 일이 없으나 활 쏘는 데만은 예외다. (그렇기는 하지만 활 쏘는 데 있어서도) 활 쏘는 곳에 올라가고 내려오고 술 마시고 할 때에는 서로 읍(揖)하고 사양하고 하니, 활 쏘는 데 다투는 것은 君子답다."

'필야必也' 중의 '야'자는 음절을 조절하기 위한 조사의 용법으로 쓰인다.

'射(사射)'자는 혹은 '䠶(䠶)'자로 쓰기도 한다. 갑골문은 ''·''로 쓰

고, 금문은 ‘[illegible]’·‘[illegible]’로 쓴다. 활과 화살로 이루어진 자이거나 혹은 손(手)을 추가하여 쓰기도 한다. 따라서 ‘射’자 중의 ‘신’은 ‘궁’이 와전된 형태이다. ‘[illegible](射)’자는 ‘궁弓’과 ‘촌寸(수手)’로 이루어진 회의자이며, ‘[illegible](䠶)’자는 ‘궁弓’과 ‘화살(시矢)’로 이루어진 회의자이다.

‘[illegible](읍揖)’자는 ‘手’와 소리부 ‘咠(귓속말 집, qī,yī)’으로 이루어진 자이며, 상대방에게 공경을 표하는 예를 뜻한다. ‘[illegible](咠)’자는 ‘口’와 ‘耳’로 이루어진 자로 예를 갖추어 조용히 소곤소곤 말을 하는 것을 말한다.

‘기쟁야군자其爭也君子’ 중의 ‘군자君子’는 형용사 용법으로 쓰여 ‘군자답다’는 뜻이다.

고대에 활쏘기는 ‘대사大射’·‘빈사賓射’·‘연사燕射’·‘향사鄕射’ 등이 있었는데, 이 중 ‘대사’가 가장 규모가 컸다. ‘대사’는 제사가 있을 때 참례시킬 사람을 뽑는 사례射禮로서 많이 명중시키는 사람이 우선적으로 뽑혔다. ‘빈사’는 천자가 제후를 초대하여 서로 활을 겨누기를 즐기는 예이고, ‘연사’는 향연을 베풀 때 활 겨루는 예이며, 향사는 절기에 경대부卿大夫들이 모여 활쏘기를 겨루는 예이다.

군자는 궁술弓術로 우열을 가릴 수 있으며, 이러한 다툼도 음주飮酒의 절차와 읍과 사양하는 동작인 읍양揖讓을 행하여 군자의 미덕을 발휘하였다. 당堂에 올라 활을 쏘기 전에 읍揖을 하고 오르며, 활을 다 쏜 후에는 적중한 화살이 적은 사람이 벌주를 마셨다.

군자는 함부로 남과 다투지 않는 법이다. 군자의 다툼은 정해진 룰(rule)에 따라 정직하게 규칙에 따라 그 동안 노력하여 연마했던 기술을 남에게 선보이는 운동 경기와 같은 것을 다툰다.

'와각지쟁蝸角之爭'이라는 말이 있다. 《장자莊子》에 나오는 말이다. 혹은 '와쟁촉투蝸爭觸鬪' · '와우각상지쟁蝸牛角上之爭'이라고도 한다. 달팽이 양쪽 더듬이가 서로 싸운다는 뜻에서 세상일이란 달팽이 더듬이 위에서 싸우는 것과 같이 사소한 다툼에 불과하다는 것을 비유하는 말이다. 명분도 없는 부질없는 싸움이나 별 성과가 없는 싸움을 비유한다.

제齊나라 위왕威王이 양梁나라 혜왕惠王과 서로 침략하지 않기로 맹약했다. 그런데 제나라 위왕이 먼저 맹약을 깼다. 화가 난 양나라 혜왕이 자객을 보내 제나라 위왕을 죽이려 하자 화자華子라는 사람은 민심을 혼란에 빠뜨리는 것이라며 반대했다. "그러면 어떻게 하면 좋겠는가?"라고 양혜왕이 묻자 화자는 "왕께서는 그저 도道를 구해야 합니다."라 하고, 대진인戴晉人이라는 사람은 왕에게 '와각지쟁蝸角之爭'의 논리로 왕을 설득하였다.

"달팽이를 아십니까?"

"알지요."

"그 달팽이의 왼쪽 더듬이에 나라가 있는데 촉씨觸氏라 하고, 오른쪽 뿔에 나라가 있는데 만씨蠻氏라고 합니다. 그런데 그들은 땅을 다투어 싸움을 일으켜서 시체가 수만이나 되고 달아나는 적을 추격해 보름이나 되어서 돌아왔다고 합니다."

"허, 그건 엉터리 이야기겠지요?"

"나는 왕을 위해 사실을 이야기하겠습니다. 왕께서는 저 사방과 하늘 땅이 다함이 있다고 생각하십니까?"

"다함이 없지요."

"다함이 없는 곳에 마음을 노닐게 할 줄 아는 사람이 자기가 살고 있는 나라에 돌아와 보면 극히 작아서 있는 것 같기도 하고 없는 것 같기도 하지 않습니까?"

"그렇겠지요."

"이 세상 가운데 위魏나라가 있고, 위나라 가운데 양梁이라는 나라가 있고, 그 나라 가운데 왕이 있습니다. 왕이 촉씨나 만씨와 다를 것이 있겠습니까?"

"다를 것이 없지요."[63]

대자연의 우주라는 관점에 보면 달팽이는 작고도 작은 아주 미세한 존재에 불과하다. 우리가 우주에서 차지하고 사는 세상은 겨우 껍질로 쌓인 달팽이만큼도 안 된다.

우리가 이 세상에 머무는 시간은 부싯돌 켜지는 그 순간만큼이나 짧은 시간이고(석화광음石火光陰),[64] 우리가 다투고 있는 땅은 그야말로 달팽이의 뿔 정도의 공간일 것이다. 그런데도 장수를 하겠다고 불노초를 구하고, 땅 한 조각을 차지하기 위해 무수한 부고한 생명을 담보로 하여, 그 달팽이에서도 또 더듬이가 서로를 차지하기 위하여 죽고 죽이는 게 우리의 현재 국제적 대립관계이다. 이 얼마나 어리석은 인간인가!

---

63 戴晉人曰: "有所謂蝸者, 君知之乎." 曰: "然." 曰: "有國於蝸之左角者曰觸氏. 有國於蝸之右角者曰蠻氏. 時相與爭地而戰, 伏尸數萬, 逐北旬有五日而後反." 君曰: "噫. 其虛言與." 曰: "臣請爲君實之. 君以意在四方上下, 有窮乎." 君曰: "無窮." 曰: "知遊心於無窮, 而反在通達之國, 若存若亡乎." 君曰: "然." 曰: "通達之中有魏. 於魏中有梁. 於梁中有王. 王與蠻氏有辯乎." 君曰: "無辯."(《莊子 · 則陽》)

64 '석화광음石火光陰'은 순식간에 지나가버린 짧은 시간을 가리킨다. 화살과 같이 지나가는 세월이란 '광음사전光陰似箭'과 세월이 베 짜는 북같이 실 사이를 빨리 지나간다는 '일월여사日月如梭'와 같은 의미이다.

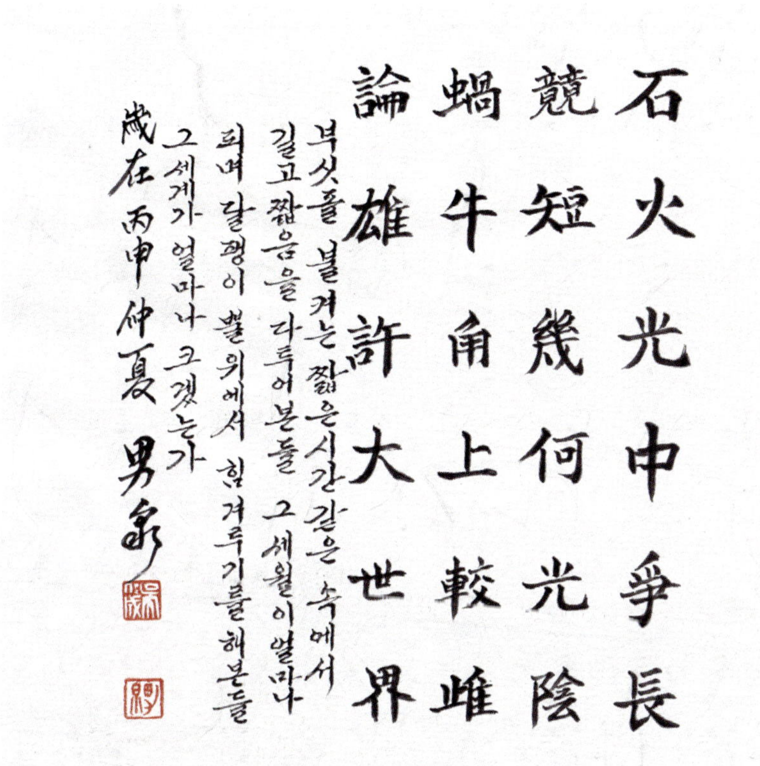


·남천 오인성 작·

"石火光中爭長競短, 幾何光陰. 蝸牛角上較雌論雄, 許大世界."

歲在丙申仲夏, 男泉

부싯돌 불켜는 짧은 시간같은 속에서 길고 짧음을 다투어본들 그 세월이 얼마나 되며, 달팽이 뿔 위에서 힘 겨루기를 해본들 그 세계가 얼마나 크겠는가? (홍응명洪應明《채근담菜根譚》)

병신년 음력 5월, 남천.

요즘 'IS(Islamic State, 이슬람국가)'와의 전쟁으로 세계가 불안에 떨고 있다. 우리는 무엇을 위해 싸우는가? 명분이 있는가.

'시아파와 수니파'의 갈등에서 비롯된 종교 전쟁이 발단이다. 이슬람교의 양대 종파로 이슬람교를 창시한 예언자 무함마드의 후계자로 누구를 인정할 것인가를 두고 갈렸다. 합의로 선출된 후계자 아부 바르크를 후계자로 지지한 이들이 수니파이고 무함마드의 사촌인 알리를 후계자로 지지한 이들이 시아파다. 인구로 따지면 전 세계 16억 이슬람교도의 90%가 수니파로 압도적인 다수파다. 시아파는 인구로는 10%지만 이란과 이라크, 시리아의 정권을 차지하고 있으며 레바논의 헤즈볼라도 시아파다. 현재 IS의 지도자인 아부 바르크 알바그다디는 이러한 수니파의 불만을 적극 활용했다. 2010년 알카에다 이라크지부(AQI)의 수장이 된 그는 사담 후세인 정권의 군 장교 등 수니파 위주로 지도부를 채우고 무장 세력을 재건했다. 이들의 종교 전쟁에 서방 국가가 간섭을 하면서 폭력은 일파만파 전 세계가 테러 위협에 안절부절 못하고 있다.

종교란 하늘의 뜻을 깨닫고 인간의 죄악으로부터 구원을 받고자 하는 것이다. 절대자의 힘에 의지하여 인간 생활의 고뇌를 해결하고 삶의 궁극적 의미를 추구하고자 하는데 있다. 그런데 누구를 믿고 따르느냐가 중요한 종교적 가치로 변하여 나의 신이 아니면 모두가 적으로 간주하여 내면의 진정한 종교와 혼동하고 있는 것이다. 살생은 저지르지 말아야 할 가장 비인간적인 폭력행위이다. 어떤 설명으로도 구원을 받을 수 없는 것이며 신이 가장 가혹하게 죄의 댓가를 치르게 할 지옥으로 떨어져 영원히 구제받을 수 없는 최고의 죄악인 것이다.

각 국가의 내전은 타국이 자국自國 이익을 위한 경제적 간섭이 되어서는 안 된다. 순수한 도움이 되어야 한다. 자생할 수 있도록 자체 해결할 수 있도록 인간적 구원의 손길을 내밀어야 한다.

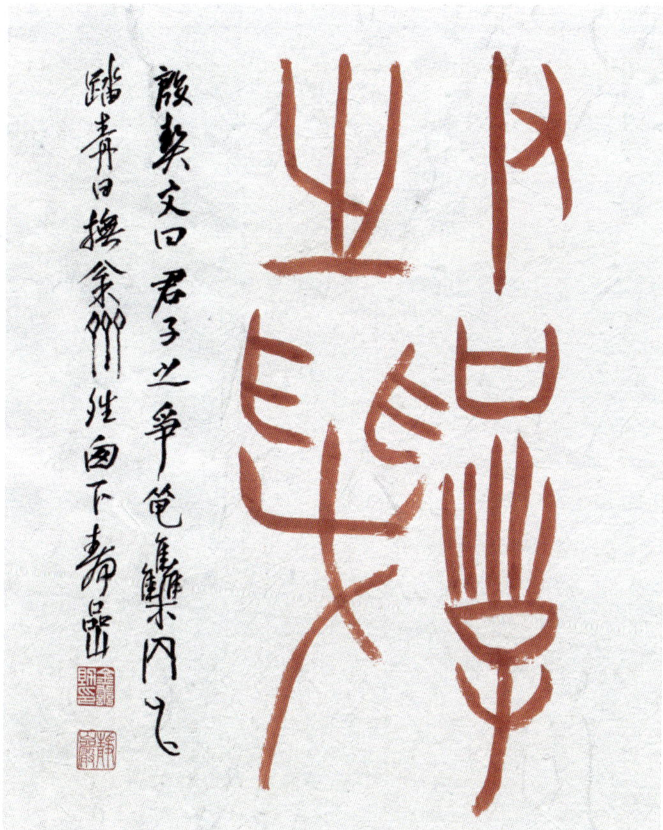

·정암 김선조 작·

군자지쟁君子之爭

殷契文曰, 君子之爭.

竜(龍)雧(集)丙申踏青日, 撫松齋姓(晴)囱(窓)下, 靜巖.

은나라 갑골문. 군자의 다툼은.

병신년 음력 삼월삼짇날. 무송재 별이 보이는 창가에서, 정암.

논어에서 군자는 자신의 일에 긍지를 가지고 있으나, 다투지 않는다하였고(긍이부쟁矜而不爭), 여러 사람과 어울리기는 하나 당파를 만들지 않고(군이부당群而不黨),[65] 여러 사람과 두루두루 잘 지내지만 비교하지 않는다(주이불비周而不比)하였다.[66] 사마우司馬牛가 "남들은 다 형제가 있는데 나만 없다"고 우울해 하자, 자하子夏는 "'죽고 사는 것은 운명이고, 부자가 되고 귀해지는 것은 하늘에 달렸다'했고, 조심하고 실수하지 않고 남들과 공손하고 예의 있게 지낸다면, 온 세상 사람들이 다 형제들이다"라 하였다.[67]

65 子曰: "君子矜而不爭, 羣而不黨."(衛靈公 15.22)(공자는 말하였다. 군자는 긍지를 가지나 다투지는 않고, 여러 사람과 어울리기는 하나 당파를 만들어 편당적偏黨的으로 굴지는 않는다.")

66 "子曰: '君子周而不比, 小人比而不周.'"(공자는 말하였다. '군자는 보편적이고 편당적偏黨的이 아니다. 소인은 편당적이고 보편적이 아니다.')

67 "司馬牛憂曰: '人皆有兄弟, 我獨亡.' 子夏曰: "商聞之矣, 死生有命, 富貴在天. 君子敬而無失, 與人恭而有禮. 四海之內, 皆兄弟也, 君子何患乎無兄弟也?"(顏淵 12.05)(사마우가 근심스러운 표정으로 말하였다. "남들은 다 형제가 있는데 나만 없다." 자하가 말하였다. "내가 듣기에 '죽고 사는 것은 운명이고, 부자가 되고 귀해지는 것은 하늘에 달렸다'했소. 군자가 조심하여 실수하는 일이 없고, 남과 접촉하는데 공손하고 예의가 있으면 온 세상 사람들이 다 자기의 형제들이요. 군자가 어찌 형제 없는 것을 근심하겠소?")

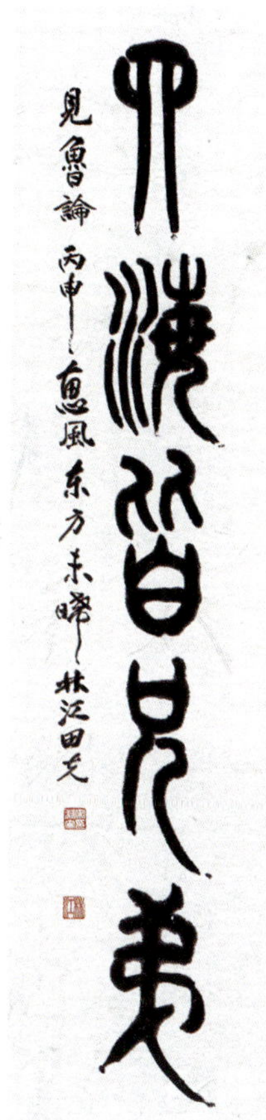

·임강 송연주 작·

사해개형제四海皆兄弟

見魯論.

丙申惠風東方未晞, 林江田夫.

'세상이 모두 나의 형제이다.' 논어 구절.

병신년 음력 이월 밤에 농사꾼 임강이 쓰다.

# 21

# 杞宋無徵
## 기송무징

**기나라와 송나라는 입증할 만한 충분한 자료가 없다**

(충분한 자료가 부족하여 입증할 수 없다)

‘기송무징杞宋無徵’은 ‘기杞나라와 송宋나라에 대해서는 확실한 문서 자료가 없어서 입증할 만한 자료가 없다’는 뜻이다. 지금은 ‘확실한 증거자료가 없다’라는 뜻으로 쓰인다. ‘徵(부를 징, zhēng, zhǐ)’은 ‘검증하다’·‘증명하다’는 뜻으로 음성과 뜻이 ‘證(증거 증, zhèng)’자와 통한다. ‘(徵)’자는 ‘微(작을 미, wēi)’의 생략형과 ‘壬’으로 이루어진 자이며 고문은 ‘(𢿱)’으로 쓴다. 갑골문은 ‘’·‘’으로 쓰고, 금문은 ‘’·‘’으로 쓴다. 즉 단독으로 ‘𡵂’로 쓰거나 혹은 ‘之(止)’를 추가하거나 ‘辵(辶)’을 추가하여 쓴다. ‘𡵂’는 또한 ‘𢼸’와 같은 자이다. ‘’·‘’자는 머리에 장식한 사람의 옆모습이다. ‘美’자를 갑골문은 ‘’·‘’로 쓰는데, 머리에 장식을 한 사람의 앞 모습이다. 고문자에서 ‘𡵂’와 ‘𢼸’자는 ‘美’나 혹은 ‘媄’와 같은 자이다.

‘(微)’자는 ‘彳’과 소리부 ‘𢼸’로 이루어진 자이다. ‘(𢼸)’자는 ‘攴’과 ‘髟(머리털 드리워질 표, biāo)’로 이루어진 자로 ‘두발을 세밀하고 섬세하게 빗다’는 뜻이며 ‘嬍(착하고 아름다울 미, měi)’자와 같고, 또한 ‘美’자나 ‘媄(빛 고울 미, měi)’자와 같다. ‘(𢼸)’자를 갑골문은 ‘’·‘’로 쓰고,

금문은 '' · ''으로 쓴다. 즉 '섬세하고 세밀함'은 '정밀하다'는 뜻이고, 정밀함은 '입증할' 만한 자세한 증거자료를 제시하는 것이다.

'기송무징杞宋無徵'은 지금은 '입증할 만한 증거가 부족함'을 말한다.

'기杞'는 주周나라 무왕武王이 하나라 우왕禹王의 후예인 동루공東樓公으로 하여금 우왕의 제사를 지내게 하기 위해 세워준 나라로 지금의 하남성河南省 기현杞縣에 있다. '송宋'은 주나라 무왕이 은나라 탕왕湯王의 후예인 미자微子로 하여금 탕왕의 제사를 지내게 하기 위해 세워준 나라로 지금은 하남성河南省 상구현上丘縣에 있다.

> 子曰: "夏禮吾能言之, 杞不足徵也, 殷禮吾能言之, 宋不足徵也. 文獻不足故也. 足則吾能徵之矣."(八佾 03.09)
>
> 공자는 말하였다.
>
> "하의 예는 내가 말할 수 있으나 기는 그것을 증명하기에 부족하고, 은의 예는 내가 말할 수 있으나 송은 그것을 증명하기에 부족하다. 그 역사 문헌과 이를 설명할 성인이 부족하기 때문이다. 만약에 이러한 자료가 넉넉하다면 내가 그것들을 증명할 수 있다."

공자는 하나라와 은나라 2대의 예禮를 말할 수 있지만, 기나라와 송나라는 문자와 현인이 부족한 관계로 이를 입증할만한 증거가 없어 남에게 설명한 근거가 없다 하였다. 춘추春秋 시대의 기杞는 하夏의 후예後裔를 봉한 나라였고, 송나라는 은나라의 후예를 봉한 나라였으나 그 두 곳에도 이대二代 선왕의 예를 입증할 만한 충분히 자료가 없음을 개탄한 것이다.

'문헌文獻' 중 '(憲)'자는 '犬'과 '鬳(솥 권, juàn)'으로 이루어진 자이다. '鬳'자는 '鬲'과 소리부 '虍'로 이루어진 자이다. 갑골문은 '鬲'과 '犬'으로 이

루어진 ‘’으로 쓰고, 금문은 ‘犬’과 ‘鼎’이나 혹은 소리부 ‘虍’를 추가하여 ‘’·‘’·‘’으로 쓴다. ‘개를 삶아 제물로 바치다’라는 뜻이다. 금문에는 ‘헌인獻人’·‘헌공獻工’·‘헌민獻民’ 등이 단어가 자주 쓰인다. 모두 ‘관원’이나 ‘사대부’ 등을 가리킨다.[68] 따라서 문헌은 현대의 의미와 약간 차이가 있다. 고대 언어에서는 ‘문헌’은 ‘문서와 이를 (설명할 만한) 사람’을 모두 포함한다.

공자는 확실한 증거가 없는 사실을 만들어 내거나, 억지로 방증 자료를 만들어 증명하려 하지 않았다. 공자 ‘술이부작述而不作’ 정신 역시 이와 마찬가지다.

子曰: 述而不作, 信而好古.(述而 07.01)

배운 것을 전하고 새것을 만들어 내지는 않으며, 옛 것을 믿고 좋아하였다.

공자는 옛 것을 좋아하고 믿었다. 그것을 또한 진술하여 후세에 전수하고자 하였고 새로운 학설을 만들어 내지 않았다. 여기에서 학술 저작을 하지 않았다는 것이 아니라 확실한 증거 없는 내용을 만들어 내지 않았다는 뜻일 것이다. 알지 못하면서 마치 자신이 알고 있는 것처럼 저술을 하면 안 된다. ‘지智’자가 되고 ‘인仁’자가 되기 위해서 공자는 많이 듣고 많이 보고자 하였다.

子曰: “蓋有不知而作之者, 我無是也. 多聞, 擇其善者而從之, 多見而識之,

68 진초생陳初生, 《금문상용자전金文常用字典》, 901 쪽.

知之次也." (≪論語·述而≫07.28)

공자가 말하였다.

"아마도 알지 못하면서 실천하는 자는 있겠지만, 우리들에게는 이러한 것이 없다. 많이 듣고서 그 중 선한 것을 택하여 따르며, 많이 보아서 아는 것이니 지혜로움의 두 번째 단계다."

그러면서 공자가 절대 하지 않은 일 네 가지가 있다. 무슨 일이든 확실하지 않은데 지레짐작으로 단정을 내리는 일을 하지 않았고, 자기의 언행言行이 틀림없다고 스스로 다짐하지 않았고, 자기의 의견만이 옳다고 고집하지도 않았고, 자기의 편리만을 위해서 다투는 일을 하지 않는다.

子絶四: 毋意, 毋必, 毋固, 毋我. (子罕 09.04)

공자는 네 가지 일을 전혀 하지 않았다. 마음대로 억측臆測하는 일이 없었고, 틀림없다고 장담하는 일이 없었고, 완고하게 고집 피우는 일이 없었고, 아집을 부리는 이기적인 일을 하지 않았다.

그래서 항상 남에게 물었다. 또한 묻는 것을 또한 상대방을 배려하는 예절이라 하였다.

子入太廟, 每事問. 或曰: "孰謂鄹人之子知禮乎? 入太廟, 每事問." 子聞之曰: "是禮也."(八佾 03.15)

공자가 태묘大廟에 들어가면 매사를 묻곤 하였다. 어떤 사람이 말하였다.

"누가 추鄹 사람의 아들이 예禮를 안다고 하였는가? 대묘에 들어가면 매사를 묻곤 하는데." 공자가 이 말을 듣고 말하였다.

"그렇게 하는 것이 예의다."

入太廟, 每事問. (鄕黨 · 1015)

태묘大廟에 들어가서서는 매사每事를 묻곤 하셨다.

부끄러움 중 가장 부끄러운 일은 알지 못하면서 아는 척하다가 사실이 밝혀 질 때이다. 증명할 자료가 없으면 물어 두는 것이 좋다. 법적 진실을 밝혀야 하는 법정에서는 더욱이 '기송무징杞宋無徵'한데 일방적인 한쪽 진술만을 참고하여 판결을 내린다면 이는 살인행위나 마찬가지다. 절대로 '무전유죄無錢有罪'라는 말이 나와서는 안 된다.

모르면 아래 사람에게 물어야 하고 전문가에게 물어야 하고, 많이 듣고 보아서 그중에 가장 선善한 것을 택하여 따르도록 하여야 한다. 정의는 밝혀지는 법고, 불의不義는 어짐(仁)과 선함(善)은 이길 수 없다. 논어 요왈堯曰은 '선인시부善人是富'라 했다. '착한 사람이 결국 복을 받는다'는 말이다.[69] '선인시부善人是富'는 '선인시복善人是福'으로 쓰기도 한다. 정당치 않은 방법으로 부귀를 누린다한들 얼마나 오래 가겠는가! 정당치 않는 방법의 부귀와 명예는 탐貪으로이어지기 때문에 결국 망신亡身을 당하게 되는 것이다.

---

69 "周有大賚, 善人是富. 雖有周親, 不如仁人. 百姓有過, 在予一人."(堯曰 20.01)("주周나라는 하늘의 큰 혜택을 입었고, 선善한 사람들이 모두 부귀하도록 했다. 지극히 가까운 친척이 있다 하더라도, 그것은 인자한 인물만은 못한 것이다. 백성들에게 허물이 있다면 그것은 나 한 사람의 부덕不德한 탓이다.) '선인시부善人是富'를 '(주나라에는)좋은 사람이 참으로 많다'라는 뜻으로 해석하기도 한다.

·천곡 민경부 작·

선인시복善人是畗(福)

文曰譱(善)人是福也.

丙申春分, 泉谷.

구절은 "선한 자가 복을 받는다"이다.

병신년 춘분, 천곡

# 22

# 了如指掌
## 요여지장

**제 손바닥 보듯 훤하다**

(손바닥을 들어다 보듯이 잘 안다)

'요여지장了如指掌'은 《논어》의 '지기장指其掌'을 현대 중국어로 고친 것이다. '了(마칠 료, liǎo, liào)'는 '알다'·'이해하다'의 뜻이며, '瞭(밝을 료, liǎo, liào)'자의 가차자로 쓰인 것이다. 전체적으로 '알기를 손바닥 보듯이 뻔히 알다'라는 뜻이다.

'瞭'자는 '目'과 소리부 '尞(燎)'로 이루어진 자이다. '(尞, 횃불 료, liáo, liǎo)'자를 갑골문은 ''·''·''로 쓴다. 묶은 나무에 불을 붙여 타오르는 모습이다. 후에 '火'를 추가하여 '(燎, 화톳불 료, liáo, liǎo)'로 쓴다. '瞭'는 '눈이 밝다'라는 뜻에서 '이해하다'는 파생어로 쓰인다.

고문자 '(了)'자에 대해서 확실히 알 수 없다. 《설문해자說文解字》는 "'다리가 약하다'라는 의미. '子'자의 팔이 없는 모양이다"[70]라고 설명하고 있으나 확실치 않다. 처음에서 '마치다'·'완료하다'의 의미로 쓰이다가 점차 허화虛化되어 '완료(종결)어기조사'로 쓰였다. 또는 '瞭'와 음성이 같기 때문에 혹은 '요해瞭解'를 '요해了解'로 쓴다.

70 《說文解字》: "了, 尥也. 从子無臂, 象形."

‘(如, 같을 여, rú)’자는 ‘女’와 ‘口’로 이루어진 자로 ‘여자가 지아비의 말에 따르다’라는 뜻에서 ‘같다’라는 의미로 쓰인다. ‘(指, 손가락 지, zhǐ)’자는 ‘手’와 소리부 ‘旨(맛있을지, zhǐ)’로 이루어진 자이다. 맛있는 음식을 손가락으로 맛보기 때문에 ‘손가락’이란 의미가 있다. ‘(旨)’자를 갑골문은 ‘’ · ‘’로 쓰고 금문은 ‘’ · ‘’로 쓴다. 아랫부분이 ‘日’이 아니라 ‘甘’이다. ‘도구나 혹은 손가락으로 음식을 떠서 입으로 가져가는 모습이다.

‘(掌, 손바닥 장, zhǎng)’자는 ‘手’와 소리부 ‘尙’으로 이루어진 자이다. ‘尙(높을 상, shàng)’자는 ‘높다’ · ‘숭상하다’는 뜻이다. ‘장掌’자는 ‘위로 향한 손’ 즉 ‘손바닥’이라는 뜻이다.

> 或問禘之說. 子曰: “不知也, 知其說者之於天下也, 其如示諸斯乎!” 指其掌.(八佾 03.11)
>
> 어떤 사람이 체제禘祭의 이치에 대하여 물었다.
>
> “모릅니다. 그 이치를 설명을 할 줄 아는 사람이 천하의 일을 다루는 것은, 이것을 보는 것같이 쉬울 것입니다.”라 하고 자신의 손바닥을 가리켰다.

체제禘祭가 지닌 뜻은 심오하므로 이해하기가 힘들다. 그래서 그것을 아는 사람은 天下의 일을 알고 해결하는 것이 마치 자기의 손바닥을 보는 것과 같이 용이하다는 것이다.

‘(禘, 종묘제사 이름 체, dì)’자는 ‘示’와 소리부 ‘帝(임금 제, dì)’로 이루어진 자이며, 고문자에서는 ‘帝’자와 같은 자로 쓰인다. 갑골문은 ‘(帝)’로 쓰고 금문은 ‘(啻)’로 쓴다. 금문 ‘啻’자는 ‘신에게 입으로 주술을 외워 기원하다'는 뜻이다. 고문자 유래에 대해서 의견이 분분하다. '씨방을 가진 꽃받침'이라는 설 등 다양하나 제사를 지낼 때 사용하는 '나무를 깎아 만들거나 나무를 묶어 만든 신의 형상'이 아닌가 한다.

'지기설자지어천하야知其說者之於天下也'는 의미적으로 '지기설자知其說者/지之/어천하야於天下也'로 읽을 수 있다. '지기설자知其說者' 중 '지知'는 '기설其說'의 동사이고, 이 구절이 다시 '자者'를 수식하여 '이(체제禘祭)의 이치를 아는 자'이다. '지之'는 앞 구절과 뒤 구절을 연결해 주는 구조조사이고, '어於'는 전치사의 용법으로 쓰인다. '어천하於天下'는 '천하에 대하여'의 뜻이다. 혹은 '어於'자를 동사적 용법으로 해석하여 '천하에 존재하다(살아가다)'라는 뜻으로 해석하기도 한다.

'기여시저하호其如示諸斯乎' 중의 '기其'자는 추측을 표시하는 어기조사이고, '저 저諸'자는 '어시於是'·어차'於此'로 전치사와 대사의 뜻을 동시에 나타낸다. '사斯'는 대사로 다음 문장의 '기장其掌'을 가리킨다.

'示(보일 시, shì)'자를 '視(볼 시, shì)'나 '置(寘, 둘 치, zhì)'의 가차자로 보기도 한다. '示'자가 이미 '관찰하다'라는 뜻이 있기 때문에 굳이 가차자로 해석하지 않아도 된다.

본 구절에서 '禘(종묘 제사 이름 체, dì)'는 하늘 혹은 조상께 드리는 제사의 이치나 혹은 신의 존재의 가치에 대한 물음인 것으로 보인다.

'요여지장了如指掌'과 같은 뜻으로 '일목요연一目瞭然'·'일청이초一淸二楚'·'통약관화洞若觀火' 등이 있다. '일목요연一目瞭然' 중의 '瞭'자를 '了'자로 쓰기도 한다.

우리말에 '손바닥 보듯', '손바닥 들여 보듯', '손바닥 안에 논다' 등등의 표현과 비슷하다. '손바닥 보듯'이 알기 위해서는 끊임없는 자신의 노력과 성찰이 필요하다.

昔者子貢問於孔子曰: "夫子聖矣乎 ?" 孔子曰: "聖則吾不能, 我學不厭而教不倦也." 子貢曰: "學不厭, 智也. 教不倦, 仁也. 仁且智, 夫子既聖矣."(≪孟子・公孫丑上≫)

옛날에 공자가 자공에게 물었다.

"스승님은 성인이십니까?"

공자가 말하였다.

"성인의 일은 내가 할 수 없지만, 배우는 것이 싫증나지 않으며, 가르치는 것을 게을리하지 않았다."

자공이 말하였다.

"배우는 것에 싫증나지 않는 것은 지智이고, 가르치는 것에 게을리 하지 않는 것은 인仁입니다. 인하면서 지혜로우시니 스승은 이미 성인이십니다."

공자는 성인이다. 그런데 이 성인은 천부적으로 태어난 것이 아니다. 끊임없이 노력하여 배우는 것을 게을리 하지 않아서이다. 태재太宰가 자공子貢에게 공자가 다재다능하다는 말을 하였다. 그러자 공자는 천성적으로 아는 것이 아니라, 어렸을 때 생활이 어려워 안 해 본 일이 없기 때문이라 하였다.

子聞之, 曰: "大宰知我乎! 吾少也賤, 故多能鄙事. 君子多乎哉? 不多也." (子罕 09.06)

공자가 이 말을 듣고 말하였다.

"태재가 나를 아는구나! 나는 어렸을 때 매우 가난했기 때문에 많은 천한 일을 할 줄 안다. 군자가 잘하는 일이 많은가? 많지 않다."

그렇다고 공자 역시 모든 것을 다 아는 것이 아니다. '체제禘祭'와 같은 제사에 관한 일에 관해서 공자는 특히 신중하였으며 함부로 말하지도 않았다.

子入太廟, 每事問. 或曰: "孰謂鄹(鄒)人之子知禮乎? 入太廟, 每事問." 子問之, 曰: "是禮也."(八佾 03.15)[71]

공자가 태묘에 들어가 매사를 물으니 어떤 사람이 말하였다. "누가 추 땅의 아들이 예를 안다고 하였던가? 태묘에 들어가 매사를 묻더라." 공자가 이 말을 듣고 말하였다. "이것이 바로 예의다."

子不語怪, 力, 亂, 神.(述而 07.21)

공자는 괴이怪異한 일, 힘쓰는 일, 난동亂動질 및 귀신에 관해서는 말씀하시지 않으셨다.

자하子夏는 배운다는 사람은 '현자賢者를 존중하고 여색을 멀리하며'(현현이색賢賢易色), '정성을 다하여 부모님을 섬기고'(사부모, 능갈기력事父母, 能竭其力), '임금을 섬기는데 자신의 몸을 바칠 수 있고'(사군, 능치기신事君, 能致其身), '친구와 한 말은 신용을 지킬 수 있어야 한다'(여붕우교, 언이유신與朋友交, 言而有信)라 하였다. 맹자가 말했듯이 공자가 성인인 것은 배우기와 가르치기를 게을리하지 않았기 때문이다.

---

71 '鄹(鄒)人之子'는 공자를 가리킨다. 공자의 아버지 숙량흘이 추鄹 지방의 대부大夫였다.

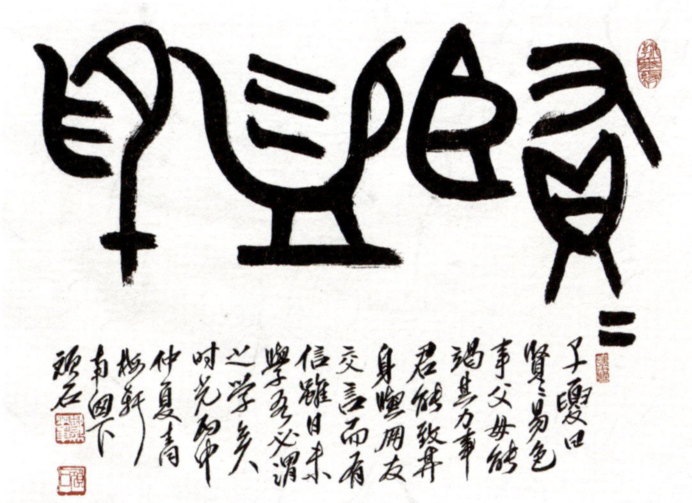

·완석 정대병 작·

현현이색賢=(賢賢)易[72]色

子夏曰: 賢=(賢賢)易色, 事父母, 能竭其力, 事君, 能致其身, 與朋友交, 言而有信. 雖曰未學, 吾必謂之學矣.

時光丙申仲夏, 青梅軒南囱(窓)下, 頑石.

자하가 말하였다.

"재능 있는 인물을 존경하고, 여색女色을 멀리하고, 부모를 섬기는 데 자기 힘을 다할 수 있고, 임금을 섬기는 데 자기 몸을 바칠 수 있고, 벗들과 사귀는 데 말에 신용이 있다면 배우지 않았다고 하더라도 나는 반드시 그런 사람을 배운 사람이라 할 것이다."

병신년 음력 5월, 청매헌 남쪽 창가에서 완석이 쓰다.

---

72 금문에서는 '易'자를 '[illegible]'나 '[illegible]'로 쓰고 '錫(하사할 석, xī)'의 의미로 주로 쓰인다. 《金文編》, 670 쪽 참고.

# 23

# 力不同科
## 역부동과

### 힘은 각자 다르다
(사람마다 각자 자신에 맞는 일이 있다)

‘역부동과力不同科’ 중 ‘과科’는 ‘등급’이라는 뜻이다. ‘힘이 각각 같지 않다’는 뜻이다. 혹은 ‘과科’자를 동사인 ‘동등하다’라는 뜻으로 풀이하기도 한다. 지금은 ‘능력이 각기 다르다’는 뜻으로 쓰이기도 한다.

고문자 ‘力’자는 농기구 ‘쟁기’의 형상이고, ‘同(同)’자는 ‘凡(凡)’과 ‘口’로 이루어진 자이다. ‘소리를 지르면서 물건을 만드는 노동일을 하다’는 뜻이다. 고문자 ‘凡(凡)’은 ‘槃(쟁반 반, pán)’자의 초문이다. ‘반槃’자는 ‘쟁반’과 같은 물건의 뜻으로 쓰인다. ‘반槃’자를 갑골문은 ‘凡’·‘凡’으로 쓴다.

‘科(科)’는 ‘禾’와 ‘斗’로 이루어진 자이다. ‘벼 등의 곡식을 말로 측량’하는 형상이다. 본 구절에서는 ‘등급’을 뜻한다. ‘斗(斗)’자를 갑골문은 ‘斗’로 쓰고, 금문은 ‘斗’로 쓴다. 손잡이가 달린 말 구기의 모습이다.

子曰: “射不主皮, 爲力不同科, 古之道也.”(八佾 03.16)

공자는 말하였다.

“‘활 쏘는 데는 과녁 뚫는 것을 주로 하지 않는다’고 한 것은 사람의 힘이 같지 않기 때문인데 이것은 옛날의 활 쏘는 방법이었다.”

'위력부동과爲力不同科'의 '위爲'자는 'wèi'로 읽고 '때문이다'라는 뜻으로 쓰인다.

'㞷(主)'자는 '등잔 위의 심지'의 형상이다. 본 구절에서는 '과녁의 중심에 맞추다'라는 뜻으로 쓰인다.

활 쏘는 것이 과녁에 명중하는 것을 주로 하는 것이지 그것을 꿰뚫는 것을 주로 하지 않는 것은 덕(기술)을 주로 하고 힘을 주로 하지 않는 것이다. 힘을 세우지 않고 덕으로 다스리는 옛 기풍氣風을 기리는 말로, 나아가서는 폭력이 횡행하는 당시의 시대적 상황을 풍자한 것이 아닌가 한다. 공자는 괴이한 것과 힘을 쓰는 것, 난동을 부리는 것과 귀신과 관련된 일을 말을 하지 않았다. 괴이한 것을 말하는 것은 이상한 것을 말하여 민심을 혼란시키며, 육체적으로 힘은 지적인 행동이 수반되지 않으면 무력이 되기 때문인 것이다.

> 子不語怪, 力, 亂, 神.(述而 07.21)
>
> 공자는 괴이怪異한 일, 힘쓰는 일, 난동질 및 귀신에 관해서는 말씀하지 않으셨다.

'사불주피射不主皮'는 과녁을 뚫는 것을 주로 하지 않았다는 것은 힘을 과시하기 위한 목적이 아니었다는 것이다. 힘이나 재능은 각기 사람마다 다르다. 논어에서는 '인재시교因才施教'가 필요하다. 따라서 각 개인의 능력에 따라 적절하게 교육방법을 달리하는 것이다.

子路問: "聞斯行諸?"[73] 子曰: "有父兄在, 如之何其聞斯行之?" 冉有問: "聞斯行諸?" 子曰: "聞斯行之." 公西華曰: "由也問聞斯行諸, 子曰: '有父兄在', 求也問聞斯行諸, 子曰: '聞斯行之'. 赤也惑, 敢問." 子曰: "求也退, 故進之, 由也兼人, 故退之."(先秦11.22)

자로가 물었다.

"의義로운 일을 들으면 곧 그것을 행합니까?"

공자가 말하였다.

"부형이 계시는데 어떻게 義로운 일을 들었다고 곧 그것을 행하겠느냐?"

염유가 물었다.

"의로운 일을 들으면 곧 그것을 행합니까?"

공자가 말하였다.

"의로운 일을 들으면 곧 그것을 행하도록 하여라."

공서화가 말하였다.

"'유由(자로)가 의로운 일을 들으면 곧 그것을 행합니까'라고 묻자, '부형이 계시다'라고 말하고, 구求(염유)가 '의로운 일을 들으면 곧 그것을 행합니까'라고 묻자, '의로운 일을 들으면 곧 그것을 행하도록 하여라'라고 하였습니다. 저(적)는 잘 몰라 감히 묻습니다."

공자는 말하였다.

"구求(염유)는 뒤로 물러서는 편이기 때문에 앞으로 밀어내주었고, 유由(자로)는 두 사람 몫을 할 만큼 용감하기 때문에 뒤로 물러나게 하여준 것이다."

---

73 '斯'자는 '바로 ……하다'라는 접속사의 용법으로 쓰이고, '諸'는 '之於(于)'의 뜻이다.

'겸인兼人' 구절을 '남보다 낫다' · '용감하다' 등으로 해석하기도 한다. 본문은 '겸兼'자가 '겸하다'라는 뜻으로 쓰이기 때문에 '남보다 배를 하다'라는 뜻으로 해석하기로 한다.

자로는 용감한 사람이기 때문에 한번 다시 생각하고 행동으로 옮기도록 권하고, 염유는 신중한 사람이기 때문에 주저주저 망설이기 때문에 바로 행동으로 실천하도록 권한 것이다. 그러나 '인재시교因才施教'하지 못하는 소인배는 아랫사람에게 그 사람을 장단점을 파악하지 못하고 무조건 모든 것을 철저하게 해 주기를 요구한다.

子曰: "君子易事而難說也. 說之不以道, 不說也, 及其使人也, 器之. 小人難事而易說也. 說之雖不以道, 說也, 及其使人也, 求備焉."(子路 13.25)

공자는 말하였다.

"군자는 섬기기는 쉬우나 기뻐하게 하기는 어렵다. 그를 기뻐하게 하는데 정당한 방법을 가지고 하지 않는다면 그는 기뻐하지 않는다. 그가 사람을 부리게 되면 그 사람의 재능을 살펴서 한다. 소인을 섬기기는 어려우나 기뻐하게 하기는 쉽다. 그를 기뻐하게 하는데 비록 정당한 방법을 가지고 하지 않는다 하더라도 그는 기뻐한다. 그가 사람을 부리게 되면 그 사람이 갖은 것을 다 해주기를 바란다."

사람은 각기 가진 능력이 다르다. 큰 그릇은 큰 곳에 작은 그릇은 적은 양을 담는데 쓰인다. 대인에게는 큰일을 맡기고, 소인에게는 작은 일을 맡기면 된다.[74]

---

74 "子曰: 君子不可小知而可大受也, 小人不可大受而可小知也."(衛靈公 15.34)(공자는 말

공자의 제자마다 각각의 특징이 있다. 자고子羔는 어리석고, 증삼曾參은 둔하고, 자장子張은 편벽적이고 자로子路는 거칠다고 하였다.

柴也愚, 參也魯, 師也辟, 由也喭.(先進 11.18)

시柴(자고子羔)는 우직하고, 증삼曾參은 미련하고, 사師(자장子張)는 극단적이고, 유由(자로子路)는 거칠다.

이러한 평가는 각각의 개성을 말하는 것이다. 이는 우직하고 미련하고 극단적이라는 것은 아무것도 모르는 일자무식이라는 것이 아니라, 자신의 사상에 대하여 우직하고 미련하고 극단적일 정도로 믿고 따르는 일종의 집착적인 성격을 가리킨다. 이들 제자 각각은 도를 깨달은 성인聖人의 위치에는 아직 미치지 못할지언정 이미 모두 군자의 단계에는 이르렀다.

자로子路는 성질이 강剛해서 그가 타는 거문고 소리도 역시 강하여 거친 소리를 냈다고 한다. 공자孔子는 어느 날 자로의 거문고 소리를 듣고 '왜 여기서 거문고를 타느냐'고 나무랐다. 듣기가 싫었던 모양이다. 이 소리를 듣고 자로는 7일 동안이나 음식을 끊고 반성하였다고 한다. 다른 제자들도 공자의 자로의 나무람을 듣고 자로를 존경하지 않자, 공자는 자로가 깊은 곳의 정치精致한 이치를 터득하지 못했으나, 이미 상당한 수준에까지 도달하였다고 하였다. 이게 '승당입실升堂入室'의 반대말 '승당미입실升堂未入室'이다. 이미 대청까지는 올라섰지만, 아직 방안까지는 들어

---

하였다. "군자에게는 잔 지혜를 기대할 수 없으나 큰일을 맡을 것을 기대할 수는 있다. 소인에게는 큰 일을 맡을 것을 기대할 수 없으나 잔 지혜를 기대할 수는 있다.")

오지 못했다는 것이다. '승당입실'은 지금은 혹은 '모든 일은 차례가 있다'나 '학문이 점점 깊어지다'라는 뜻으로 쓰인다.

어쨌든 이들 제자는 '승당升堂'한 제자들이지만, 공자의 눈에는 아직도 부족하다. 다만 공자는 안연顔淵(안회顔回)에게만 만족감을 보였다. 공자가 바라는 것은 끊임없이 노력하는 인격적 수양이다.

子曰: "回也其庶乎, 屢空. 賜不受命, 而貨殖焉, 億則屢中."(先進 11.18)

공자가 말하였다. "안회는 거의 도道에 통달하였다고 하겠는데 끼니를 못 잇는 일이 많다. 사賜(자공子貢)는 운명을 감수하지 않고 재물을 늘렸는데 그가 억측하는 것이 자주 적중한다."

子謂子貢曰: "女與回也孰愈?" 對曰: "賜也何敢望回? 回也聞一以知十, 賜也聞一以知二." 子曰: "弗如也, 吾與女弗如也."(公冶長 0509)

공자가 자공에게 물었다. "너와 안회는 어느 쪽이 우수하냐?" "제가 어떻게 감히 안회를 바라볼 수 있겠습니까? 안회는 하나를 듣고서 열을 아는데 저는 하나를 듣고서 둘을 압니다." 공자는 말하였다. "그만 못하다. 나와 너는 그만 못하다."

작품설명

·임강 송연주 작·

승당입실升堂入室

丙申春, 林江

'점점 입지의 경지가 깊어지다'.

병신년 봄. 임강

사람마다 각자 가지고 있는 재능이 다르다. 그 사람의 재능을 알아보는 것 또한 매우 중요하다. '인재등용'을 제대로 해야 나라가 부강해지는 것이다. 이 인재를 알아보는 사심 없는 정확한 눈을 지도자는 가지고 있어야한다. 나라가 시끄러운 것은 정부가 적재적소에 적절한 인재를 등용하지 못하기 때문이다.

한유韓愈는 〈마설馬說〉에서 천리마를 비유하여 지도자가 인재를 알아볼 수 있는 능력이 필요하다는 것을 강조하였다. 능력을 알아보는 백락을 만나지 못한다면 아무리 천리마라 할지라도 보통 말과 똑 같아지는 것이다.

> 세상에 백락이 있어야, 천리마가 있는 것이다. 천리마는 항상 있으되 백락은 항상 있는 것은 아니다. 그래서 비록 뛰어난 말이 있으나 다만 노예의 손에 치욕을 당하고 말구유와 마판 사이에서 보통 말과 같이 나란히 죽으며 천리마라 불리우지 못한다. 말 중에서 하루에 천리를 달리는 말은 한 번 먹을 때에 곡식 한 섬을 다 먹기도 하거늘 말을 먹이는 사람은 그 말이 천 리를 갈 수 있다는 것을 알지 못하고 먹인다. 이 말이 비록 천 리를 달릴 수 있는 능력이 있더라도 먹는 것이 배부르지 못하고 힘이 부족하여 재주와 아름다움이 밖으로 드러나지 않게 되고, 또한  보통 말과 같아지려고 해도 될 수 없으니 어찌 그 말이 천리를 달릴 수 있기를 바라겠는가?[75]

---

75 韓愈〈馬說〉: "世有伯樂, 然後有千里馬. 千里馬常有, 而伯樂不常有. 故雖有名馬, 辱于奴隸之手, 駢死于槽櫪之間, 不以千里稱也. 馬之千里者, 一食或盡粟一石. 食馬者, 不知其能千里而食也. 是馬也, 雖有千里之能, 食不飽, 力不足, 才美不外見, 且欲與常馬等不可得, 安求其能千里也."

# 24

# 告朔餼羊
## 곡삭희양

**정월 초하루 양만 바치는 형식적 예례**

(일을 적당히 얼버무리면 안 된다)

'곡삭희양告朔餼羊' 중 '희양餼羊'은 '희생물로 사용하기 위하여 기르는 양'이다. '餼(보낼 희, xì)'자는 '희생물로 바치다'는 뜻이다. '곡삭희양'은 원래 '초하루를 알리는 제사(곡삭告朔)때 희생물로 양을 바치다'라는 뜻인데, '적당히 일을 얼버무리다'라는 뜻으로 쓰인다.

'餼(보낼 희, xì)'자는 '食'과 소리부 '氣'로 이루어진 자이며, '犧(희생 희, xī)'자와 같은 뜻으로 쓰인다.

'告'자는 '청할 곡'으로 읽는다. '삭朔'은 '초하루'를 가리키거나 혹은 '천자가 제후에게 나누어 주는 달력'이란 뜻으로 쓰인다. 본 문에서 두 가지 뜻으로 모두 쓰이고 있다.

연말에 천자가 제후에게 다음 해 역서曆書를 나누어주면, 이를 조상 사당에 모시어 두어다가 초하루가 되면 희생물 양을 바쳐 제사를 지내고 조정에 돌아와 정무를 보았는데, 이때 사당에 역서를 받치고 '고告'한 제사를 '곡삭'이라 한다.

초하루를 알리는 제사(곡삭) 의식을 거행할 때, 노나라 임금은 조상의 사당에 직접 나아가지도 않고 정무도 보지 않으며 단지 살아있는 양 한

마리만 죽여서 옛날 관습을 따르려 하자, 자공은 제사(곡삭) 의식을 거행하지 않을 바에는 양을 희생시킬 필요가 없다고 생각하였다. 그러자 공자는 이것이 비록 남아있는 형식적인 의식이라 할지라도 아무것도 남기지 않는 것보다는 낫다고 생각하였다.

혹은 노魯나라에서는 문공文公 때부터 곡삭의 의식이 폐지되었으나, 양을 계속해서 바쳐왔다. 자공은 곡삭의 의식을 거행하지 않는 이상 양을 희생으로 쓸 것이 없다하여 그것마저 없애고자 하였는데, 공자는 고대 예禮에 대한 일부분의 면모라도 보존하기 위해 자공의 의견을 찬성하지 않았다고 설명하기도 한다.

'곡삭희양'은 옛날 습관에 따라 대충 희생물 양만 바쳤다'해서 '대충 얼버무리다'라는 뜻으로 쓰인다.

子貢欲去告朔之餼羊. 子曰: "賜也! 爾愛其羊, 我愛其禮."(八佾 03.17)

자공이 새 달력을 고하는데 바치는 희생용의 양羊의 예식을 없애려 하자 공자가 말하였다.

"자공아! 너는 그 양羊을 아끼지만 나는 그 예禮를 아낀다."

'애예존양愛禮存羊'이란 성어는 이 구절에서 나왔다. '옛 의식을 위하여 희생물 양을 남겨두다'라는 뜻으로, '옛날의 풍속을 중요하게 여겨 폐지를 하지 않으며', '근본을 중시하여 형식을 없애지 않다'라는 뜻으로 쓰인다.

논어에서 공자는 예의를 매우 중시하였다. 예는 사람이 마땅히 지켜야 할 도리인 '명분名分'이었고, 사회 질서였다. 명분과 질서가 무너지면 하극상이 일어나고 나라가 혼란하게 되는 것이다.

孔子謂季氏, "八佾舞於庭, 是可忍也, 孰不可忍也?"(八佾 03.01)

공자는 계손씨季孫氏에 대해 비판하였다. "자기 집 마당에서 8열의 대무隊舞를 연주하는 짓을 감히 할 수 있다면 무슨 짓인들 못 저지르겠는가?"

계손씨季孫氏는 노魯 소공昭公 때의 대부大夫이다. '일佾'은 '줄을 맞추어 춤을 추는 것'으로 가로 열과 세로 줄이 같은 인원을 세워놓고 추는 춤이다. 혹은 열의 인원은 다르고 줄은 모두 8명이라고 하기도 한다.

열과 줄이 같은 인원이라면, 천자의 대무隊舞는 8열로 64명, 제후는 6열로 36명, 대부는 4열로 16명, 사士는 2열로 4명이다. 만약에 열이 모두 8명이라면, 천자는 64명, 제후는 48명, 대부는 32명, 사는 16명이다.

계손씨는 제후국의 대부이나 감히 천자만이 할 수 있는 8열 대무隊舞를 추었기 때문에 이는 월권행위이다. 계손씨는 후에 소공昭公을 몰아냈다.

'인忍'는 '차마하는 마음'이고, '숙孰'은 사물을 가리키는 대사로 쓰인다.

季氏旅於泰山. 子謂冉有曰: "女弗能救與?" 對曰: "不能." 子曰: "嗚呼! 曾謂泰山不如林放乎?"(八佾 03.06)

계손씨季孫氏가 태산에서 산신제(여제旅祭)를 지내려 하였다. 공자가 염유冉有에게 말하였다.

"너는 (그 사람을 참월僭越한 죄에서) 구해낼 수 없느냐?"

"구해낼 수 없습니다."

"슬프다. 그래 태산이 임방만 못하단 말인가."

여제旅祭는 산에 지내는 제사이다. 고례古禮에는 제후만이 자기 봉내封內의 산천에 제사할 수 있는데, 대부인 계씨가 태산에서 제사를 지낸다는 것은 무도無道한 쿠테타나 다름없는 짓이다. 염유冉有(염구冉求)는 계손씨의 가재家宰로 있었기 때문에 공자가 계씨에게 간언하여 태산에서 제사지내는 일을 중지하게 할 수 있느냐고 물은 것이다. 임방林放은 일찍이 예의 본질에 대하여 물어본 적이 있다.

> 林放問禮之本. 子曰: "大哉問! 禮, 與其奢也寧儉, 喪, 與其易也寧戚."(八佾 03.04)
>
> 임방이 예의 근본이 무엇인가를 묻자 공자는 말하였다.
>
> "대단한 질문이요. 예는 사치스럽기보다는 차라리 검소해야 하고, 상사는 정연하기보다는 차라리 슬퍼해야 하는 것이다."

신령스런 산신은 예의 진의를 물은 임방만 못할 수가 없기 때문에 본질에 어긋난 제사를 받아들이지 않을 것이다. 자기가 제사를 지내야 할 귀신이 아닌데 제사를 지내는 것은 아첨이다. 염유가 간언하지 못할 것을 알면서도 임방의 예를 들어 태산의 신을 언급하여 계씨가 태산에 제사하는 일이 중지되기를 바라고 있다.

> 子曰: "非其鬼而祭之, 諂也. 見義不爲, 無勇也."(爲政 02.24)
>
> 공자는 말하였다.
>
> "자기의 귀신이 아닌데 그것을 제사하는 것은 아첨이다. 옳은 일임을 알고 행하지 않는 것은 용기가 없는 것이다."

예를 모르면 사람의 구실을 알 수 없으며, 예는 형식이지만 서로 더불어 사는 사회적 질서이다. 예는 형식이지만 그 본질을 알지 못하면 형식적으로만 실천하면 형식적인 인간이 되고 참된 인간이 되지 못하는 법이다. 그러면 예의 본질인 도를 알지 못하고 덕을 밝힐 수 없으며 인을 실천할 수 없게 된다.

작품설명

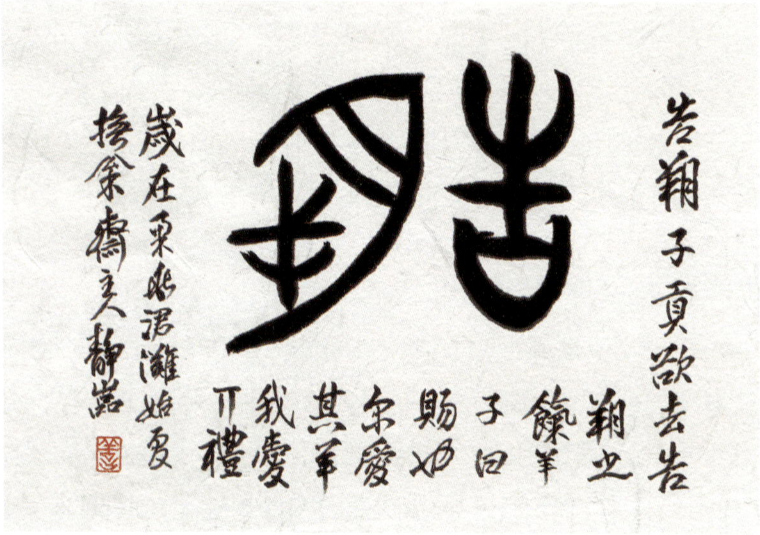

·정암 김선조 작·

곡삭告朔

告朔. 子貢欲去告朔之餼羊. 子曰: 賜也! 爾愛其羊, 我愛丌(其)禮.

歲在柔兆集龍涒灘始夏, 撫松齋主人靜巖.

곡삭. 자공이 새 달을 고하는데 바치는 희생용의 양을 없애려 하자 선생님께서 말씀하셨다. 너는 그 양을 아끼지만 나는 그 예를 아낀다.

병(유조柔兆)신(군탄涒灘)년, 음력 사월, 무송재 주인 정암.

# 25

# 樂而不淫
## 낙이불음

### 즐기되 음탕하지 않다
(즐겁게 즐기되 결코 방탕하지는 않는다)

'낙이불음樂而不淫'은 《국풍國風 · 관저關雎》를 두고 하는 말이다. 즐거우나 절제가 있으며 음탕하지 않음을 말한다.

子曰: "關雎, 樂而不淫, 哀而不傷."(八佾 03.20)

공자는 말하였다.

"관저關雎는 즐거우나 방탕하지 않고, 애달프나 고통스럽지는 않다."

〈관저〉는 시경의 첫 편이다. 아름다운 여인을 오매불망 그리워하다가 만나게 되어 즐거워하는 내용이다. 공자는 이 노래는 즐거워하고 슬퍼하는 감정이 나타나 있지만 모두 정도를 넘지 않는다고 생각하였다.

관저關雎

關關雎鳩, 在河之洲. 窈窕淑女, 君子好逑.

구욱구욱 물수리는 강가 숲 속에서 우는데,

대장부의 좋은 배필 아리따운 아가씨는 어디 있는고?

參差荇菜, 左右流之. 窈窕淑女, 寤寐求之.
올망졸망 마름 풀을 이리저리 헤치며 찾노라니
자나 깨나 그리는 아리따운 아가씨 생각.

求之不得, 寤寐思服. 悠哉悠哉! 輾轉反側.
그리워도 얻지 못해 자나 깨나 생각하노니
그리움은 가이 없어 이리저리 뒤척이네

參差荇菜, 左右采之. 窈窕淑女, 琴瑟友之.
올망졸망 마름 풀을 이리저리 헤치며 따노라니
금슬 좋게 벗하고픈 아리따운 아가씨 생각.

參差荇菜, 左右芼之. 窈窕淑女, 鍾鼓樂之.
올망졸망 마름 풀을 이리저리 헤치며 고르노라니
풍악 울리며 즐기고픈 아리따운 아가씨 생각.

'금슬우지琴瑟友之'나 '종고악지鐘鼓樂之'가 '낙이불음樂而不淫'에 해당되고, '오매구지寤寐求之'나 '전전반측輾轉反側'이 '애이불상哀而不傷'이다. '관관關關'은 새가 짝을 찾기 위해 우는 소리이고, 한 쌍이 어울려 기뻐 내는 소리이기도 하다. '참치參差'는 풀들이 서로 얽히고설킨 형상이다. 남녀의 서로 사이좋게 어울리는 것을 은유적으로 표현한 것이다.

오매불망 잊지 못해 시냇가를 배회하며 요조숙녀窈窕淑女를 그리워하고, 밤새 내내 잠못이루고 전전반측輾轉反側 사랑하는 사람만 그리워한다. 만약에 이후 함께 하게 된다면 천년만년 금슬 좋게 벗하고 싶고, 풍악

울리며 평생 내내 즐겁게 함께 할 수 있기를 간절히 바라고 있다.

《문심조룡文心雕龍》[76]은 시경詩經 중 빈풍豳風이 '낙이불음'의 내용을 담고 있다 하였다. 빈풍은 칠월七月, 치효鴟鴞, 동산東山, 파부破斧, 벌가伐柯, 구역九罭, 낭발狼跋 등이 있다. 빈풍은 지금은 섬서성陝西省 서안西安의 기산岐山 북쪽에 있는 빈豳나라에서 유행하였던 노래이다. 이중 비교적 길이가 길지 않은 '벌가伐柯'의 시를 살펴보면 아래와 같다. '벌가'는 일반적으로 결혼과 관련된 예식에 대하여 노래한 시로 본다.

벌가伐柯

伐柯如何 ? 匪斧不克. 取妻如何 ? 匪媒不得.

도끼자루 베자면 어떻게 하지? 도끼 아니면 안 되는 거지.

부인을 얻으려면 어떻게 하지? 중매인 아니면 안 되는 거지.

伐柯伐柯, 其則不遠. 我覯之子, 籩豆有踐.

나무 베어 도끼자루 만드는데, 그 규칙은 가까운 데 있는 것을

내 그님을 맞이하여 예를 갖추어 청혼하네.

'기칙其則' 중 '칙則'은 '법칙' · '규칙' · '의식'이다.

'변두籩豆' 중 '籩(제기 이름 변, biān)'은 '굽이 높고 뚜껑이 있는 과실을 담는 제기'의 일종이다. '두豆'는 '굽이 높고 뚜껑이 있으며 곡기 붙이나

---

76 중국 남북조南北朝시대 양梁나라의 유협劉勰(466~520)이 지은 문학이론서이다. 50편으로 구성되어 있으며, 전반부 25편은 문학의 근본원리와 문체론을 다루고 있으며 후반부 25편은 창작 · 감상 · 표현기법 등을 다루고 있다.

국물을 담는데 쓰는 나무로 만든 제기'의 일종이다. 변두는 이러한 음식을 담는 그릇을 진열해 놓아 일종의 결혼 의식을 행함을 말한다. '아구지자我覯之子' 중 '覯(만날 구, gòu)'는 '결혼할 짝을 만나다'는 뜻이다. 결혼할 짝을 예식에 갖춰 맞이하는 것이다. 그래서 '그 규율規律은 멀리 있는 것이 아니고 가까운 곳에서부터 시작되는 것'이라 하였다(기칙불원其則不遠). 혹은 그 규율을 멀리해서는 안된다라고 이해할 수 도 있다.

이 시는 좋아하는 여인이 생겼는데, 정식적인 혼례 예식에 따라 결혼하고자 중매인을 양가 집안을 연결하도록 하고 융숭한 예물을 차려 신부를 맞이하고자 하는 소박한 당시의 생활상을 실질적으로 그려내고 있다.

'도끼'에 '도끼자루'가 필요하듯이 결혼은 사랑만으로만 되는 것이 아니라 한 가정을 이루기 위해서는 가장 기본적인 여러 가지 예식이 필요하다. 또한 '도끼'와 '도끼자루'는 자루가 도끼에 알맞지 않으면 자루가 될 수 없듯이 두 연인이 이미 찰떡 궁합이다. 또한 도끼에 알맞은 도끼자루가 필요하듯 알맞은 절차가 필요하다. 마음에 드는 여인이 있어 결혼을 하고자 하면, 혼례의 첫 번째 단계는 양가집안의 의사소통을 담당해야할 중매쟁이를 통하여 정식적인 절차를 밟아야 한다. 이게 바로 '불음不淫'이다.

노는 것과 방탕은 분명히 다르다. 배워야 노는 법을 아는 것이다. 공자는 '도', '덕'과 '인'에 뜻을 두면서 '육예六藝'에서 노닐어야한다고 하였다.[77] 육예는 '예법', '음악', '활쏘기', '마차몰이', '글쓰기', '수학' 등이다. 고대 학생들이 배워야 할 중요한 과목들이다. 음악과 글쓰기는 예술이고,

---

77 "子曰: 志於道, 據於德, 依於仁, 遊於藝."(述而 0706)(공자는 말하였다. "도에다 뜻을 두고, 덕을 의지하고, 인을 따르고, 육예에서 즐기라.")

활쏘기와 마차몰이는 스포츠에 해당되고, 수학은 학술적인 행위라고 할 수 있다. 이러한 놀이는 모두 절제된 행위, '도덕'과 '인'과 같은 게임 룰이 있어야, 보는 사람이나 즐기는 사람이나 모두 재미가 있는 것이다.

공자가 어느 날 위衛나라 사람인 공명가公明賈에게 위衛나라 공숙문자公叔文子라는 사람은 '말도 하지 않고 웃지도 않고 물건을 받지도 않는다'고 하는데, 그게 사실이냐고 묻은 적이 있다. 그러자 공명가는 공숙문자는 '말도 하지 않고 웃지도 않는다는 말은 지나친 소문이고, '해야 할 때 말하기 때문에(시연후언時然後言) 사람들이 그 사람의 말을 싫어하지 않고, 즐거워진 연후에 웃기 때문에(낙연후소樂然後笑) 사람들이 그 사람의 웃음을 싫어하지 않고, 의義로우면 물건을 받으므로(의연후취義然後取) 사람들이 그가 받는 것을 싫어하지 않는다'고 하였다. 공자는 이 말을 듣고 믿기지 않아 감탄하였다.[78]

'시연후언'은 시기적절한 타이밍에 맞추어 말을 하는 것이고, '낙연후소'는 아부의 웃음이 아니라 진정으로 함께 기뻐해야 할 공낙共樂의 즐거움이 있는 것이고, '의연후취'는 의로운 얻음을 말한다. 이러한 '말' · '즐거움'과 '얻음'은 모두 적절함이다. 중용의 도가 내재되어야 한다. 그렇지 않으면 눈치도 없이 끼어들고 참견하는 말 많은 사람이 되고, 비위를 맞추고 위해 알랑거리는 간신배가 되기 쉽고, 도의가 없는 취함은 뇌물이나 재물을 빼앗는 가렴주구苛斂誅求로 백성을 도탄에 빠지게 한다.

78 《헌문憲問》'14.13' 참고.

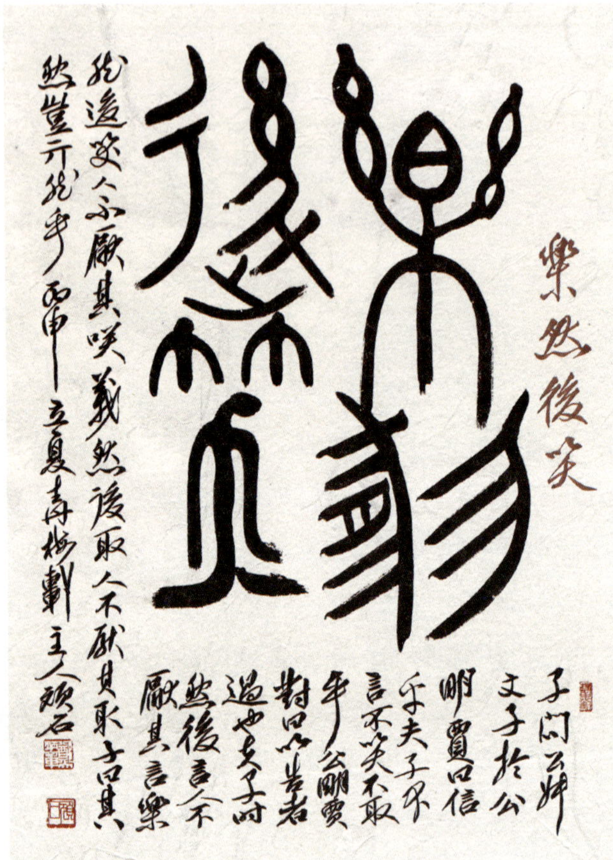

·완석 정대병 작·

낙연후소樂然後笑

樂然後笑.

子問公叔文子於公明賈曰: "信乎, 夫子不言, 不笑, 不取乎?" 公明賈對曰: "以告者過也. 夫子時然後言, 人不厭其言, 樂然後笑, 人不厭其笑,義然後取, 人不厭其取." 子曰: "其然? 豈其然乎?"

丙申立夏, 青梅軒主人頑石

공자가 공명가에게 공숙문자에 관해서 물어보았다. "사실입니까? 그 분은 말도 하지 않고 웃지도 않고 물건을 받지도 않습니까?" 공명가가 대답하였다. "전한 사람이 지나치게 말한 탓입니다. 그 분은 해야 할 때가 된 후에 말하므로 사람들이 그 분의 말을 싫어하지 않고, 즐거워진 후에 웃으므로 사람들이 그 분의 웃음을 싫어하지 않고, 의義로와야 물건을 받으므로 사람들이 그가 받는 것을 싫어하지 않습니다." 공자는 말하였다. "그래요? 어찌 그럴 수 있겠나요?"

병신년 입하, 청매헌주인완석

26

# 哀而不傷
## 애이불상

**애달프되 고통스럽지 않다**

(슬퍼하되 몸을 상하게 하지는 않는다)

'애이불상哀而不傷'은 '애달프나 고통스러워 하지 않는다'는 뜻이다. '낙이불음樂而不淫'와 함께 〈국풍國風 · 관저關雎〉를 두고 하는 말이다.

'𢍚(哀)'는 '口'와 소리부 '衣'로 이루어진 자이다. '口'는 애도를 할 때는 내는 소리이고, '衣'는 상복을 나타낸다.

子曰: "關雎, 樂而不淫, 哀而不傷."(八佾 0320)

공자는 말하였다.

"관저關雎는 즐거우나 방탕하지 않고, 애달프나 고통스럽지는 않다."

'애이불상哀而不傷'는 임을 그리워하는 마음이 애달프나 그렇다고 해서 마음에 상처를 입는 것이 아니다. 즐거운 설레임과 그리움이다.

'악이불음'이나 '애이불상'은 지나침이 없는 '중용中庸'의 미학, 즉 '중화中和'의 미학이기도 한다. 이외에 '원이불노怨而不怒'라는 말이 있다. 원망하되 노하지 않는다는 말이다.

체 지방에서 난이 일어났을 때, 주나라 선왕이 소공의 궁에 몸을 숨겼다. 이에 국인들이 소공의 머무르는 곳을 포위하였다. 그러자 소공이 말하였다. '당초 나는 일찍이 여러 차례 천자에게 간했으나 천자가 이를 듣지 않았다. 이에 이 같은 환난을 만난 것이다. 만일 지금 사람들에게 태자를 죽게 놓아두면 천자는 내가 그를 원망하여 분노의 표적을 옮긴 것으로 여길 것이다. 무릇 군주를 섬기는 사람은 험지에 처할지라도 이에 원망해서는 안 된다(험이부대險而不懟). 설령 마음속에 원망하는 마음이 있다 하여도 분노로 옮기면 안 되는 것이다(원이불노怨而不怒). 하물며 천자를 모시는 사람이야 더 이상 말할 것이 있겠는가? 이에 자신의 아들을 이용해 선왕 대신 죽게 하고 선왕이 장성하기를 기다려 그를 보위에 올려놓았다.[79]

주周나라 이왕夷王이 죽고 난 후 주나라 여왕厲王(희호姬胡)이 즉위하였는데, 독단적으로 정책을 결정하고 폭정을 일삼자 백성의 원망이 자자하였다. 이에 소공邵公(소목공昭穆公, 소공호邵公虎)이 몇 차례 간언하였으나, 이에 아랑곳하지 않고 더욱 더 백성을 강압하였다. 백성들이 농기구를 병기로 삼아 반란을 일으키자 여왕은 체彘 지방으로 도망쳤다. 백성들이 궁을 포위하고 여왕을 찾았으나 찾지 못하자 태자(희정姬靜, 宣王)를 대신 살해하려 하였다. 소공이 태자를 자신의 집에 숨겼고, 백성들이 태자를 내놓기를 바라자 아들을 대신 내놓아 태자를 대신해 아들을 죽게 하였다. 이때를 주나라 군주 없이 주정공周定公과 소공이 14년간 나라를 대

79 "彘之亂, 宣王在邵公之宮. 國人圍之, 邵公曰: '昔吾驟諫王, 王不從, 是以及此難. 今殺王子, 王其以我爲懟而怒乎? 夫事君者, 險而不懟, 怨而不怒, 況事王乎! 乃以其子代宣王. 宣王長而立之."(《國語 · 周語》)

신 다스렸다 해서, 이를 '공화共和' 혹은 '주소공화周召共和' 행정行政이라 한다. 후에 태자가 성장한 후 왕위에 올랐는데, 이가 선왕宣王이다.

왕이 소공의 말을 들었다면 소공이 자신의 자식을 죽음에 몰아넣는 슬픔의 사건('내이기자대왕태자乃以其子代王太子')은 일어나지 않았을 것이다. 이 얼마나 땅을 치고 원통해할 일인가! 하지만 군주를 모시는 신하로써 원망은 하되 대의를 위하여 화로 분출하지는 않았다. 이가 바로 '원이불노'이다.

살아가면서 불행한 일을 당하지 않은 사람은 없을 것이다. 가장 큰 불행은 부모를 잃는 것이다. 하지만 슬픈 마음을 너무 오래 간직하여 몸을 상하게 한다면 이 또한 안 될 일이다. 망자는 오히려 슬픔을 딛고 당당하게 다시 일어서는 모습을 보고 싶어 할 것이다. 매일 슬픔에 빠져 일상의 삶을 그르치게 된다면 이는 더욱더 시련만 연속되는 악순환이 된다. 우리의 삶에서도 '애이불상'이 필요하다. 슬퍼하되 전체를 그르치게 해서는 안 된다.

왕융과 화교가 동시에 친상을 입었다. 둘 다 효성으로 이름이 나있는 터였는데, 왕융은 너무 슬퍼해 뼈만 남아 침상에 의지하고 있었으나 화교는 그 정도까지 아니었으나 예를 갖추어 곡읍을 계속하고 있었다.

무제(사마염司馬炎)가 유중웅에게 물었다.

"그대는 자주 왕융과 화교를 살펴보았겠지요! 듣자하니 화교가 애통하기를 지나칠 정도라는데 불쌍하고 걱정이 되는 구려!"

"화교는 비록 예를 다 갖추어 극진히 하면서도 기운을 조금도 잃지 않고 있습니다. 반대로 왕융은 비록 예를 갖추지 못했으나 뼈만 남을 정도로 애통해 하고 있습니다. 제 생각으로 화교는 삶을 영위하면서 효를 다하는 자요,

왕융은 죽음으로라도 효를 다하겠다는 인물입니다. 그러나 폐하께서는 화교를 걱정하실 게 아니라 왕융을 걱정하셔야 합니다."[80]

삶을 영위하면서 예를 다하는 '생효生孝'를 죽을 정도의 몸을 상하게 하는 '사효死孝'보다 애도 방법으로 더 찬성하고 싶다.

논어에서 자유子游 역시 상을 당했을 때는 슬픔을 다하는데서 그쳐야지 그 한계를 넘어 몸을 상하게 해서는 안된다하였다.

子游曰: "喪致乎哀而止."(子張 19.14)

자유가 말하였다.

"상喪을 당해서는 슬픔을 다하는 데서 그칠 것이다."

상례喪禮도 옛날과 비교하여 많이 변했다. 지금은 부모님이 돌아가시고 삼년상三年喪을 치르는 집안은 거의 없을 것이다. 삼년상은 장사를 지낸 후에 상청喪廳(궤연几筵, 영실靈室)의 영좌靈座(영위를 모셔놓는 자리. 영궤靈几)에 부모의 신주를 모시고 무덤 서쪽에 여막廬幕(거려居廬, 초막, 움막)을 짓고 거처하며 아침저녁으로 식사를 올리는 예를 말한다. 무덤에 거처하는 이러한 행위를 시묘侍墓라 한다. 또한 외출할 때는 하늘을 볼 수 없는 죄인이라 하여 방갓(방립方笠)을 쓰고 다녔다.

---

80 王戎・和嶠同时遭大喪, 俱以孝稱. 王鷄骨支床, 和哭泣備禮. 武帝謂劉仲雄曰: "卿數省王・和不? 聞和哀苦過禮, 使人憂之." 仲雄曰: "和嶠雖備禮, 神氣不損; 王戎雖不備禮, 而哀毁骨立. 臣以和嶠生孝, 王戎死孝. 陛下不應憂嶠, 而應憂戎."(世說新語・德行)

영좌[81]

논어에서 재아宰我(재여宰予)가 공자에게 삼년상은 시간적으로 너무 길다고 일 년 상으로 하면 어떨까 해서 묻는 내용이 나온다. 공자는 부모님이 돌아가셨는데 좋은 옷을 입고 좋은 음식을 먹어도 마음이 편하면 그렇게 할 것이고, 자식은 부모에게 적어도 삼년 동안은 사랑을 받았는데 삼년이 결코 긴 기간이 아니라고 재아를 나무란다.

81 자료는 '국립민속 박물관'의 전시해설을 참고하였다.

宰我問: "三年之喪, 期已久矣. 君子三年不爲禮, 禮必壞, 三年不爲樂, 樂必崩. 舊穀旣沒, 新穀旣升, 鑽燧改火, 期可已矣." 子曰: "食夫稻, 衣夫錦, 於女安乎?" 曰: "安." "女安則爲之! 夫君子之居喪, 食旨不甘, 聞樂不樂, 居處不安, 故不爲也. 今女安則爲之!" 宰我出. 子曰: "予之不仁也! 子生三年, 然後免於父母之懷. 夫三年之喪, 天下之通喪也, 予也有三年之愛於其父母乎!"(陽貨 17.21)

재아가 삼년상에 관해서 여쭈어 보았다.

"1년이면 충분히 깁니다. 군자가 3년 동안 예禮를 차리지 않으면 예가 반드시 파괴될 것이고, 3년 동안 음악을 다루지 않으면 음악이 반드시 혼란해질 것입니다. 묵은 곡식이 다 없어지고 새 곡식이 나오고, 불붙이는 나무에 불을 고치게 되는 것이니, 1년이 되면 상을 끝낼 만합니다."

선생님께서 말하였다.

"쌀밥을 먹고 비단옷을 입으면 너는 마음이 편하겠느냐?"

"편합니다."

"네가 편하다면 그대로 하여라. 군자는 상중에는 좋은 음식을 먹어도 맛이 없고, 음악을 들어도 즐겁지 않고, 거처하는 것이 불안하기 때문에 그렇게 하지 않는 것이다. 이제 네가 편하다면 그대로 하여라."

재아가 나가자 공자는 말하였다.

"재여(재아)는 인자하지 않은 것이다. 자식은 나은 지 3년이 된 후에야 부모의 품에서 벗어난다. 삼년상은 온 천하에 공통되는 상례다. 재여도 자기 부모한테서 3년 동안의 사랑을 받았었는가?"

'불붙이는 나무에 불을 고치게 된다'(찬수개화鑽燧改火)는 것은 '1년을 경과한다'는 뜻으로, 계절마다 불을 붙이는 나무가 각기 달랐다. 봄에는 느릅나무(유유楡柳)를, 여름에는 대추나무를(조행棗杏)을, 가을에는 떡갈

나무(작유柞楢)를, 겨울에는 홰나무(괴단槐檀)를 사용하였기 때문에 한 해가 되면 그 나무를 다 한 차례씩 바꾸게 된다.

본 구절에 대하여 학자마다 의견이 분분하다. 삼년상을 합리화하기 위하여 후세에 추가된 내용이라고 보기도 한다.

《맹자孟子·등문공滕文公》상편에 등 정공이 죽고 나자 세자 문공이 삼년상을 치르려 하자 문족들이 반대한 내용이 나온다. 이는 진실된 마음이 보이지 않았기 때문이다.

滕定公薨, 世子謂然友曰:「昔者孟子嘗與我言於宋, 於心終不忘. 今也不幸至於大故, 吾欲使子問於孟子, 然後行事.」然友之鄒, 問於孟子. 孟子曰:「不亦善乎! 親喪固所自盡也. 曾子曰:『生, 事之以禮; 死, 葬之以禮, 祭之以禮, 可謂孝矣.』諸侯之禮, 吾未之學也. 雖然, 吾嘗聞之矣: 三年之喪, 齋疏之服, 飦粥之食, 自天子達於庶人, 三代共之.」然友反命, 定為三年之喪. 父兄百官皆不欲也, 故曰:「吾宗國魯先君莫之行, 吾先君亦莫之行也; 至於子之身而反之, 不可. 且《志》曰:『喪祭從先祖.』」曰:「吾有所受之也.」謂然友曰:「吾他日未嘗學問, 好馳馬試劍. 今也父兄百官不我足也; 恐其不能盡於大事. 子為我問孟子.」然友復之鄒, 問孟子. 孟子曰:「然, 不可以他求者也. 孔子曰:『君薨, 聽於冢宰, 飦粥, 面深墨, 即位而哭. 百官有司, 莫敢不哀, 先之也. 上有好者, 下必有甚焉者矣. 君子之德, 風也; 小人之德, 草也. 草上之風必偃.』. 在世子.」然友反命. 世子曰:「然, 是誠在我.」五月居廬, 未有命戒. 百官族人, 可謂曰知. 及至葬, 四方來觀之. 顔色之戚, 哭泣之哀, 吊者大悅.(《孟子·滕文公》)

등滕 정공定公이 홍거薨去하자 세자世子(등滕 문공文公)가 사부師傅 연우然友에게 물었다.

"전에 맹자孟子가 나와 송宋나라에서 이야기한 일이 있었는데 마음에서 끝내 잊을 수가 없습니다. 지금 불행하게도 친상親喪의 큰 변고를 당하게 되었는데, 나는 선생을 시켜서 孟子에게 물어보고 난 후에 일을 치르고 싶습니다."

연우然友가 추鄒나라에 가서 맹자에게 물었다.

"역시 잘 하시는 겁니다. 친상親喪이란 본래 스스로 마음을 다하는 것입니다. 증자曾子께서는 '어버이가 살아 있을 적에는 예禮로써 섬기고, 죽으면 예로써 장사지내고, 예로써 제사지내면 효성스럽다고 할 수 있다'[82]라고 말씀하셨습니다. 제후諸侯의 예를 나는 여태까지 배우지 않았습니다. 그렇기는 합니다마는 내가 전에 들은 일이 있는데, 3년 동안에 헐렁헐렁한 거친 옷을 입고, 된 죽을 먹고 지내는 것은 천자로부터 서인庶人에 이르기까지 하은주夏殷周 3대 이래로 공통으로 시켜왔던 것입니다."

연우然友가 보고하여 삼년상을 치르기로 정했는데, 부형父兄들과 모든 관원들은 다들 그렇게 하려 하지 않았다.

"우리들의 종국宗國인 노魯나라의 선군先君들도 그것을 하지 않았고, 우리나라의 선군들도 그것을 하지 않았는데, 당신의 대代에 이르러 전례前例를 어긴다는 것은 안 됩니다. 또 기록에는 '상례와 제사는 선조에 따른다'고 하였습니다."

세자 문공이 말하였다.

"나는 배운 데가 있어서 그러는 것이요. 내가 전날에 학문을 하지 않고 말 달리고 칼 쓰기를 좋아하여서, 지금에 와서는 부형父兄들과 모든 관원들이

---

82 "子曰: 生事之以禮, 死葬之以禮, 祭之以禮."(爲政 02.05)(살아 있을 적에는 예로써 섬기고, 죽으면 예로써 장사지내고, 예로써 제사지낸다.)

나를 부족하게 생각하여 대사를 제대로 다 치러 낼 수 없을까 두려워하는 겁니다. 선생은 나를 위해 맹자에게 물어봐 주십시오."

연우가 다시 추鄒나라로 가서 맹자께 물었다.

"그래요? 다른 데서 해결책을 구할 수는 없는 것입니다. 공자께서 말씀하시기를 '국군國君이 훙거薨去하면 국정國政은 총재冢宰에게 맡겨 버리고, 죽을 마시고 얼굴을 시커멓게 하여 즉위卽位하고 곡哭하면,[83] 모든 관원과 유사有司들이 감히 슬퍼하지 않을 사람이 없을 것이니, 요컨대 그들에 앞서서 하는 것이다. 윗사람이 좋아하는 것이 있으면 아랫사람들은 반드시 그보다 더 좋아하게 된다. 군자의 덕은 바람이고 소인의 덕은 풀이니, 풀은 바람이 그 위에 불어오면 반드시 눕게 마련이다'[84]라고 하셨습니다. 그 점은 세자께서 하기에 달려 있습니다."

연우가 보고하자 세자는 말하였다.

"그렇소이다. 그것은 나 하기에 달렸습니다."

그래서 5개월 동안 여막廬幕에 거처하면서 명령이나 주의사항을 입 밖에 내지 않았다. 모든 관원들과 족친族親들이 잘하는 일이라고 여기고 '예를 안

---

83 子張曰: "書云, '高宗諒陰, 三年不言.' 何謂也?" 子曰: "何必孤宗, 古之人皆然. 君薨, 百官總己以聽於冢宰三年."(憲問 14.40)(자장이 말하였다. "'서경에 고종이 여막廬幕에 있을 때 3년 동안 말을 하지 않았다'고 하였사온데 무엇을 말한 것입니까?" 공자는 말하였다. "하필 고종만이 그러했겠느냐? 옛날 사람들은 다 그러했다. 임금이 세상을 떠나면 모든 관원들은 자기의 직책을 맡아보고 3년 동안 총재冢宰의 지휘에 따랐던 것이다.")

84 季康子問政於孔子曰: "如殺無道, 以就有道, 何如?" 孔子對曰: "子爲政, 焉用殺? 子欲善而民善矣. 君子之德風, 小人之德草. 草上之風, 必偃."(顔淵 12.19)(계강자가 공자께 정치에 관해서 물었다. "무도한 자들을 죽여서 올바른 길을 이룩하게 한다면 어떻겠습니까?" 공자께서 대답하였다. "선생께서는 정치를 하실 것이지 죽이는 일은 해서 무엇을 하시렵니까? 선생께서 선善을 원하신다면 백성들은 선해집니다. 군자의 덕德은 바람이라 하겠고 소인의 덕은 풀이라 하겠습니다. 풀은 위로 바람이 지나가면 반드시 눕습니다.")

다'고들 말했다. 장례를 치르게 되자 사방의 사람들이 와서 보았는데, 세자의 얼굴빛은 슬펐고, 그가 곡哭하고 우는 것이 애절하여, 조상하는 사람들이 다 기뻐했다.

세자가 평소에는 효도를 하지 않다가 유별나게 삼년상을 치르려 하기 때문에 유족들이 반대한 것이다. 가장 중요한 것은 기간에 있는 것이 아니라 진실된 마음이다.

공자는 일생을 살면서 남들에게 자신있게 말할 수 있는 네 가지 있다하였다. 상사上司를 존경하고, 형제들을 받들고, 상사喪事가 있으면 게을리 하지 않았고, 술로 인해 난잡해 본 적이 없다는 것에 있다하였다. 그리고 가장 신중하고 정성을 다해야하는 것은 상喪을 치르는 것이라 하였다.

子曰: "出則事公卿, 入則事父兄, 喪事不敢不勉, 不爲酒困, 何有於我哉?"(자한子罕09.16)

공자는 말하였다.

"나가면 공경公卿을 섬기고, 들어오면 부형父兄을 섬기고, 상사喪事에는 감히 게을리 굴지 못하고, 술로 말미암아 난잡해지지 않는 데는 나는 자신이 있다."

曾子曰: "吾聞諸夫子, 人未有自致者也, 必也親喪乎!"(子張 19.17)

증자가 말하였다.

"내가 스승한테서 들은 것이지마는 사람은 자기 힘을 다한 적이 없었다 하더라도, 친상을 당해서는 반드시 자기 힘을 다할 것이다."

공자는 "부모님이 돌아가시고 오랫동안 부모님의 뜻을 저버리지 않는 것 또한 효"라 하였다.[85] 부모님이 돌아가신 그때만 슬퍼하는 것이 효가 아니고, 또한 부모님 생전에 부모님을 잘 봉양하는 것만이 효의 전부가 아니다. 부모님이 돌아가시고 난 후에도 부모님 살아생전에 자신에게 원하셨던 것이 무엇인가를 잘 헤아려 그 뜻을  평생 동안 받들도록 노력하는 것 또한 효인 것이다.

子曰: "父在觀其志, 父沒觀其行. 三年無改於父之道, 可謂孝矣."(學而 01.11)

공자는 말하였다.

"부친이 생존할 때에는 그 사람의 의지를 살피고, 부친이 세상을 떠나면 그 행적行蹟을 살펴야 한다. 오랫동안(3년 동안) 부친의 뜻(道)을 저버리지 않는다면 효자라 할 수 있다."

85 "子曰: 三年無改於父之道, 可謂孝矣."(里仁 0420)(공자는 말하였다. 삼년동안 부친의 뜻을 거역하지 않는다면 효자라 할 수 있다." '三年'을 혹은 삼년상三年喪으로 해석하기도 한다. 양백준楊伯峻의《논어역주論語譯註》는 '삼년三年'은 '긴 시간'을 나타낸다 하였다.

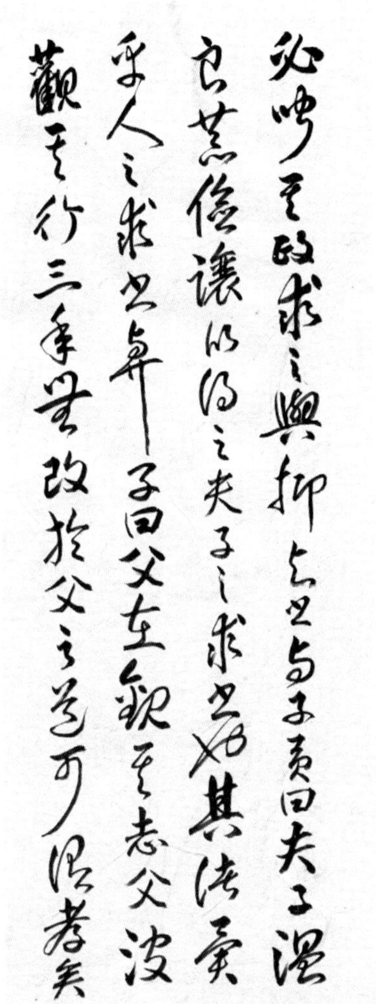

·정암 김선조 작·

必聞其政, 求之與? 抑與之與? 子貢曰: 夫子溫良恭儉讓以得之. 夫子之求之也, 其諸異乎人之求之與? 子曰: 父在觀其志, 父沒觀其行, 三年無改於父之道, 可謂孝矣.

"공자 스승님께서 어느 한 나라에 가시게 되면 반드시 그 나라의 정사에 참견하시고는 하시는데, 그것은 자진해서 요구하셔서인가요, 그렇지 않으시면 그 나라의 군주가 정사에 참여시켜서인가요?" 자공이 말하였다. "선생님께서는 온화. 양순. 공손. 검약. 사양 다섯 가지 덕성으로 인격을 이룩하셨습니다. 선생님께서 자진해서 요구하시는 것은 다른 사람들이 자진해서 요구하는 경우와는 다릅니다." 공자는 말하였다. "부친이 생존할 때에는 그 사람의 의지를 살피고, 부친이 세상을 떠나면 오랫동안 부친의 뜻을 받들어 고치지 않는다면 효라 할 수 있다."

# 27

# 仁者安仁
## 인자안인

**인자는 인이 편하다**

(어진 사람에게는 어진 일 하는 것이 오히려 편하다)

‘인자안인仁者安仁’ 중 ‘안安’자는 ‘안주하다’ · ‘편안하게 여기다’는 뜻이다. ‘인자안인’은 ‘어진 사람은 어진 생활에 오히려 편안함을 느낀다’는 뜻이다.

‘(安)’자는 여자가 집안에 편히 있는 모습이다.

> 子曰: “不仁者不可以久處約, 不可以長處樂. 仁者安仁, 知者利仁.”(里仁 04.02)
>
> 공자는 말하였다.
>
> “인자仁慈하지 않은 사람은 곤궁 속에서 오래 견디지 못하고, 즐거운 가운데도 오래 있지 못한다. 인자한 사람은 인자함을 편안히 여기고 지혜로운 사람은 인자한 것을 이롭게 여긴다.”

어질지 못한 사람은 있으면 이를 잃을까봐 걱정하고, 없으면 이를 얻고자 걱정하는 것이다. 있어도 걱정 없어도 걱정, 근심 걱정이 끊이지 않는다.

子曰: "鄙夫可與事君也與哉? 其未得之也, 患得之. 旣得之, 患失之. 苟患失之, 無所不至矣."(陽貨 17.15)

공자는 말하였다.

"비루한 사람과 함께 임금을 섬길 수 있겠는가? 그것을 얻지 못하였을 때는 그것을 얻으려고 근심하고, 그것을 얻고 나서는 그것을 잃게 될까 근심한다. 진실로 그것을 잃게 될까 근심한다면 못하는 일이 없게 되는 것이다."

'처약處約' 중의 '처處'는 '거처하다'는 뜻이고, '약約'은 '간단하다' · '검약하다'는 뜻이다. 인하지 못한 자는 '안빈낙도'하지 못한다. 자신이 소유하고 있어도 이를 즐길 줄 모르고 잃을까 걱정하게 된다면 이는 오히려 고통이 된다. 없어도 즐길 수 있고, 있어도 즐길 수 있는 자가 바로 '인자'이다. 인한 자는 세상사 모든 것이 다 만족이다. 남에게 베풂어서 남이 잘되는 것이 오히려 마음이 편하다. 남이 가졌다고 시샘을 한들 상대방이 불행해 지는가? 오히려 속병 나는 자는 시샘하는 자이다. 그러니 현명한 사람은 베풂에서 행복을 느낀다. 행복을 느끼는 것은 자신이 행복해지는 것이고, 행복해지면 자신에게 이로운 것이다. 그래서 즐거운 삶을 살 줄 아는 사람은 '인한 것을 이롭게 여기는 것'이다.

공자는 또한 인자가 있는 곳에 가서 인자와 함께 살도록 하였다. 그래야 자기도 모르는 사이에 인자에 의해 감화되는 것이다. 이것이 환경의 중요성이다. 근묵자흑近墨者黑이고, 근주자적近朱者赤이다. 먹을 가까이 하면 검어지기 마련이고, 주사朱砂를 가까이 하면 붉어지기 쉽다. 인한 환경에 있으면 인자에 의해 감화感化되는 것이다.

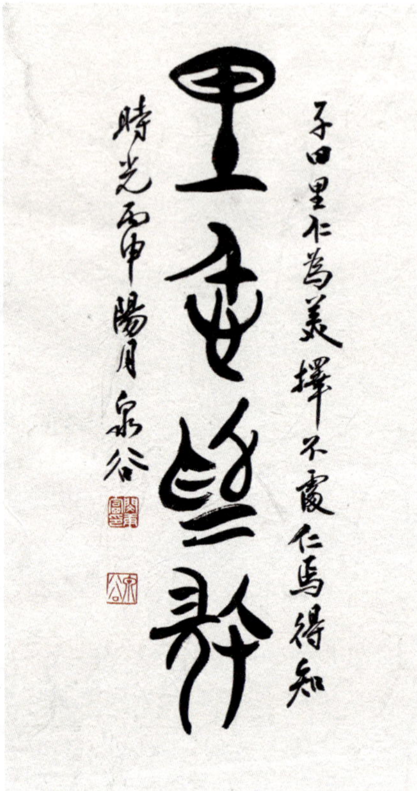


·천곡 민경부 작·

이인위미里仁爲美

"子曰: 里仁爲美. 擇不處仁, 焉得知?"

時光丙申陽月, 泉谷

"공자는 말하였다. 사는 고장은 인후仁厚한 것이 좋다. 사는 집을 택하는 데 있어 인후한 곳에 살지 않는다면 어찌 지혜롭다고 할 수 있겠는가?"

병신년 시월, 천곡.

인간은 마음에 인仁으로 가득 차 있으면, 부처의 빛이 발하는 것이다.

孟子曰: 廣土眾民, 君子欲之, 所樂不存焉. 中天下而立, 定四海之民, 君子樂之, 所性不存焉. 君子所性, 雖大行不加焉, 雖窮居不損焉, 分定故也. 君子所性, 仁義禮智根於心. 其生色也, 睟然見於面 · 盎於背. 施於四體, 四體不言而喻. (《孟子 · 盡心上》 13.21)

맹자가 말하였다. "국토를 넓히고 백성을 많이 모으는 것은 군자가 원하는 일이기는 하나 그의 즐거움은 거기에 들어 있지 않다. 천하의 중앙에 서서 천하의 백성들을 안정시켜주는 일은 군자가 즐거워하나 그의 본질은 거기에 들어 있지 않다. 군자가 본질적으로 여기는 것은  크게 넓히는 일을 하더라도 그것에 더해지려고 하는 것이 아니며, 궁하게 산다 하더라도 그것을 없애고자 하는 것이 아니다. 이는 이미 구분(分)이 있어 정해져 있기 때문이다. 군자가 본성으로 지니는 인의예지仁義禮智에 마음에 뿌리박고 있으며, 그것이 빛으로 발하면 윤택하게 얼굴에 나타나고, 등으로 드러나서 온 몸으로 뻗어나, 신체는 말하지 않으나 그것을 남들에게 알게 해준다."

인의예지仁義禮智로 마음을 치장하면 몸은 가만히 있어도 국토는 넓혀지고 백성은 많아지게 되고, 또한 온 천하의 백성들이 안정되고 행복하게 되는 것이다. 인하면 자연히 마음이 편해지고 행복해져 만면에 웃음이 가득하니, 다른 사람이 그를 보면 마음이 편해지고 그를 좋아하지 않을 수 없게 되는 것이다. 인자는 인에 있으면 오히려 마음이 편해지니 '인자안인仁者安仁'은 혹은 본질적인 마음에 갖추어야 할 덕목이기도 하고, 인을 하게 되면 인이 더욱 이롭게 되는 것이니 '인자이인仁者利仁'은 혹은 인을 행함으로써 얻어지는 결과이기도 하다.

인자는 인에 있는 것이 편하고 인을 하게 되면 인이 더욱 이롭게 되는데, 어찌 인을 남에게 양보하겠는가. 그래서 공자는 인을 실천하는 것에 있어서는 스승에게도 양보하기 않는다하였다.

子曰: "當仁, 不讓於師."(衛靈公 15.36)

공자는 말하였다. "인을 실천하는 경우에 있어서는 스승에게도 사양하지 않는다."

작품설명

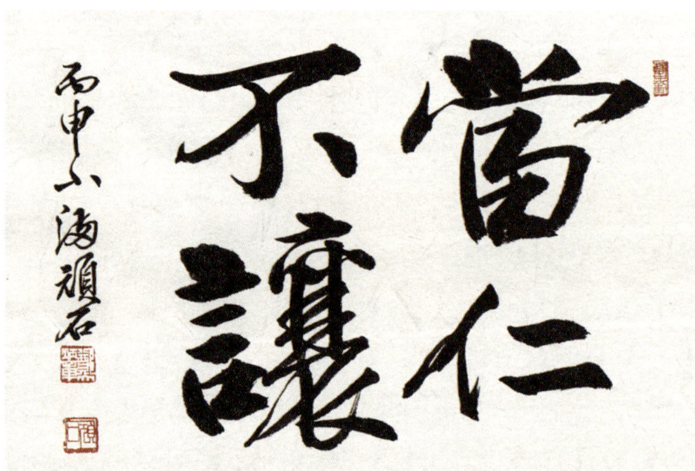


·완선 정대병 작·

당인불양當仁不讓

丙申小滿, 頑石

인은 양보하지 않는다.

병신년 음력 4월, 완석

# 28

# 造次顚沛
## 조차전패

**조급할 때나 곤궁할 때도**

(아무리 급하거나 어려워도 인자함을 잃지 않는다)

'조차전패造次顚沛' 중 '조차造次'는 '조차지간造次之間'과 같은 뜻으로 '급작스럽다'·'다급하다'·'경솔하다'이다. '전패顚沛'는 '엎어지고 자빠진다'는 뜻으로 '전패유리顚沛流離'라는 의미와 같다. '유리流離'는 '거처할 곳이 없어 정처없이 떠돌아다니다'라는 뜻이다.

'조차造次'자는 연면사이다.[86] 한자漢子는 일반적으로 표음자表音字와는 달리 표의자表意字라 한다. 표음자는 음을 병합하여 단어를 만드는 경우이고, 표의자는 형태를 빌어 의미를 표현하는 문자를 말한다. 그런데 한자 중에 표음자의 같은 형태로 음을 기준으로 만들어진 단어들이 있다. 이를 일반적으로 연면사連綿詞라 한다. 딱 달라붙어 있어 떼어내 각 자字마다 해석할 수 없는 단어라는 뜻이다. 예를 들어, '창졸倉卒'·'창졸倉猝'·'창촉倉促'은 모두 '어쩌할 수 없이 급작스러운'이라는 의미로 두 자가 비슷한 성모의 음을 기준으로 만들어진 단어이다. 또한 예를 들어, '총

86 연면사는 발음관계로 연결되어 하나의 뜻을 나타내기 때문에, 한 자 한 자 분리해서 해석할 수 없다.

망匆忙'·'悤忙'과 모두 '급하고 조급한'이라는 같은 의미를 지닌 연면사는 운모를 기준으로 만들어진 단어이다. 이러한 단어는 그 뜻이 자형에 있지 않기 때문에 음에서 그 의미를 구해야 한다.

《시경詩經》의 〈대아大雅·탕蕩〉 중 "전패지게顚沛之揭"라는 구절이 있다. '揭(들 게, jiē)'자는 '뿌리가 드러나는 모양'이라는 뜻이다. 전체적으로 '(옛 말에) 넘어지고 자빠져 뿌리채 드러나다'라는 뜻이다. '전패顚沛' 중 '顚(정수리 전, diān)'자는 '蹎(넘어질 전, diān)'으로 읽어야 하고, '沛(물 성대한 패, pèi)'자는 '跋(비틀거릴 발, bá)'로 읽어야 한다.

> 子曰: "富與貴, 是人之所欲也, 不以其道得之, 不處也. 貧與賤, 是人之所惡也, 不以其道得之, 不去也. 君子去仁, 惡乎成名? 君子無終食之間違仁, 造次必於是, 顚沛必於是."(里仁 04.05)
>
> 공자는 말하였다.
>
> "부와 귀는 사람들이 바라는 것이기는 하나 정당한 방법으로 얻은 것이 아니라면 거기에 머물러 있지 않는다. 빈과 천은 사람들이 싫어하는 것이기는 하나 정당한 방법으로 얻은 것이 아니라면 거기서 떠나가지 않는다. 군자가 인자함을 버리면 어떻게 명예를 이룩할 것인가? 군자는 식사를 끝내는 동안에도 인자함을 어기는 일이 없고 황급할 때에도 반드시 그 것을 유지하고 곤경에 처해서도 반드시 그것을 유지한다."

'惡乎'는 '오호'로 읽고, '오惡'는 '어디'라는 뜻이고 '호乎'는 전치사 '어於'의 뜻이다. 현대 중국어로 '於何處'로 '어디에서'라는 뜻이다. '於是' 중 '어於'는 '있다'라는 동사 용법으로 쓰이고 '시是'는 대사로 '인仁'을 가리킨다.

부귀를 구차하게 아부나 아첨으로 얻는 것이라면 그런 부귀는 누리지 않는 편이 낫고, 빈천은 모두 싫어하는 것이기는 하지만 만약에 자기의 재능과 인격의 부족으로 빈천해진 것이 아니라면 구태여 그것을 벗어나려고 애쓰지 않는 것이다.

반찬 없이 아무리 맛없는 밥을 먹어도, 편안한 침대가 아닌 팔베개를 하고 잠을 잔다 해도 이를 즐거운 마음이 있으면 이가 곧 천당인 것이다.

子曰: "飯疏食飮水, 曲肱而枕之, 樂亦在其中矣. 不義而富且貴, 於我如浮雲."(述而 0716)

공자는 말하였다.

"거친 것을 먹고 물을 마시고 팔베개를 하고 살아도 즐거움은 또한 그 가운데 있는 것이다. 의롭지 않으면서 돈 많고 벼슬 높은 것은 나에게는 뜬구름과 같다."

의롭지 않게 돈을 벌려 하고 부당한 방법으로 벼슬을 하려 하기 때문에, 사고가 나고 사건이 나는 것이다. 급할수록 어려울수록 더 도의를 생각하여야 한다. 급하고 어려우면 잘못을 저지르기가 쉽다. 이런 때 일수록 정신을 가다듬고 한 발짝 물러나 정당한가 정의로운가를 판단하여야 한다.

공자는 항상 머리속에 아홉 가지를 생각하고 살아야 한다하였다. 이른바 '구사九思'이다. 그 중에 하나가 이득의 얻음이 있을 때에는 항상 그것이 정의로운가를 생각하라 하였다.

孔子曰: "君子有九思, 視思明, 聽思聰, 色思溫, 貌思恭, 言思忠, 事思敬, 疑

思問, 忿思難, 見得思義."(季氏 16.10)

孔子가 말하였다.

"군자에게는 생각하는 일이 아홉 가지가 있다. 볼 때는 확실히 보고자 생각하고, 들을 때에는 똑똑하게 듣기를 생각하고, 안색은 부드럽기를 생각하고, 용모에는 공손하기를 생각하고, 말에는 성실하기를 생각하고, 일에는 조심하기를 생각하고, 의심나는 것에는 묻기를 생각하고, 분忿이 날 적에는 어려운 일을 당할 것을 생각하고, 이득이 있을 것을 알면 그것이 의로운가를 생각한다."

아무리 급하고 힘들어도 인仁과 의義를 생각하면 부정과 부패는 없을 것이다.

'조차전패造次顚沛', '조급할 때나 곤궁할 때'도 항상 '인'과 '의'를 생각하여야 하거늘, 하루 종일 친구들과 모여서 건설적인 일을 꾀하지 않고 의롭지 못한 일을 도모하고(언불급의言不及義), 잔머리 굴릴 일만 꾀한다면(호행소혜好行小慧) 이는 크게 잘못된 일이다.

·완석 정대병 작·

언불급의言不及義

子曰: 群居終日, 言不及義, 好行小慧, 難矣哉!

丙申夏, 靑梅軒主(人)頑石.

공자는 말하였다. "종일토록 여럿이 모여가지고 하는 말이 의로운 일에는 언급하지 않고 잔 지혜를 피우기 좋아한다면 이는 곤란하다."

병신년 여름. 청매헌주인 완석.

# 29

# 觀過知仁
## 관과지인

허물을 보고 인함을 알다

(허물을 보면 그 사람의 인자함을 알 수가 있다)

‘관과지인觀過知仁’은 그 사람의 허물을 보면 그 사람이 인한지 인하지 않은지를 알 수 있다는 뜻이다.

‘관觀’자는 ‘見’과 소리부 ‘雚(황새 관, guān)’으로 이루어진 자이다. ‘雚’은 눈이 커다란 새이다. 후에 ‘見’이 추가되어 ‘관찰하다’의 ‘觀’자가 쓰이게 되었다.

‘(過)’자는 ‘辶(辵)’과 소리부 ‘咼(입 비뚤어질 괘(와)(화), guō)’로 이루어진 자이다. ‘咼’자는 ‘剮(바를 과, guǎ)’와 같은 자이다. ‘뼈를 발라낸다’는 뜻이다. ‘과過’자는 ‘길을 가다가 넘어져 뼈가 다치다’는 의미와 관련이 있는 것이 아닌가 한다. ‘過’자는 또한 ‘辿’로 쓰기도 한다. ‘過’자를 갑골문과 금문은 ‘辵(辶)’ · ‘止’와 ‘咼’로 이루어진 ‘’ · ‘’로 쓴다.

‘(知)’는 의미부 ‘口’와 소리부 화살 ‘矢’로 이루어진 자이다. 화살이 과녁을 꿰뚫듯 말의 본뜻을 정확히 인식하는 것이 ‘지식’이고 ‘지혜’이다. ‘日’이 추가되어 ‘智’로 쓰기도 한다. 경험이 세월에 따라 축적되는 것이 지혜이다.

子曰: "人之過也, 各於其黨. 觀過, 斯知仁矣."(里仁 04.07)

공자는 말하였다.

"사람의 허물은 각각 그 부류에 따라 다르다. 허물을 살펴보면 인의 여부를 알게 될 것이다."

'사斯'자는 전후 문맥을 고려하여 '그러면'이라는 뜻의 접속사로 이해할 수 있다.

본 구절에 관해서 해석이 다양하다.

먼저 허물의 부류를 군자와 소인으로 보는 것이다. 군자의 허물은 지나치게 후하고 사랑하는 것에서 생기고, 소인의 허물은 박하고 잔인한 데에서 생기는 것이다. 그래서 저지른 허물을 살펴보면 그 허물을 저지른 사람이 인자한 사람인가의 여부를 알게 된다는 것이다.

혹은 사람의 잘못이 각기 자신의 당에서 일어나는 것으로 보는 것이다. 당이란 자신과 같은 부류를 말한다. 뜻을 같이 하는 무리일 수도 있고 형제일 수 도 있다. 손은 안쪽으로 굽는 법이다. 그래서 자신의 무리에서 객관적으로 판단하여 잘못을 지적해 낸다면 이를 인자라 할 수 있다는 것이다.

혹은 '인人'자를 백성의 '민民'자로 이해하고, '당黨'을 마을의 '향당鄕黨'으로 보고, '인人'자를 '인仁'으로 보고, 각각의 고을에 백성의 과실이 있기 마련인데 그 과실을 살펴보면 윗사람의 잘못을 알 수 있다고 해석하기도 한다.

혹은 사람의 잘못의 여러 부류가 있는데, 이러한 잘못을 두루 살펴서 자신이 인한지를 살펴야 한다라고 이해하기도 한다.

본문은 사람의 과실은 각각의 종류가 있기 때문에 그 사람의 과실을 보면 그 사람의 인의 정도를 알 수 있다는 것으로 해석하기로 한다. 사람의 잘못은 각각의 종류가 있고 원인이 있고, 혹은 자신의 본성과 관련이 있다. 그 사람의 과실이나 혹은 약점을 보면 그 사람의 인하지 않은 부분이나 혹은 인한 정도를 살펴볼 수가 있는 것이다. 자로, 자공, 염유, 재아 등등 모두가 각각의 인한 정도가 다르다

孟武伯問子路仁乎? 子曰: ""不知也." 又問. 子曰: "由也, 千乘之國, 可使治其賦也, 不知其仁也." "求也何如?" 子曰: "求也, 千室之邑, 百乘之家, 可使爲之宰也, 不知其仁也." "赤也何如?" 子曰: "赤也, 束帶立於朝, 可使與賓客言也, 不知其仁也."(公冶長 05.08)

맹무백이 물었다.

"자로는 인자합니까?"

공자는 말하였다.

"모르겠다." 또 묻자 공자가 말하였다.

"중유仲由(자로)는 천승을 거느리는 제후국에서 군무를 맡아보도록 할 수 있으나 그가 인자한지는 모르겠다."

"염구冉求는 어떠합니까?"

"구는 천호 되는 읍이나 백승을 거느리는 경대부의 집에서 읍장이나 가재 노릇을 하도록은 할 수 있으나 그가 인자한지는 모르겠다."

"적赤(공서적公西赤, 자화子華)은 어떠합니까?"

"적은 띠 끈을 매고 조정에 나서면 빈객들과 대담을 하도록 시킬 수 있으나 그가 인자한지는 모르겠다."

광무백은 인재를 구하기 위하여 공자에게 제자들의 자질에 대하여 물

었다. 자로는 용맹하여 전차 천승이 있는 나라의 군정을 담당할 수 있는 능력을 갖추고 있고, 염구는 재정 처리 능력이 있기 때문에 천호千戶되는 읍이나 백승을 거느린 대부 집안에서 재상의 노릇을 할 수 있고, 공서적公西赤은 화술이 좋기 때문에 외국에서 온 사절들과 외교적 대담을 할 수 있는 재질을 갖추고 있다. 물론 '인仁'은 최고의 덕목이기 때문에 완성단계의 최고라고는 말할 수 없으나 이미 이들을 남과 구별되는 각각의 능력을 갖추고 있는 것이다. 각각의 능력은 혹은 각각이 가지고 있는 '과過'일 수도 있다. 자로는 용맹하였기 때문에 그 용맹으로 인하여 정변에 휘말려 목숨을 잃게 되었다. 그래서 그 사람의 일련의 행적을 살펴보면 그 사람의 과過한 점, 못 미치는 점(불급不及)을 헤아릴 수 있는 것이다. '과유불급過猶不及'인 것이다.

子曰: "道不行, 乘桴浮于海. 從我者其由與?" 子路聞之喜. 子曰, "由也好勇過我, 無所取材."(公冶長 05.07)

공자는 말하였다.

"도가 행하여지지 않아서 뗏목을 타고 바다로 떠나가게 되면 나를 따라올 사람은 유由(자로子路)일 게다."

자로가 이 말씀을 듣고 기뻐하였다. 공자는 말하였다.

"유는 용맹한 것을 좋아하기는 나보다 낫지만 사리를 분간할 줄 모른다."

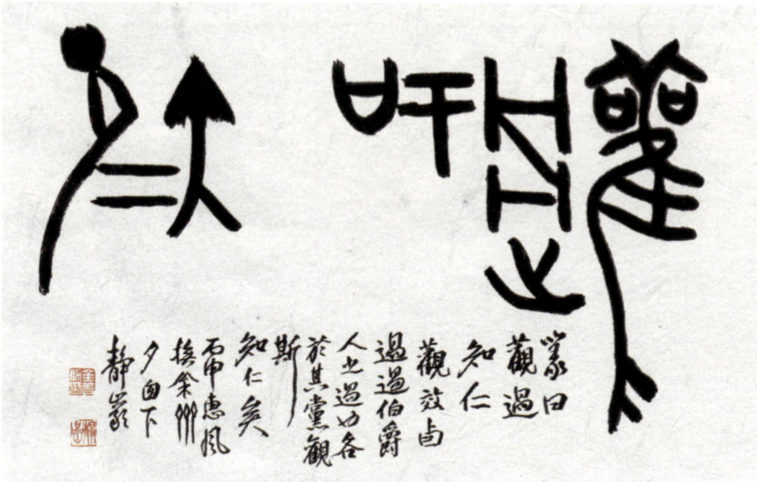

·정암 김선조 작·

관과지인觀過知仁

篆書曰: 觀過知仁. 觀效卣, 過過伯爵. "人之過也, 各於其黨. 觀過, 斯知仁矣."

丙申惠風, 撫松齋夕窓下, 靜巖

'관과지인觀過知仁'을 전서체로 쓰다. '觀'자는 금문金文의《효유效卣》에 보이고, '과過'자는《과백작過伯爵》에 보이는 자이다. 공자는 말하였다. "사람의 허물은 각각 그 부류에 따라 다르다. 허물을 살펴보면 인자仁慈한가의 여부를 알게 될 것이다."

병신인 음력 이월, 무송재 주인 정암.

30

# 朝聞夕死
## 조문석사

**아침에 도를 들으면 저녁에 죽어도**

(아침에 도를 깨달으면 저녁에 죽어도 좋은 것이다)

'조문다사朝聞夕死'는 '아침에 도를 들으면 저녁에 죽어도 좋다'라는 참 이치를 깨닫고 싶어하는 공자의 절실한 마음을 표현한 것이다.

'문聞'은 '도를 들어 깨우침'을 말한다.

'(朝)'자의 왼쪽 부분은 '해가 나무 사이로 솟아오르는' 모습이고, '달(月)'이 아직도 떠 있는 이른 새벽을 가리킨다. 갑골문은 ''로 쓰고, 금문은 ''로 쓴다. 전서 ''자를 《설문해자》는 '倝(빛나는 모양 간, gàn)'과 소리부 '舟'로 이루어지 자라 하였는데, 이는 잘못된 설명이다. '倝'자를 금문은 ''·''로 쓴다. 햇빛이 나무 사이로 빛을 발하는 형상이다. '倝'자 중의 오른 쪽 부분 ''은 고문자 중의 햇빛 부분이 와전된 형태이다.

'문聞'자의 갑골문은 ''으로 쓰고 금문은 '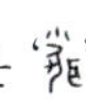'으로 쓴다. '사람이 귀에 손을 대고 소리를 경청하는 모습'이다. 후에 '耳'와 소리부 '門'인 형성자로 바꾸어 쓰게 되었다. 혹은 '문틈으로 소리를 듣다'라는 뜻이 아닌가 한다.

子曰: "朝聞道, 夕死可矣."(里仁 0408)

공자는 말하였다.

"아침에 도道를 깨달아 알게 되면 저녁에 죽는다 해도 좋다."

도道는 세상의 모든 만물이 마땅히 그렇게 되어지는 이치다. 도를 안다는 것 그만큼 힘들고 소중한 일이다. 그래서 성인은 세상 만물의 당연한 이치에 통달하고 대도를 통달하고자 끊임없이 갈망하였다. '조문석사朝聞夕死'는 도를 탐구하는 간절한 열망이다.

'조문朝聞'이 성인에게 있어서는 '도를 깨닫는 것'이지만, 우리 같이 보통 사람에게는 '개과천선改過遷善'과 같다. 즉 어느 날 돌연히 깨닫고 어짐(인仁)을 행하는 것이다. 아래 내용은 《세설신어世說新語》에 나오는 개과천선의 내용이다.

주처라는 자는 젊었을 때 흉악하고 포악하게 굴어 향리사람들이 모두 그를 근심거리로 여겼다. 또한 그 동네 의흥義興 땅엔 물에는 교룡이 산에는 이마에 흰 색 무늬가 있는 호랑이가 백성들을 못살게 굴었다. 의흥 사람들은 이 셋을 횡포한 놈들이라 하였다. 그 중에서도 주처가 가장 심하다고 여겼다. 어떤 이가 주처에게 호랑이를 죽이고 교룡을 칼로 베라고 하였다. 그 뜻은 세 가지 흉악 중에 하나만 남기고자 한 것이다. 주처는 즉각 호랑이를 잡아 죽이고 또한 물로 들어가 교룡과 결판이 붙었다. 교룡은 주처와 함께 물 위로 솟아났다 갈아 앉기를 몇 번씩 하면서 수 십리를 갔고, 이렇게 삼일 밤낮을 싸우자 향리 사람들은 이미 모두 죽었다고 여기고 서로 서로 축하를 하였다. 그런데 주처는 결국 교룡을 죽이고 나왔고, 주처는 동네 사람들이 둘 다 죽었다고 여기고 서로 경축하였다는 소문을 듣고 자신이 마을 사람들의 근심거리라는 것을 알았다. 그래서 개과천선하기로 마음 먹고 오군吳郡으로 들어가 육씨 두 사람을 찾았다. 마침 평원平原 육기陸機가 없고, 청하清河 육운陸雲이 있어 그를 만났다. 육운에게 상황을 보고하고 "스스로 수양하여 고치고자 하나 이미 나이가 많아 결국은 이루어 내지 못할까봐 걱정입니다"라 하였다. 청하는 "옛 사람들은 아침에 도를 들으면 저녁에 죽어도 좋다고 했소(조문석사朝聞夕死). 하물며 그대처럼 앞날이 창창한 사람에게 있어서는 더욱 잘 될 것이요. 또한 사람은 이른바 마땅히 뜻이 서지 않음을 근심하는 것이지 어찌 명성이 날리지 않음을 근심하는가?"라 하였다. 주처는 후에 열심히 노력하고 개과천선하여 마침내 충신이 되었다.[87]

자신의 잘못을 알고 개과천선한다는 것은 결코 쉬운 일이 아니다. 그래서 공자는 자신의 잘못을 알고 스스로를 자책할 줄 아는 사람을 보지 못했다고 한탄하였다.

子曰: "已矣乎, 吾未見能見其過而內自訟者也."(公冶長 0527)

공자는 말하였다.

"끝났구나! 나는 여지껏 자기의 과오를 알아 가지고 내심內心 스스로를 비판할 수 있는 사람을 보지 못하였으니."

蘧伯玉使人於孔子. 孔子與之坐而問焉, 曰: "夫子何爲?" 對曰: "夫子欲寡其過而未能也." 使者出. 子曰: "使乎! 使乎!"(憲問 14.25)

거백옥(위衛나라의 대부大夫)이 공자에게 사람을 보내왔다. 공자가 그와

---

87 周處年少時, 兇强俠氣, 爲鄕里所患. 又義興水中有蛟, 山中有白額虎, 并皆暴犯百姓. 義興人謂爲三橫, 而處尤劇. 或說處殺虎斬蛟, 實冀三橫唯餘其一. 處即刺殺虎, 又入水擊蛟. 蛟或浮或沒, 行数十里, 處與之俱. 經三日三夜, 鄕里皆謂已死, 更相慶. 竟殺蛟而出, 聞里人相慶, 始知爲人情所患, 有自改意. 乃入吳尋二陸. 平原不在, 正見清河, 具以情告, 并云欲自修改, 而年已蹉跎, 終无所成. 清河曰:"古人貴朝聞夕死, 況君前途尚可. 且人患志之不立, 何憂令名不彰邪?" 處遂改勵, 終爲忠臣. (《世說新語·自新》)

함께 앉아서 물었다.

"선생께서는 무엇을 하고 계시오?"라고 물었다.

"저의 선생께서는 자기의 허물을 덜게 하려 하시지만 진전이 없으십니다."

심부름 온 사람이 나가자 공자는 말하였다.

"(훌륭한) 사자로구나, (훌륭한) 사자로구나."

'이의호已矣乎'는 '끝장났구나'라고 개탄하는 감탄어감을 나타낸다. '송訟'은 '책망하다' · '꾸짖다'는 뜻이다.

'사호使乎(사자여!)'라 외침으로써 거백옥의 훌륭함을 탄복하고 있다.

논어에서 공자의 제자 유자有子(유약有若)는 군자는 기본적인 일에 힘써야 하며, 그 기본적인 일이 세워지면 도道가 생겨난다 하였다. 그 기본은 인의 근본인 '효성'과 '우애'라 하였다.[88] 도라 성인들만이 추구하는 거창한 덕목이 아니다. 효도하고 형제지간에 우애하면 도를 실천할 수 있다.

---

88 "有子曰: 其爲人也孝弟, 而好犯上者, 鮮矣, 不好犯上, 而好作亂者, 未之有也. 君子務本, 本立而道生. 孝弟也者, 其爲仁之本與!"(學而 01.02)(有子가 말하였다. "사람됨이 효성있고 우애하면서 윗사람의 권위를 무시하기 좋아하는 사람은 드물다. 윗사람의 권위를 무시하기 싫어하면서 난동을 일으키기 좋아하는 사람이란 여지껏 본 일이 없다. 군자는 기본이 되는 일에 힘쓰거니와 기본이 서야 도가 생겨난다. 효성과 우애란 것은 仁을 실전하는 기본일 게다.")

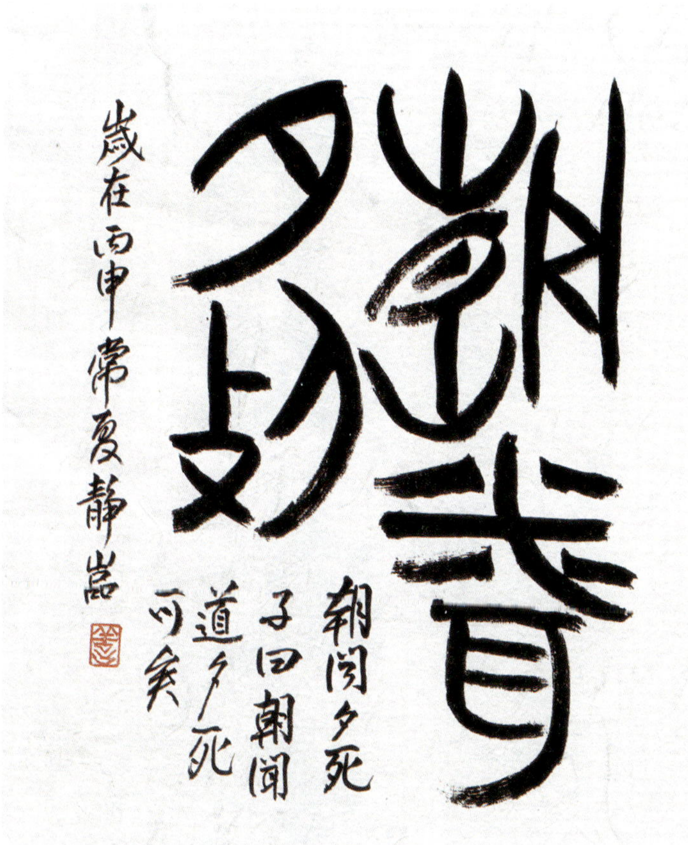


·정암 김선조 작·

조문석사朝聞夕死

朝聞夕死. 子曰朝聞道夕死, 可矣.

歲在丙申常夏, 靜巖.

조문석사. 공자가 말하였다. 아침에 도를 들으면 저녁에 죽어도 된다.

병신년 음력 유월, 정암.

작품설명

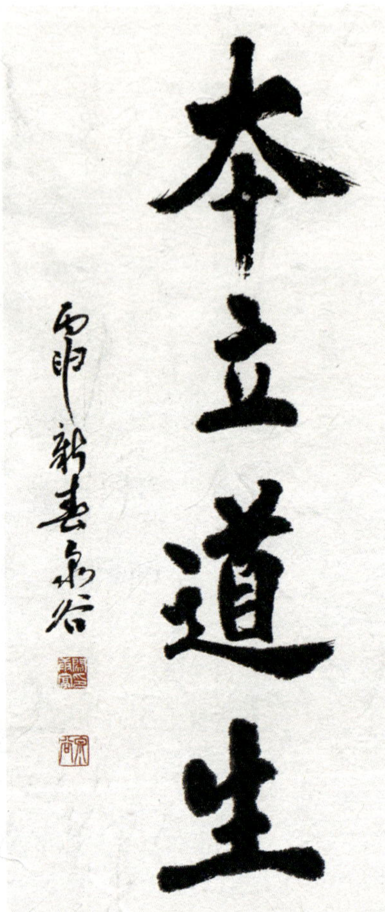


·천곡 민경부 작·

본립도생本立道生

丙申新春, 泉谷

"기본적인 일이 세워지면 도道가 생겨난다."

병신년 음력 1월, 천곡

# 31

# 惡衣惡食
## 악의악식

**허름한 옷차림 맛없는 음식을 싫어해서야**

(군자는 허름한 옷차림이나 좋지 않은 음식을 꺼려하지 않는다)

'악의악식惡衣惡食'은 '허름한 옷차림과 나쁜 음식'이다. 공자는 '선비'란 이를 치욕스럽게 여기지 않는다하였다. 이와 반대말은 '호의호식好衣好食'이다.

'(惡)'은 '心'과 소리부 '亞'로 이루어진 자이다. '(亞)'자를 갑골문은 ''로 쓰고, 금문은 ''로 쓴다. 틀이나 형태가 어긋난 형상이다. 혹은 사람의 등이 나오고 가슴이 앞으로 나온 추한 모습이라고 하기도 한다. '악惡'을 '나쁘다'·'싫어하다'·'추醜하다'라는 뜻으로 쓰인다. '(食)'자를 갑골문은 ''으로 쓰고, 금문은 ''로 쓴다. 그릇 위에 음식이 가득 담겨 있는 형상이다.

子曰: "士志於道, 而恥惡衣惡食者, 未足與議也."(里仁 0409)

공자는 말하였다.

"선비가 도에다 뜻을 두고도 험한 옷과 험한 음식을 부끄러워한다면 그와는 함께 의견을 교환할 여지도 없다."

‘사士’는 논어에서 보통 인사人士를 가리키거나 혹은 일정한 사회적 지위나 수양이 있는 사람을 가리킨다. ‘士(士)’자를 금문은 ‘’ · ‘’로 쓴다. 고문자의 유래에 대해서는 매우 다양한 의견이 있으나, 직위를 나타내는 관의 모양이 아닌가 한다. 일반적으로 ‘사농공상士農工商’ 중 ‘사士’는 춘추春秋 시기에는 경대부卿大夫 집안의 가신家臣을 가리킨다. 천자, 제후, 대부 다음의 가장 낮은 벼슬자리이었다. 전국戰國 이후에 일정한 지위와 수양을 갖춘 지식 있는 선비의 개념으로 쓰이게 되었다. ‘사士’자는 또한 ‘지위를 갖다’라는 ‘사仕’의 의미와 같다. 따라서 ‘사士’는 정치에 참여할 것을 대비해 능력을 배양하는 지식있는 사람 중에 하나이기도 한다.[89]

그렇다면 ‘사士’는 어떤 사람인가? 공자는 ‘인자仁者’와 ‘지자知者’가 ‘사’이며, ‘사’는 또한 ‘사士’ · ‘사군자士君子’ · ‘명군자明君子’의 구별이 있다 하였다.

자로가 방안에 들어서자 공자가 말하였다.

“자로(유由)야! 지혜로운 사람은 어떠하며, 어진 사람은 어떠한가?”

자로가 대답하였다.

“지혜로운 사람은 다른 사람이 자기를 알도록 하고, 어진 사람은 사람들이 자신을 사랑하도록 합니다.”

공자가 말하였다.

“가히 선비(士)라 할 수 있겠구나.”

자공이 방안에 들어서자, 공자가 물었다.

---

89 “士之仕也, 猶農夫之耕也.”(《孟子 · 滕文公下》)(사가 벼슬하는 것은 농부가 밭을 가는 것과 같다.)

"자공(사)야! 지혜로운 사람은 어떠하며, 어진 사람은 어떠한가?"

자공이 대답하였다.

"지혜로운 사람은 다른 사람을 잘 알아보고, 어진 사람은 다른 사람을 사랑합니다."

공자가 말하였다.

"가히 선비 중에 군자(사군자士君子)라 하겠구나."

안연이 방안에 들어서자, 공자가 물었다.

"안연(회)야! 지혜로운 사람은 어떠하며, 어진 사람은 어떠한가?"

안연이 대답하였다.

"지혜로운 사람은 스스로를 알고, 어진 사람은 자신을 사랑합니다."

공자가 말하였다.

"가히 밝은 군자(명군자明君子)라 하겠구나."[90]

제자와 선비의 등급을 정리하면 아래와 같다.

자로子路-사士-지자智者: 사인지기使人知己
인자仁者: 사인애기使人愛己-다른 사람으로 하여금 알도록 하고 사랑하도록 하는 것

자공子貢-사군자士君子-지자智者: 지인知人
인자仁者: 애인愛人-다른 사람을 알고 사랑하

---

90 子路入. 子曰: 由, 知者若何? 仁者若如何? 子路對曰: "知者使人知己, 仁者使人愛己." 子曰: "可謂士矣." 子貢入. 子曰: 賜, 知者若何? 仁者若如何? 子貢對曰: "知者知人, 仁者愛人." 子曰: "可謂士君子矣." 顔淵入. 子曰: 回, 知者若何? 仁者若如何? 颜回對曰: "知者自知, 仁者自愛." 子曰: "可謂明君子矣."(《荀子 · 子道》)

는 것

안연顔淵-명군자明君子-지자智者: 자지自知

인자仁者: 자애自愛-스스로를 알로 스스로를 사랑하는 것

'사'에도 '군자다운 사'가 있고, 이보다 한 단계 더욱 이상적인 '진정한 군자'가 있다. '너 자신을 알라'라는 소크라테스의 말처럼 '자신의 정체를 명확히 알고, 자신을 진정으로 사랑할 줄 아는 사람'이 다른 사람을 사랑할 줄 아는 것이다. 일종의 자아의식自我意識이다.

작품설명

·사어당 최남규 작·

자아自我

丙申夏.

자아, 병신년 여름

'사'는 먼저 원대한 꿈을 가지고 세상에 인을 실천하는 것을 자신의 가장 중요한 임무로 생각하여야 한다.

曾子曰: "士不可以不弘毅, 任重而道遠. 仁以爲己任, 不亦重乎? 死而後已, 不亦遠乎?"(泰伯 08.07)

증자가 말하였다.

"선비는 도량이 넓고 꿋꿋하지 않으면 안 될 것이, 소임所任은 중대하고 갈 길은 멀다. 인자함을 이룩하는 것을 자기의 소임으로 하니 또한 중대하지 아니한가. 죽은 후에라야 끝나니 또한 갈 길이 멀지 아니한가."

또한 선비란 자신이 맡은 임무를 성실히 이행하여 나라의 명예를 실추시키지 않으며, 효도를 할 줄 알며, 신뢰를 할 수 있는 사람이어야 한다. 그런데 지금은 이런 위정자는 많지 않다.

子貢問曰: "何如斯可謂之士矣?" 子曰: "行己有恥, 使於四方, 不辱君命, 可謂士矣." 曰: "敢問其次." 曰: "宗族稱孝焉, 鄕黨稱弟焉." 曰: "敢問其次." 曰: "言必信, 行必果, 硜硜然小人哉! 抑亦可以爲次矣." 曰: "今之從政者何如?" 子曰: "噫! 斗筲之人, 何足算也?"(子路 13.20)

자공이 물었다.

"어떻게 해야 선비라고 할 수 있습니까?"

공자는 말하였다.

"자기 자신의 행동에 있어 수치스러운 짓을 하지 않고 외국에 사신으로 파견되어 군주가 준 사명을 욕되게 하지 않는다면 선비라고 할 수 있다."

"감히 그 다음가는 것을 여쭈어 볼까요?"

"친척들이 효성 있다고 칭찬하고, 한 마을 사람들이 우애스럽다고 칭찬하는 것이다."

"감히 그 다음가는 것을 여쭈어 볼까요?"

"말에는 반드시 신용이 있고, 행하는 일은 반드시 다 해치우는 것은 완고한 소인이기는 하나 그래도 역시 그 다음은 될 수 있다."

"지금 정치에 종사하고 있는 사람들은 어떠합니까?"

"아아, 쩨쩨한 인간들이니 축에 끼울 것도 못된다."

'두소斗筲' 중 '두斗'는 '용량을 재는 말'이고, '소筲'는 '대나무 밥통'이다. '두소'는 그릇이 작은 사람을 가리킨다.

작품설명

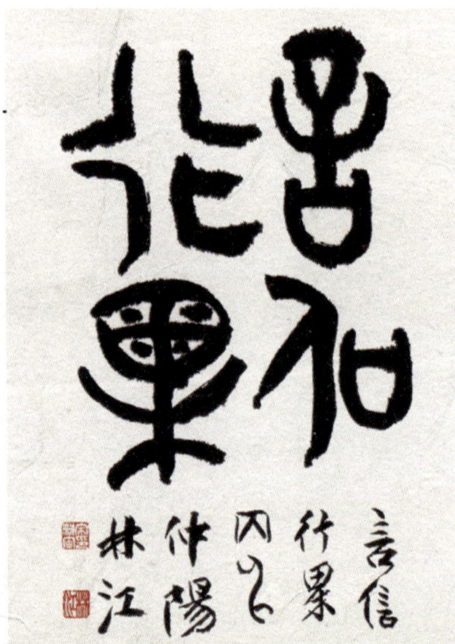


· 임강 송연주 작 ·

언신행과言信行果

言信行果. 丙申仲陽, 林江.

'말은 믿음이 있고, 행동은 결과가 있다.'

병신년 음력 2월 임강.

선비는 모름지기 호의호식하기 위해 벼슬자리에 나서는 것이 아니다. 박봉이라 하더라도 비굴하게 굴지 않고 꿋꿋하게 백성들에게 도움이 되고 지도자가 될 수 있는 목탁木鐸이 되어야 한다.

공자는 당시 정치를 하는 자들을 도량이 좁은 쩨쩨한 인간들이라 하였다. 이 말은 현재 정국에도 해당되는 말일 것이다. 위정자는 응당히 백성들을 교화하고 인도하고 정의를 일깨워 주는 목탁木鐸이 되어야지 남의 권세를 빌려 위세를 부리는 호가호위狐假虎威해서는 안 된다.

현재는 목탁은 스님들이 사용하는 불가의 용구이지만, 고대에는 백성들에게 절기를 알려 주어 농사일을 하도록 하는 신호용으로도 사용하였다. 《서경書經·윤정胤征》에도 목탁에 대한 내용이 보인다. 중강仲康이 세상을 다스리기 시작하자 윤胤나라 제후에게 명하여 육군六軍을 장악하였다. 그때 희羲씨와 화和씨는 천체의 운행을 맡아보던 관리였는데, 주색잡기에 빠져 직무를 태만히 했다. 이들이 직무를 태만히 하자 일식과 월식의 피해가 심해져 백성들이 기근과 두려움에 시달렸다. 이에 하夏나라 4대왕 중강은 윤후에게 군 통수권을 주어 희씨와 화씨를 정벌하도록 했다. 정벌에 앞서 윤후는 여러 군사들에게 말하였다.

"나의 군사들이여, 성인이 내리신 교훈이 밝은 효험을 발휘하여 세상은 지금까지 안전하게 보전되어 왔소. '선왕께서는 하늘을 경계로 삼아 세상을 밝게 다스렸으며 신하들은 법도를 지키고 자신의 직책을 잘 수행하면서 임금을 보필하니 오직 밝고 밝았다'라고 하였소. 해마다 봄이 오면 관리는 목탁木鐸을 가지고 거리를 다니며 '관리들이 공정하고 충실하게 자신의 직무를 수행하도록 서로 경계하며, 일하는 사람들도 종사하는 일을 가지고서 의견을 말하라. 만약 누구라도 공경하지 않는다면 나라에는 일정한 형벌이 있다'고

알려 주었소."[91]

작품설명

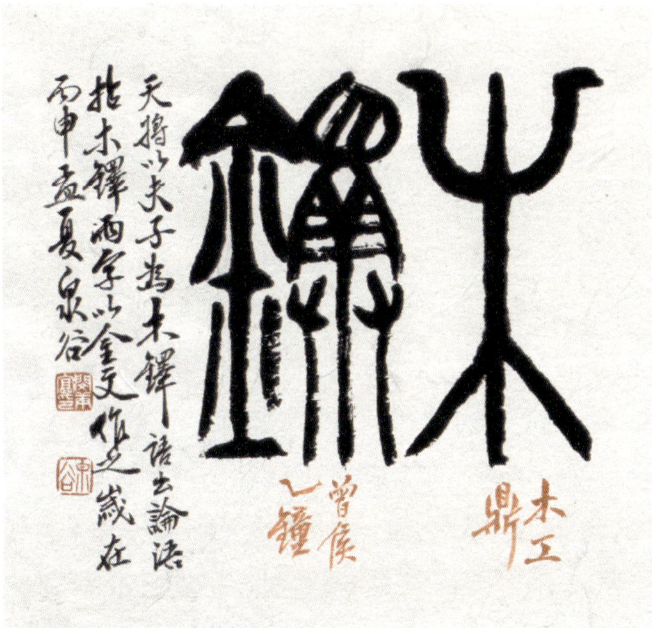

·천곡 민경부 작·

목탁木鐸[92]

91 《書經 · 胤征》: "惟仲康肇位四海. 胤侯命掌六師. 羲和廢厥職, 酒荒于厥邑, 胤後承王命徂征, 告于眾曰: '嗟予有眾, 聖有謨訓, 明徵定保. 先王克謹天戒, 臣人克有常憲. 百官修輔, 厥後惟明明. 每歲孟春, 遒人以木鐸徇于路. 官師相規, 工執藝事以諫. 其或不恭, 邦有常刑.'"

92 "儀封人請見, 曰: 君子之至於斯也, 吾未嘗不得見也." 從者見之. 出曰: "二三子何患於喪乎? 天下之無道也久矣, 天將以夫子爲木鐸."(八佾 0324)(의儀의 봉인封人이 면회를 청하고 말하였다. "君子들이 이곳에 오면 내가 만나보지 못한 적이 없었소." 시종하는 사

木工鼎, 曾侯乙鐘. "天將以夫子爲木鐸."語出論語, 括木鐸兩字以金文作之.

歲在丙申孟夏, 泉谷.

'목木'자의 형태는 금문《목공정》에 보이는 자이고, '탁鐸'자는 금문《증후을정》에 보이는 자이다. '목탁木鐸' 두 자는 논어 '하늘은 선생님을 이 세상을 정도正道로 이끄는 목탁으로 삼을 것이다'라는 구절은 따온 말이다. '목탁' 두 자는 금문의 형태로 쓴 것이다.

병신년 음력 사월 여름, 천곡.

람이 선생님을 뵙게 하여 주었다. 그 사람이 나와서 말하였다. "여러분들께서는 왜 선생님의 실패에 낙망하고들 계십니까? 세상이 무도無道해진지가 오래 되었으니 하늘은 선생님을 이 세상을 정도正道로 이끄는 목탁木鐸으로 삼을 것이요.")

## 32

# 不患無位
# 불환무위

**직책이 없음을 걱정하지 않는다**
(직책이 없음을 걱정하지 않고 능력이 없음을 걱정한다)

‘불환무위不患無位’는 ‘직책이 없음을 걱정하지 말고’, 그 위치에 자신이 있을 수 있는 지를 성찰하라는 뜻이다.

‘患(患)’자는 혹은 ‘[門+患](閥)’이나 ‘[患](𢜫)’으로 쓴다. ‘毌(貫)’ · ‘閂(빗장 산, shuān)’ · ‘申(申)’은 모두 ‘걱정거리(우환) 마음에 주렁주렁 달려있거나’, ‘마음이 문 안에 갇혀 있듯 답답한 우환이 있거나’, ‘마음에 우환이 되풀이 된다’라는 뜻이다.

‘位(位)’자는 ‘人’과 ‘立’으로 이루어진 자이다. ‘立(立)’자는 사람이 땅을 딛고 서있는 모습이다.

子曰: “不患無位, 患所以立. 不患莫己知, 求爲可知也.”(里仁 04.14)

공자는 말하였다.

“벼슬자리가 없음을 근심할 것이 아니라 이른바 무엇으로서 벼슬자리에 설 것인가를 근심할 것이고, 자기가 알려지지 않음을 근심할 것이 아니라 알려질 수 있는 실력을 갖게 되기를 바랄 것이다.”

"불환막기지不患莫其知, 구위가지야求爲可知也"를 〈헌문憲問〉에서는 '환기불능患其不能'으로 쓴다.

子曰: "不患人之不己知, 患其不能也."(憲問 14.30)

공자가 말하였다.

"남이 자기를 알아주지 않음을 걱정하지 말고, 자기의 능력이 없음을 걱정하라."

'소이립所以立' 중 '소이所以'를 '방법'·'행위'라는 명사로 해석하거나, '이른바 무엇을 가지고서'라는 의미로 '이以'자 다음에 전치사 목적어가 생략된 것으로 보거나, '유소이有所以'의 생략 형태로 보기도 한다. 논어에서 '소이所以'가 함께 쓰이는 경우는 본 구절 이외에 세 차례 보인다.

子曰: "視其所以, 觀其所由, 察其所安. 人焉廋哉? 人焉廋哉?"(爲政 02.10)

공자는 말하였다.

"한 사람의 행위를 보고, 그 동기를 살피고, 그가 만족하는 바를 관찰하면 그의 사람됨을 어찌 감추겠는가, 그의 사람됨을 어찌 감추겠는가?"

子在陳, 曰: "歸與! 歸與! 吾黨之小子狂簡, 斐然成章, 不知所以裁之."(公冶長篇 5.22)

공자가 진陳나라에 있을 때 말했다.

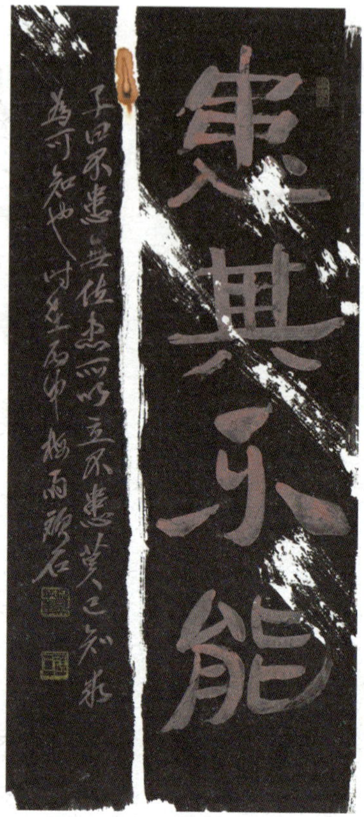


·완석 정대병 작·

환기불능患其不能

子曰: 不患無位, 患所以立. 不患莫己知, 求爲可知也.

時在丙申梅雨, 완석.

공자가 말씀하셨다. "벼슬자리가 없음을 근심할 것이 아니라 이른바 무엇으로서 벼슬자리에 설 것인가를 근심할 것이고, 자기가 알려지지 않음을 근심할 것이 아니라 알려질 수 있는 실력을 갖게 되기를 바랄 것이다."

병신년 음력 사월. 완석

"돌아가야 하겠다. 돌아가야 하겠다. 내 고향에 있는 젊은이들은 포부는 원대遠大하나 면밀하지 못하고, 찬란하게 문채文彩는 이루었으나 그것을 가지고서 재량할 줄을 모르고 있다."

子曰: "吾之於人也, 誰毁誰譽? 如有所譽者, 其有所試矣. 斯民也, 三代之所以直道而行也."(衛靈公 15.25)

공자는 말하였다.

"내가 남을 말할 때 누구를 훼방하고 누구를 칭찬하더냐? 칭찬해준 사람이 있었다면 그것은 시험한 바가 있어서이다. 이 백성들은 3대(하夏 · 은殷 · 주周)는 곧은길을 따라 걸어온 사람들이다."

위의 문장 중 첫 번째 '시기소이視其所以' 중의 '소이所以'는 다음 구절의 '소유所由' 등의 구절로 보아 '이以'자를 '방법'이나 '행위'를 나타내는 명사로 볼 수 있고, 두 번째 문장 중의 '소이所以'는 '환소이립患所以立' 중의 '소이所以'와 같이 '이以'가 전치사의 용법인 '……가지고서(용用)'의 방식의 의미로 이해할 수 있다. 세 번째는 원인을 방식(인因)을 나타내는 전치사의 용법으로 해석할 수 있다.

취업이 참으로 어려운 세상이다. 하지만 어려울 때 일수록 더욱 자신의 능력을 철저히 갈고 닦은 다음 기회를 기다려야 한다. 사람이 절실히 원하면 하늘은 반드시 도와 준다하였다.

사람이 정말 원하면 하늘이 필히 도와준다.[93]

---

93 "人有善願, 天必佑從之."(《增廣賢文》)

군자는 하늘을 원망하지 않고, 자신이 처한 상황에 따라 적절히 대응하고 노력한다 하였다. 그러면 하늘이 무너져도 기회는 반드시 오게 될 것이다.

君子素其位而行, 不願乎其外. 素富貴, 行乎富貴; 素貧賤, 行乎貧賤; 素夷狄, 行乎夷狄; 素患難, 行乎患難: 君子無入而不自得焉. 在上位不陵下, 在下位不援上, 正己而不求於人, 則無怨. 上不怨天, 下不尤人. 故君子居易以俟命, 小人行險以徼幸. 子曰: 射有似乎君子, 失諸正鵠, 反求諸其身.(中庸)

군자는 현재 처한 위치에 따라 행하고 그 밖의 것을 추구하지 않는다. 부귀한 환경에 처해 있으면 부귀한 상황에 합당한 일을 하고 빈천한 상황에 처해 있으면 빈천한 상황에 합당한 일을 하며, 문명이 아직 개화되지 않은 곳에 처해 있으면 미개한 상황에 합당한 일을 하고, 환난에 처해 있으면 환난의 상황에 합당한 일을 한다. 군자는 들어가는 곳마다 스스로 만족하지 않음이 없다. 윗자리에 처해 있을 때는 아랫사람을 무시하지 않고, 아랫자리에 처해 있을 때에는 윗사람에 의지하여 출세하려 하지 않는다. 자기를 바르게 하고 남에게 요구하지 않으면 원망하는 사람이 없을 것이다. 위로는 하늘을 원망하지 않고 아래로는 남을 허물하지 않는다. 그러므로 군자는 평안하게 있으면서 천명을 기다리고, 소인은 정도를 지키지 않고 요행만을 찾는다. 공자가 말하였다. "활쏘기는 군자와 비슷한 점이 있다. 정곡을 맞추지 못하면 자신의 잘못으로 돌리고 그 원인을 자신에서 찾는다."

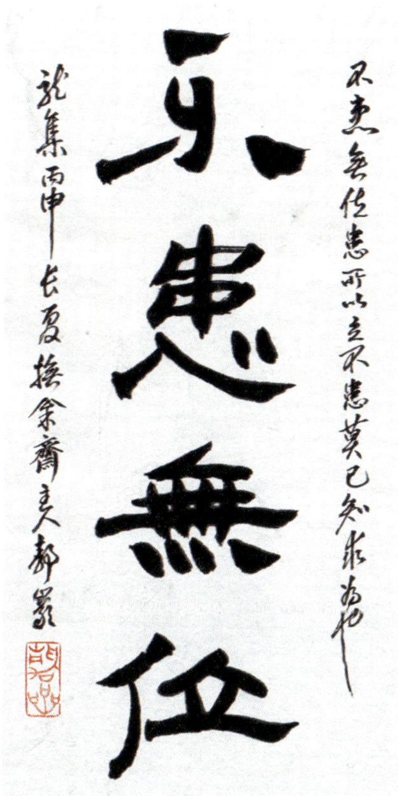


·정암 김선조 작·

불환무위不患無位

不患無位, 患所以立. 不患莫己知, 求爲(可知)也.

龍集丙申長夏, 撫松齋主人靜巖.

"벼슬자리가 없음을 근심할 것이 아니라 벼슬자리에 설 수 있는 능력을 근심할 것이고, 자기가 알려지지 않음을 근심할 것이 아니라 알려질 수 있는 실력을 갖게 되기를 바랄 것이다."

병신년 음력 6월, 무송재주인 정암.

작품설명

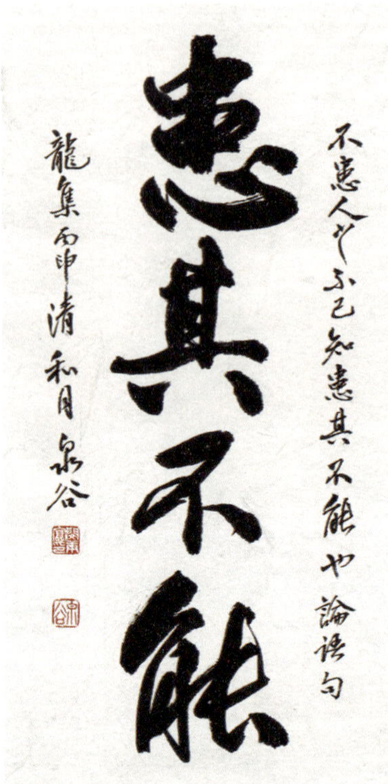


·천곡 민경부 작·

환기불능患其不能

“不患人之不己知, 患不知人也.” 論語句.

龍集丙申淸和月, 泉谷.

“남이 자기를 알아주지 않는 것을 근심할 게 아니라 남을 알아보지 못함을 근심할 것이다.” 논어의 구절.

병신년, 음력 4월, 천곡

# 33

# 一以貫之
## 일이관지

### 하나의 도로 꿰뚫다
(공자의 도는 충서忠恕 두 자로 집약할 수 있다)

‘일이관지一以貫之’ 중 ‘일이一以’는 의미적으로 원래 ‘이일以一’의 구조로 이해할 수 있다. ‘하나(도)로써’라는 뜻이다. ‘貫(꿸 관, guàn)’은 화폐(貝) 등을 ‘꿰나’라는 뜻이다. ‘(貫)’자는 ‘毌(꿰뚫을 관, guàn)’과 ‘貝’로 이루어진 자이다. ‘(毌)’자는 ‘貫’자와 같은 자로 금문은 ‘’·‘’으로 쓴다. 끈으로 물건이나 동전 등을 꿰어 만든 꾸러미의 모습이다.

子曰: “參乎! 吾道一以貫之.” 曾子曰: “唯.” 子出, 門人問曰, “何謂也?” 曾子曰: “夫子ㄴ之道, 忠恕而已矣.”(里仁 0415)

공자는 말하였다.

“삼參아, 내가 받드는 도는 하나로써 관철되어 있다.”

증자께서는 “예.”하고 대답하셨다. 공자가 밖에 나가시자 제자들이 물었다.

“무슨 말씀이신가요?”

증자가 말하였다.

“선생님의 도道는 충서忠恕일 따름이다.”

'唯(오직 유, wéi)'는 현대 중국어의 '是(그렇다)'에 뜻이다. '而已矣'는 '……따름이다'의 어기조사이다.

공자의 도를 한마디로 축약한다면 '충忠'과 '서恕'라 하였다. '𢗅(忠)'자는 마음(心)에 중심(中)을 잡는 것이다. 어떤 것에도 치우치지 않는 중용中庸이고, 변치 않는 마음이며, 정직한 마음이며, 진심으로 흔들림 없이 상대방을 존경하는 마음이다. '𢘎(恕)'는 마음(心)이 상대방과 같아지는(如) 마음, 즉 용서하는 마음이다. 고문은 '女'와 '心'인 '𢘎(恕)'로 쓴다. '女'자는 '너'·'당신'이라는 의미인 '汝(너 여, rǔ)'자로 쓴다. '상대방을 헤아리는 마음'이다.

자기가 할 일을 다 하고 자기가 남에게 바라는 것을 남에게 베푼다는, 남을 책망하는 것이 아니라 자기를 책망하는 마음이다.

자공은 어느 날 자신이 평생 동안 실천하고 살아야 할 덕목을 한 마디로 줄여주기를 부탁하자, 공자는 자신이 원하지 않으면 남에게도 요구하지 말하라는 '서'를 권고하였다.

子貢問曰: "有一言而可以終身行之者乎?" 子曰: "其恕乎! 己所不欲, 勿施於人."(衛靈公 15.24)

자공이 말하였다.

"한 마디로 평생토록 행할 만한 것이 있습니까?"

공자는 말하였다.

"서恕일 게다. 자기가 원하지 않는 것을 남에게 베풀지 말아라."

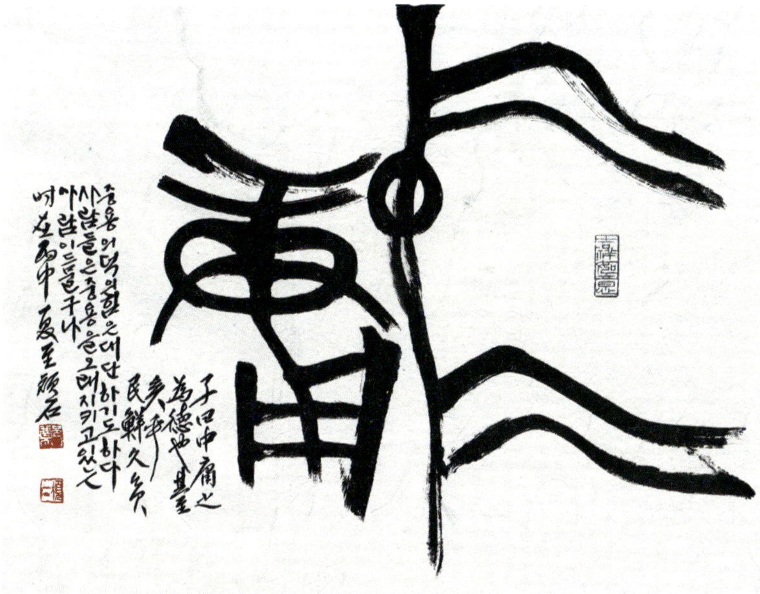

·완석 정대병 작·

중용中庸

“子曰: 中庸其至矣乎！民鮮能久矣！”

時在丙申夏至. 頑石

“공자가 말하였다. 중용의 덕의 힘은 대단하기도 하다. 사람들은 중용을 오래 지키고 있는 사람이 드물구나.”

병신년 하지, 완석

'충忠'은 '진심으로 흔들림 없이 상대방을 존경하는 것'이며 '성심성의誠心誠意'를 다하는 것이다. 《대학大學》에서는 '성심성의'하는 '자신을 기만하지 않는 것'이기 때문에, 혼자 있을 때를 조심한다 하였다.

所謂誠其意者, 毋自欺也. 如惡惡臭, 如好好色, 此之謂自謙. 故君子必愼其獨也. 小人閒居, 爲不善, 無所不至, 見君子而後, 厭然揜其不善, 而著其善, 人之視己, 如見其肺肝 然則何益矣. 此謂誠於中, 形於外, 故君子必愼其獨也. 曾子曰: "十目所視, 十手所指, 其嚴乎." 富潤屋, 德潤身, 心廣體胖, 故君子必誠其意.(《大學》)

이른바 자기의 생각을 성실하게 한다는 것은 자기를 속이는 일이 없도록 하는 것이다. 나쁜 냄새를 싫어하는 것같이 하고, 예쁜 여인을 좋아하는 것같이 하는 것이다. 이런 것을 두고 스스로 겸손하다고 하는 것이다. 그래서 군자는 반드시 그가 혼자 있는 때를 조심하는 것이다.

소인이 혼자 있으면서 못하는 짓 없이 나쁜 짓을 하다가 군자를 만나고서는 자기의 나쁜 짓을 가리고 자기의 선함을 드러내려 한다. 남이 자기를 보는 것이 자기의 폐(肺)나 간 속을 들여다보는 것 같은데, 그렇게 군다고 무슨 보탬이 되겠는가? 이런 것을 두고 속에서 성실하면 그것이 밖으로 나타난다 하는 것이다. 그래서 군자는 반드시 그가 혼자 있을 때를 조심하는 것이다.

증자는 "열 눈이 보고 있고, 열 손가락이 가리키고 있을 테니, 엄하기도 하다."라 하였다.

부귀는 집을 윤택하게 하는데, 덕은 몸을 윤택하게 하여 마음이 넓어지고 몸이 푸근해진다. 그래서 군자는 반드시 자기 생각을 성실하게 하는 것이다.

자신을 속이지 않는 마음이 가장 진실 된 마음이다. 상대방을 진실로 배려하는 마음은 깊은 마음속에서 우러나는 자신을 속이지 않는 마음이다. 그렇지 않으면 얼굴에 금방 드러나게 된다. 거짓 마음은 금방 얼굴로 드러나는 것이다. 그래서 '색난色難'인 것이다.

작품설명

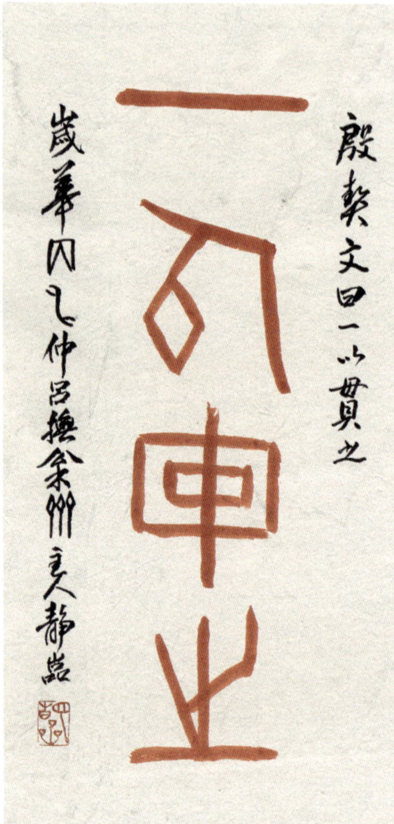


·정암 김선조 작·

일이관지一以貫之

殷契文曰, 一以貫之.

歲華丙申仲呂, 撫松齋主人靜嵒(巖).

갑골문, 일이관지.

병신년 음력 사월, 무송재 주인 정암.

# 34

# 遊必有方
## 유필유방

**떠나면 반드시 행선지를 알리다**

(자식이 집 떠나면 반드시 집안 어른에게 출처를 알려야 한다)

'유빌유방遊必有方' 중 '방方'은 '방향'·'소재지'를 가리킨다. '집 나서면 반드시 자신의 소재를 부모님께 알려라'나 '일정한 행선지가 꼭 있어야 한다'라는 뜻이다.

'유遊'자는 '辵(辶)'과 소리부 '斿(깃발 유, yóu)'로 이루어진 자이다. '遊'·'游'자의 초문은 '斿'자이다. '斿'자를 갑골문은 ''로 쓰고 금문은 ''로 쓴다. 깃발 아래 사람이 모여 선 모습이다. 후에 물길을 따라 다닌다는 의미에서 '水'를 추가하여 '游(헤엄칠 유, yóu)'로 쓰고, 길을 가다라는 뜻에서 '辵(辶)'을 추가하여 '遊'로 쓴다.

子曰: "父母在, 不遠遊, 遊必有方."(里仁 0419)

공자는 말하였다.

"부모가 생존해 계실 때에는 멀리 나가지 않고 나가게 되면 반드시 자신의 소재를 알려야 한다."

지금은 시대가 변하여, 교통이 발달하여 이국 멀리 떠날 수 있지만, 춘추 시기에는 먼 길 한번 떠나면 돌아오기도 쉽지 않았고 소식 전하기도 어려웠다. 만약 서로 불상사가 생겨도 소식을 전하기도 어려웠고 빨리 오갈 수 없었으니 잘못하면 큰 불효를 저지를 수도 있다.

자녀가 부모 곁을 멀리 떠나 있으면 부모는 발 뻗고 편히 잘 날이 없다. 건강한지 밥은 잘 먹고 다니는지 사람들과는 잘 지내고 있는지 모두가 걱정이다. 자식은 그래서 항상 자신의 생활을 부모님께 꼼꼼히 알려야 한다.

'효孝'에 관한 개념도 시대에 따라 바뀐다. 맹자는 불효 중 가장 큰 불효는 결혼하지 않아 '후대後代'가 없는 것이라 하였다.

> 맹자가 말하였다. "불효에는 많은 경우가 있다. 그 중에서 자식이 없음이 가장 크다. 순 임금이 부모에게 알리지 않고 부인을 취한 것은 후대가 없을까봐 걱정해서이다. 군자들은 이렇게 한 것을 이미 부모에게 알린 것으로 여긴다."
>
> 孟子曰: "不孝有三, 無後爲大. 舜不告而娶, 爲無後也, 君子以爲猶告也."(《孟子 · 離婁上》)

조기趙岐는 《맹자장구孟子章句》에서 세 가지 불효는 부모의 불의를 보고도 충고하지 않는 것이 첫 번째 불효이고, 궁핍한데 봉록이 없는 것이 두 번째이고, 후대가 없는 것이 세 번째 불효라 하였다.

> 세 가지 불효가 있다. "무조건 따라 부모님이 잘못이 있어도 권하지 않아 불의에 빠지게 하는 것이 첫 번째 불효이고, 가정이 궁핍하고 부모가 연로하였는데 벼슬을 하지 않아 봉록을 없음이 두 번째 불효이고, 결혼을 하지 않아 자식이 없이 선조의 제사가 끊어지게 되는 것이 세 번째 불효"라 하였

다.[94]

시대에 따라 효의 개념도 많이 바뀌었다. 취업도 꼭 대기업 사원이나 공무원일 필요는 없다. 창업을 하여 자신의 개성에 따라 좋아하는 일을 하면 된다. 제사를 위해서 꼭 후손이 필요한 것도 아니다. 결혼을 하지 않고도 입양을 할 수도 있다. 하지만 사회가 아무리 변화해도 잊지 말아야 할 것은 부모는 지금도 자식의 소식을 기다리고 있다는 것이다.

'서제막급噬臍莫及'이라는 말이 있다. 사냥꾼에게 잡힌 사향노루가 배꼽의 향내 때문에 잡혔다고 자신의 배꼽을 물어뜯었다는 데서 유래한 말로 저지른 잘못에 대하여 후회하여도 이미 소용이 없다는 말이다. '후회막급後悔莫及'과 같은 말이다. '噬(씹을 서, shi)'자는 '먹다' · '씹다'라는 뜻이고, '臍(배꼽 제, qí)'는 '배꼽'이라는 뜻으로 '서제噬臍'는 '배꼽을 물어뜯다'는 뜻이다. '막급'은 '더 이상 이를 수 없다'라는 뜻에서 매우 심함을 가리킨다.

이제 철 좀 들어 부모님의 은혜를 새삼새삼 느끼게 되었을 때는 부모님이 이미 살아계시지 않는다. 이때 후회한 들 무슨 소용이 있겠는가! 그저 '불효자는 웁니다'이란 노래만 부를뿐이다.

나는 임실 북창이란 깡촌에서 칠남매 중 넷째로 태어났다. 그땐 시골 학교에서 공부 좀 하면 전주로 형따라 누나따라 유학오는 것이 유행이었다. 초등학교(국민학교) 5학년때부터 고등학교 다니는 형따라 전주 학교로 전학하여 하숙생활을 하였다. 남의 집에서 대학 마칠 때까지 하숙을

---

94 "有不孝者三: 謂阿意曲從, 陷親不義, 一不孝也; 家窮親老, 不爲祿仕, 二不孝也; 不娶無子, 絶先祖祀, 三不孝也."(趙歧,《孟子章句》)

했으니, 남의 눈치 꽤나 보면서 자랐다. 사춘기를 남의 집에서 보내다보니 친구들과 어울려 거친 방황도 했고, 결국은 재수를 해서 대학교에 들어왔다. 그 무서운 아버지는 떨어지는 성적에도, 고등학교 방학때 변산해수욕장에 캠핑가는 자금을 이웃집에서 빌려 아무 말씀없이 주시곤 했다. 1985년부터 대만에서 유학시절 때엔, 남동생 두 명이 대학을 다니게 되어 시골 없는 살림에 논밭팔고, 동생들은 번갈아서 군대를 갔다 왔다.

한번은 대만에서 '중국어문中國語文'이란 중국 언어학에 관한 전문잡지를 국내 대학원생들이 복사하여 자료를 제공한다는 소식을 듣고, 욕심을 내어 시골 부모님을 대납인으로 구입을 하였다. 1990년대 초에 30 여 만원은 상당히 부담스러운 현금이었다. 자료 제공을 주관하셨던 선생님이 밭을 매고 있는 어머니를 찾아와 책값을 달라고 하니, 어머니는 밭을 매다가 온 동네를 다니며 책값을 마련하여 주셨다. 지금도 어머니는 '썩을 놈이, 말이라도 미리 해 주었으면, 준비라도 해놓지. 내가 그땐 돈 구하려 다니느라고 얼마나 써가 빠진 줄 아냐?'하신다. 당시 시골에서 여유롭게 현금 놓고 사는 집안을 거의 없었을 때다.

아버님은 2004년에 뇌출혈로 약 3개월간 응급실에만 계시다 76세의 나이로 돌아가셨다. 어머니는 2016년 2월 초에 중풍을 맞아 2016년 9월 현재 서울 라이즈병원에 입원 중이시다. 지금도 길을 가다가 뒷모습이 돌아가신 아버님과 비슷한 분을 만나면 앞을 가서 쳐다봐지곤 한다. 돌아가신지 오래 되셔서 그런지 이젠 꿈속에도 잘 나타나시지 않는다. 아버님 살아계실 때 오랜 시간을 같이 하지 못하였던 것이 내내 아쉽다.

효도란 돈 드리고 여행시켜드리는 것이 아니다. 지금 내가 무엇을 어떻게 하고 있으며, 어디를 가면 자신의 행선을 정확하게 말씀을 드려 걱정을 끼쳐드리지 않는 것이 가장 큰 효도이다.

·임강 송연주·

서제막급噬臍莫及

乙未應鐘月, 東方未晞, 林江

'후회가 막심하다.'

을미년 음력 시월, 임강.

35

# 訥言敏行
## 눌언민행

**말은 더디게 행동은 민첩하게**

(말을 더디게 하고 행동은 민첩하게 하여야 한다)

'눌언민행訥言敏行'은 '말은 더디게 할지라도 행동은 민첩하게 하다'라는 뜻이다.

'(訥, 말 더듬을 눌, nè)'자는 '言'과 '內'로 이루어진 자로 '말은 마음속에 담아두고 쉽게 밖으로 내 놓지 말라'는 뜻이다. 즉 '말을 경솔하게 하지 말고 천천히 하다'이다. '(敏, 재빠를 민, mǐn)'은 '攴(攵)'과 소리부 '每'로 이루어진 자이다. '(每)'자는 갑골문은 ''·''로 쓰고, 금문은 ''·''로 쓴다. '비녀를 꽂은 여인'의 모습이다. 어머니는 자식에 대한 변함없는 사랑의 의미이기 때문에 '언제나'·'매번'이란 뜻이 파생되었다. '敏'자는 어머니가 매를 들고 교육을 실시하는 모습으로, 자식이 영민하게 행동하여 '민첩하게 실천하도록' 하는 뜻이다.

'눌언민행訥言敏行'은 '언과기행言過其行'하지 말하는 뜻이다. '언과기행'은 '말이 행동을 앞서는 것'을 말한다. '일은 민첩하게 이행하고 말은 신중하게 하라'는 '민사신언敏事愼言'이나, '말은 말과 행동을 신중하게 하라'는 '근언신행謹言愼行'과 비슷한 뜻이다.

子曰: "君子欲訥於言而敏於行."(里仁 04.24)

공자는 말하였다.

"군자는 말에는 더디고 실천에는 민첩하고자 한다."

말이 많으면 실수하기 마련이고(언다필실言多必失), '병은 입으로 들어가는 것이지만 재앙은 입에서 나온다'하였다.[95]

논어에서는 언행에 관해서 자주 언급하고 있다. 먼저 군자란 모름지기 일을 민첩하게 처리하고 말은 조심해야 하며, 옛날 사람들이 말을 앞세우지 않는 것은 그 일을 해내지 못할까봐 걱정해서이고, 인자仁者는 행동으로 실천하기가 어렵다는 것을 알기 때문에 말을 함부로 하지 않는다하였다. 모두가 말보다 실천을 강조한 것이다.

子曰: "君子食無求飽, 居無求安, 敏於事而愼於言, 就有道而正焉, 可謂好學也已."(學而 01.14)

공자는 말하였다.

"군자로서 식사하는 데는 배부르기를 바라지 않고, 거처하는 데는 편안하기를 바라지 않고, 일에 민첩하며 말에 조심스럽고, 인격을 갖춘 사람에게 나가 자신을 바로잡는다면 배우기를 좋아한다고 할 수 있다."

子曰: "古者言之不出, 恥躬之不逮也."(里仁 04.22)

공자는 말하였다.

"옛날에는 말을 앞세우지 않았으니 그것은 실천이 따르지 않는 것을 부끄

95 "病從口入, 禍從口出."(晉朝 傅玄의 〈口銘〉)

러워하여서였다."

子貢問君子. 子曰: "先行其言而後從之."(爲政 02.13)

자공이 군자에 대하여 묻자 공자가 말하였다.

"그는 할 말을 먼저 실행하고 나서 그것을 말하느니라."

司馬牛問仁. 子曰: "仁者, 其言也訒." 曰: "其言也訒, 斯謂之仁已乎?" 子曰: "爲之難, 言之得無訒乎?"(顔淵 12.03)

사마우가 인仁에 관해서 묻자 공자가 말하였다.

"인자仁慈한 사람은 말하는 것이 더듬거린다."

"말하는 것이 더듬거리면 곧 인자하다는 것입니까?"

"인仁을 실천하기가 힘 드는데 그것을 말하는 것이 더듬거려지지 않을 수 있겠느냐?"

말이 많으면 실수하기 십상이고 신뢰성이 떨어진다. 말이 아닌 행동으로 보여 주는 것이 훨씬 믿음이 간다.

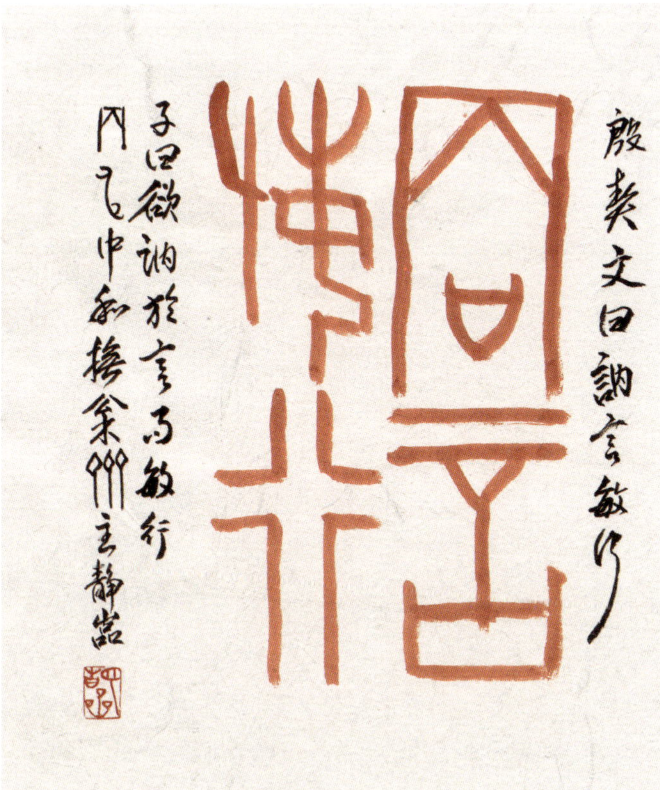

·정암 이선조 작·

눌언민행訥言敏行

殷契文曰, 訥言敏行. 子曰:“君子欲訥於言而敏於行.”

丙申丙申中和, 撫松齋主(人)靜巖.

갑골문, 눌언민행. 공자는 말하였다. “군자는 말에는 더디고 실천에는 민첩하고자 한다.”

병신년 음력 이월, 무송재주인 정암.

# 36

# 朽木不雕
## 후목부조

**썩은 나무는 조각할 수 없다**

(근본이 잘못되면 아무것도 할 수가 없다)

'후목부조朽木不雕'는 혹은 '분장불오糞墻不杇', '후목분토朽木糞土', '후목난조朽木難雕'라고도 한다. 공자가 재여宰予를 나무라는 말로 썩은 나무는 조각을 할 수 없듯이 근본이 잘못되면 아무 쓸 곳이 없다는 말이다.

'후목부조朽木不雕' 중 '후목朽木'은 '썩은 나무'이고 '부조不雕'는 '조각하지 못하다'라는 뜻이다. '분장불오 분장불오糞墻不杇' 중 '분장糞墻'은 '똥 묻은 담장'이고 '불오不杇'는 '벽에 흙을 바르지 못하다'라는 뜻이다. '후목분토朽木糞土' 중 '분토糞土'는 '똥을 섞은 흙'이다. '후목난조朽木難雕' 중 '난조難雕'는 '조각하기 어렵다'는 뜻이다.

'朽(朽, 썩을 후, xiǔ)'자는 '㱙(㱙)'자와 같은 자이다. '朽'는 나무가 썩은 것이고, '㱙'은 시체가 썩은 것이다. '丂(丂)'자는 '亐'자와 같은 자로 갑골문은 '丂'로 쓰고, 금문은 '丂'로 쓴다. 기氣가 막혀 앞으로 내뿜지 못하는 모양이다. 숨을 내쉬지 못하면 죽는 것과 같다.

'雕(雕 새길 조, diāo)'자는 원래 '독수리'라는 새의 뜻인데, 본 구절에서는 '彫(새길 조, diāo)'의 의미로 쓰인다. '彫(彫)'자는 '彡(터럭 삼, shàn, xiān)'과 소리부 '周'로 이루어진 자이다. '주周'는 '조밀하다' · '섬세하다'라는 뜻으로 쓰인다. 따라서 '조彫'자는 '섬세하게 장식하다'라는 뜻이다.

宰予晝寢. 子曰: "朽木不可雕也, 糞土之牆不可杇也, 於予與何誅?"

子曰: "始吾於人也, 聽其言而信其行, 今吾於人也, 聽其言而觀其行. 於予與改是."(公冶長 05.10)

재여가 낮에 잠을 잤다. 공자는 말하였다.

"썩은 나무는 조각을 할 수 없고, 더러운 흙담은 흙손으로 고를 수 없다. 내가 나무라서 무엇하랴?"

공자는 말하였다.

"전에는 내가 사람을 볼 때 그가 하는 말을 듣고서 그가 하는 일을 믿었지만, 이제는 내가 사람을 볼 때 그가 하는 말을 듣고서도 그 행실을 살피게 되었으니 (재여로 인하여) 나는 이 점을 고지게 되었다."

재여 역시 공자의 훌륭한 제자 중의 한 사람이다. 공자가 낮잠을 잤다 해서 썩은 나무, 똥 묻은 담장 같은 사람이라 심하게 꾸짖고 있다. 이는 아마도 재여는 다른 제자보다 게으른 성격의 소유자가 아닌가 한다. 공자는 시간은 쉴새없이 흘러가는 냇물과 같다하였다. 지금이 흘러가버리면 다시는 지금이라는 시간은 다시 오지 않는다. 그러니 시간을 낭비하지 말고 끊임없이 노력하라는 뜻이다.

子在川上曰: "逝者如斯夫! 不舍晝夜."(子罕 0917)

공자는 냇가에 서서 말하였다.

"지나가는 것은 이와 같은 것이라, 밤낮없이 멈추지 않는다."

작품설명

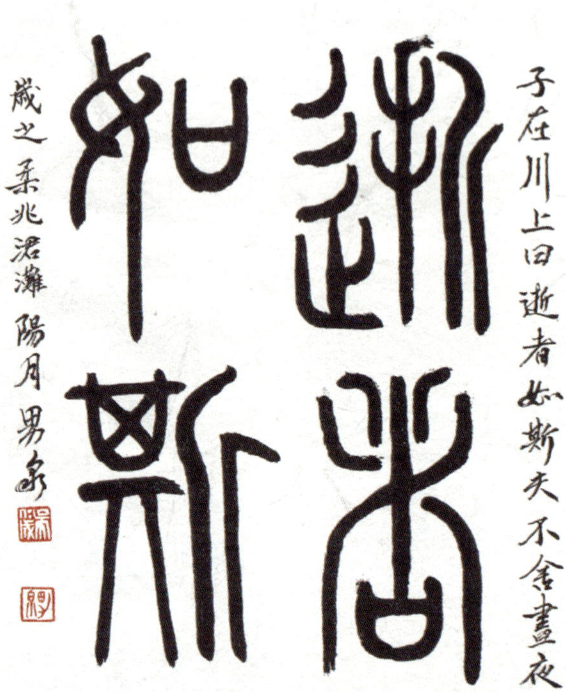


·남천 오인성 작·

서자여사逝者如斯.

子在川上曰: “逝者如斯夫! 不舍晝夜.”

歲之柔兆涒灘陽月, 男泉

공자가 냇가에서 서서 말하였다. “지나가는 것은 이와 같은 것이라, 밤낮없이 멎지 않는다.”

병(유조柔兆)신(군탄涒灘)년, 음력 시월, 남천.

공자는 제자들이 알려고 노력하지 않으면 계도하지 않았고, 배우지 못하여 괴로워하지 않으면 일깨워 주지 않았고, 가르쳐 준 내용을 더욱 더 분발하여 발전시키지 못하면 다시는 되풀이해서 가르쳐 주지 않았다. 그런데 재여는 노력은커녕 낮잠만 자고 있으니 공자는 얼마나 화가 났겠는가.

子曰: "不憤不啓, 不悱不發. 擧一隅, 不以三隅反, 則不復也."(述而 07.08)

공자는 말하였다.

"알려고 답답해하지 않으면 지도하지 않고, 표현하지 못해 괴로워하지 않으면 일깨우지 않는다. 한 귀퉁이를 들어 주어 다른 세 귀퉁이를 알지 않으면 되풀이하지 않는다."

공자는 무조건 훼방하거나 칭찬하지 않았고, 반드시 그 사람이 하는 행위를 보고 나서 판단하여 나무랄 것은 나무라고 칭찬할 것은 칭찬하였다 하였다. 사람을 가르칠 때는 잘하는 것이 있으면 반드시 권면勸勉을 하여 더욱 잘 전진하도록 하여야 한다. 그런데 전통적 유학자들은 제자들에게 잘하든 못하든 너무 엄숙하게 대하고 칭찬에 너무 인색한 면이 없지 않다. 칭찬을 하면 오히려 학생에게 부작용을 야기시킬 수 있다고 생각하기도 한다. 또한 대부분 사람이 그를 헐뜯는다 해서 알아보지도 않고 부화뇌동하듯이 다른 사람과 똑같이 미워하지 말고 반드시 관찰하여 알아보고 사실 여부를 결정하고, 대중이 좋아한다 해서 무조건 좋아하지 말고 사실여부를 직접 알아보고 판단하도록 한다.

子曰: "吾之於人也, 誰毁誰譽? 如有所譽者, 其有所試矣. 斯民也, 三代之所

以直道而行也."(衛靈公 15.25)

공자는 말하였다.

"내가 남을 말할 때 누구를 훼방하고 누구를 칭찬하더냐? 칭찬해준 사람이 있었다면 그것은 시험한 바가 있어서이다. 지금의 백성들은 3대(하夏 · 은殷 · 주周)에 곧은길을 따라 걸어온 사람들이다."

'직도이행直道而行'은 '정직하게 곧은길을 가다' · '사심 없이 일을 하다' · '곧은 도를 행하다' 등으로 해석하며, '정도직행正道直行'으로 쓰기도 한다. 지금은 주로 '사심 없이 일을 행하다'는 의미로 쓰인다.

공자는 지금의 백성들은 하은주 삼대에 걸친 예악의 정도正道의 교육을 받은 백성들이기 때문에 자질구레하게 거짓으로 헐뜯고 칭찬하는 유인책은 필요하지 않다는 뜻이다. 그래서 공자는 백성들에게 '말은 성실하게 하고 신용이 있으며, 행동은 진지하고 조심스럽게 하여야 만이 오랑캐에게도 통한다하였다.[96]

---

96 "子張問行. 子曰: '言忠信, 行篤敬, 雖蠻貊之邦, 行矣. 言不忠信, 行不篤敬, 雖州里, 行乎哉? 立則見其參於前也, 在輿則見其倚於衡也, 夫然後行.'"(衛靈公 15.06)(子張이 사람들 사이에 통할 수 있게 되는 데 관해서 여쭈어 보았다. 공자는 말하였다. "말이 성실하면 신용이 있고, 행동이 진지하고 조심스러우면 오랑캐 민족의 나라에서라 할지라도 통하게 될 것이다. 말이 성실하지 않으면 신용이 없고, 행동이 진지하지 않고 조심스럽지 않다면 제 고장에서라 한들 통하게 되겠느냐? 서 있을 때는 이 말이 네 앞에 늘어서 있음을 보고, 수레 안에 있을 적에는 이 말이 멍에 채에 기대어 있음을 보라. 그렇게 된 후에야 통하게 될 것이다.")

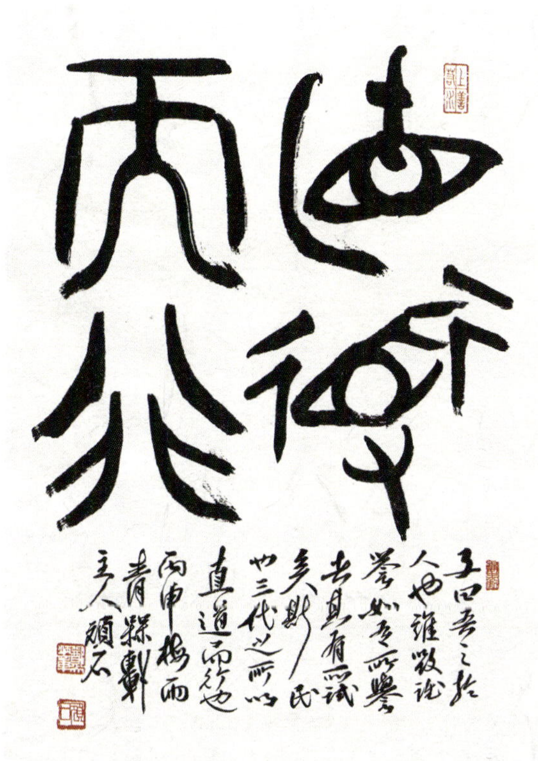

·완석 정대병·

직도이행直道而行

子曰: "吾之於人也, 誰毁誰譽? 如有所譽者, 其有所試矣. 斯民也, 三代之所以直道而行也." 丙申梅雨, 青楳(梅)軒主人 頑石.

공자는 말하였다. "내가 남을 말할 때 누구를 폄훼하고 누구를 칭찬하더냐? 칭찬해준 사람이 있었다면 그것은 시험한 바가 있어서이다. 지금의 백성들은 3대의 곧은길을 따라 걸어온 사람들이다."

병신년 음력 사월. 청매헌 주인 완석.

# 37

# 聽言觀行
## 청언관행

**말을 듣고 언행을 관찰하다**

(말을 들어보고 언행을 관찰하고 난 후 그 사람을 평가할 수 있다)

'청언관행聽言觀行'은 사람의 '말을 듣고 그 언행을 관찰하여', 확실한지를 확인해 본다는 뜻이다. 말만 듣고는 못 믿어 그 사람이 실제로 행동으로 실천하는지 두고 봐야겠다는 뜻이다. '말도 행동도 믿는다'는 '청언신행聽言信行'과 반대말이다.

宰予晝寢. 子曰: "朽木不可雕也, 糞土之牆不可杇也, 於予與何誅?"

子曰: "始吾於人也, 聽其言而信其行, 今吾於人也, 聽其言而觀其行. 於予與改是."(公冶長 05.10)

재여가 낮에 잠을 잤다. 공자는 말하였다.

"썩은 나무는 조각을 할 수 없고, 더러운 흙담은 흙손으로 고를 수 없다. 내가 나무라서 무엇하랴?"

공자는 말하였다.

"전에는 내가 사람을 볼 때 그가 하는 말을 듣고서 그가 하는 일을 믿었지만, 이제는 내가 사람을 볼 때 그가 하는 말을 듣고서 그 행실을 살피게 되었으니 (재여로 인하여) 나는 이 점을 고치게 되었다."

'어여여개시於予與改是' 중 '어於'는 '……으로 인하여'라는 전치사이고, '여予'는 '재여宰予'를 가리키고, '여與'는 음절을 조절하는 조사이고, '시是'는 앞의 내용을 가리키는 대사代詞의 용법으로 쓰인다.

재여는 이래저래 논어에서 그렇게 긍정적이 못하다. 재여가 삼년 상喪은 너무 길다고 하자 재여는 부모로부터 삼년동안 사랑을 받지 못한 자라고 꾸짖었다.

宰我問: "三年之喪, 期已久矣. 君子三年不爲禮, 禮必壞, 三年不爲樂, 樂必崩. 舊穀旣沒, 新穀旣升, 鑽燧改火,[97] 期可已矣." 子曰: "食夫稻, 衣夫錦, 於女安乎?" 曰: "安." "女安則爲之! 夫君子之居喪, 食旨不甘, 聞樂不樂, 居處不安, 故不爲也. 今女安則爲之!" 宰我出. 子曰: "予之不仁也! 子生三年, 然後免於父母之懷. 夫三年之喪, 天下之通喪也, 予也有三年之愛於其父母乎!"(陽貨 17.21)

재여宰予(재아宰我)가 물었다.

"삼년 상喪은 그 기간이 너무 깁니다. 군자가 3년 동안 예禮를 차리지 않으면 예가 반드시 파괴될 것이고, 3년 동안 음악을 다루지 않으면 음악이 반드시 혼란해질 것입니다. 묵은 곡식이 다 없어지고 새 곡식이 나오고, 나무에 구멍을 뚫고 비벼 불을 얻을 수 있는 기간이니, 1년이 되면 상을 끝낼 만합니다."

공자가 말하였다.

"쌀밥을 먹고 비단옷을 입으면 너는 마음이 편하겠느냐?"

---

97 '찬수개화 鑽燧改火' 중 '찬수'는 나무에 구멍을 뚫고 문질러 불을 내는 것이고, '개화'는 불을 바꾸는 것이다. 옛날에는 일 년에 한식이나 청명절에는 불씨를 끄고 다시 부싯돌을 문질을 새 불을 붙였다.

"편합니다."

"네가 편하다면 그대로 하여라. 군자는 상중喪中에는 좋은 음식을 먹어도 맛이 없고, 음악을 들어도 즐겁지 않고, 거처하는 것이 불안하기 때문에 그렇게 하지 않는 것이다. 이제 네가 편하다면 그대로 하여라."

재아가 나가자 공자는 말하였다.

"재아는 인자하지 않다. 자식은 낳은 지 3년이 된 후에야 부모의 품에서 벗어난다. 삼년 상은 온 천하에 공통되는 상례다. 재여도 자기 부모한테서 3년 동안의 사랑을 받은 일이 있는가?"

상례의 기간이 옛날과 지금이 다르다. 중요한 것은 기간이 아니라 마음이다. 부모에 대한 그리움이 없다고 한다면 말과 개와 같은 짐승과 무엇이 다르겠는가? 상중인데도 음악을 듣고 즐겁고 맛있는 음식을 먹고 편히 거처한다면 부모를 떠나 보내는 진정한 마음이 아니다. 슬퍼하여 몸을 상하게 해서는 안 되고(애이불상哀而不傷), 부모가 그동안 자신을 위하여 희생하였던 마음을 충분히 헤아릴 수 있어야 한다.

'청언관행聽言觀行'은 결국 그 사람의 말을 믿지 못하겠다는 것이다. 내가 말을 하여도 다른 사람이 믿지 않는다면 얼마나 불행한 일인가. 사람이 신뢰가 없으면 존재 가치가 없고(무신불립無信不立), 사람이 신뢰가 없으면 이 사회에서 완전히 신임받지 못하게 될 것이다.[98]

---

98 子曰: "人而無信, 不知其可也. 大車無輗, 小車無軏, 其何以行之哉?"(爲政 02.22)(공자는 말하였다. "사람이 신용이 없으면 쓸 만한 데가 있는지 알 수가 없다. 큰 수레에 멍에 걸이가 없고 작은 수레에 멍에 걸이가 없으면 무엇을 가지고 가게 하겠는가?"

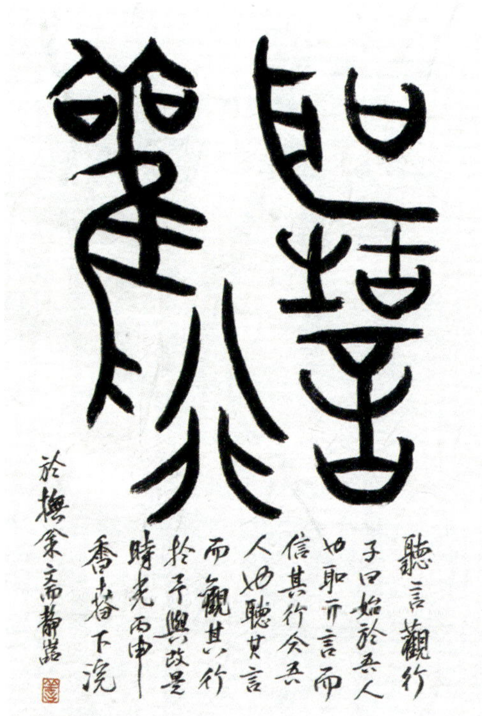

·정암 김선조 작·

청언관행聽言觀行

聽言觀行. 子曰: 始吾於人也, 聽其言而信其行, 今吾於人也, 聽其言而觀其行. 於予與改是.

時光丙申香春下浣, 於撫松齋, 靜嵒(巖).

청언관행. 공자가 말하였다. "전에는 내가 사람을 볼 때 그가 하는 말을 듣고서는 그가 하는 일을 믿었지만, 이제는 내가 사람을 볼 때 그가 하는 말을 듣고서도 그 행실을 살피게 되었으니 (재여로 인하여) 나는 이 점을 고치게 되었다."

병신년 춘삼월 하순. 무송재에서 정암.

·임강 송연주 작·

무신무신無䛨(信)不竝(立)

丙申陽月, 宋淵宙.

"믿음이 없으면 백성 앞에 서지 못한다."

병신년 음력 10월, 송연주.

# 38

# 善與人交
## 선여인교

**사귀기를 좋아하다**

(다른 사람과 벗하기를 좋아하다)

'선여인교善與人交'는 '사람들과 사귀기를 좋아하다'는 뜻이다.

'𦎧(善)'자는 '羊'과 '言'으로 이루어진 자이다. '羊'은 '美(아름답다)'나 '義(의롭다)'의 편방으로 쓰이며, 우두머리가 '양羊'과 같은 물건으로 꾸몄기 때문에 '좋다'·'선하다'·'훌륭하다'라는 의미를 지니고 있다. '善(착할 선, shàn)'자는 '誩(말다툼할 경, jìng)'과 '羊'을 써서 '譱(譱)'으로 쓰기도 한다. '譱'자는 '두 사람이 서로 덕담을 주고 받는다'는 뜻이다.

> 子曰: "晏平仲善與人交, 久而敬之."(公冶長 0517)
>
> 공자는 말하였다.
>
> "안평중은 남과 사귀는 일을 잘 하였으니, 오래 되어도 상대방을 존경하였다."

안평중晏平仲(?~BC 500)은 제齊나라의 대부로 이름은 영嬰이다. 안평중은 사람 사귀기를 좋아하면서도 사귈수록 상대방을 더욱 존경하였던 것이다. 사귐이 오래 되면 친숙해져 상대방을 존경하는 일을 잊게 되기 쉽다. 친하면 친할수록 더욱 상대방을 존경해야한다.

많은 사람과 사귀어야 한다. 좋은 사람에게서는 좋은 마음을 배우고, 나쁜 사람에게는 반성의 기회로 삼으면 된다.

고대 중국 전국戰國 시기 '문객門客'은 당시 제후국諸侯國의 자제들이 재능있는 인사들을 모집하여 양성한 지식 집단체이다. 지식인의 모임인 일종의 지식 창고라 할 수 있다. 위魏나라의 신릉군信陵君 위무기魏無忌, 초楚나라의 춘신군春申君 황헐黃歇, 조趙나라의 평원군平原君 조승趙勝, 제齊나라의 맹상군孟嘗君 전문田文 등 전국戰國 사공자四公子의 문객이 비교적 유명하다.

'계명구도鷄鳴狗盜'는 '닭 울음 소리와 개의 도둑질'이라는 뜻으로 '하찮은 재주를 가진 사람'을 가리킨다. 맹상군은 하찮은 재주를 가진 사람들이지만 이들을 문맥으로 두어 위험에서 무사히 벗어날 수 있었다.

진秦 소왕昭王은 맹상군이 현명한다는 이야기를 듣고 초대하여 맹상군이 진나라에 머물게 하였다. 소왕이 모략을 세워 맹상군을 죽이려 하자, 맹상군은 진 소왕의 애첩에게 탈출을 부탁하였다. 애첩은 그 댓가로 호백구狐白裘(여우의 겨드랑이 밑 가죽을 모아서 만든 가죽옷)를 원했으나, 이미 진 소왕에게 바치고 난 뒤라 없었다. 문객 중의 개의 흉내를 잘 내며 도둑질을 잘하는 자가 있어 한 밤중에 소왕 궁궐에 몰래 깊숙이 들어가 호백구를 훔쳐와 애첩에게 선물을 바치고 무사히 궁에서 석방될 수 있었다. 한 밤 중, 추격 병에 쫓겨 함곡관에 이르렀는데, 닭이 울어야 문을 열어 나갈 수 있었다. 문객 중 닭 울음소리를 잘 내는 사람이 있어 닭소리를 내자 모든 닭이 따라 울어 함곡관을 무사히 벗어 날 수 있었다.

맹상군의 문객들이 이들 두 사람을 탐탁지 않게 생각했는데, 덕분에 곤

경을 벗어나게 되자 다른 문객들이 모두 맹상군의 뜻을 알 게 되었다.[99]

지식은 책으로 습득할 수 있지만, 지혜는 경험과 재기이다. 임기응변은 지식과 지혜를 적절하게 응용할 수 있을 때 발휘된다. 이 세상 무궁무진한 지식과 지혜는 혼자만의 능력으로 절대 해결할 수 없다. 어려운 난관은 많은 사람과 소통하고 협력하여만 된다.



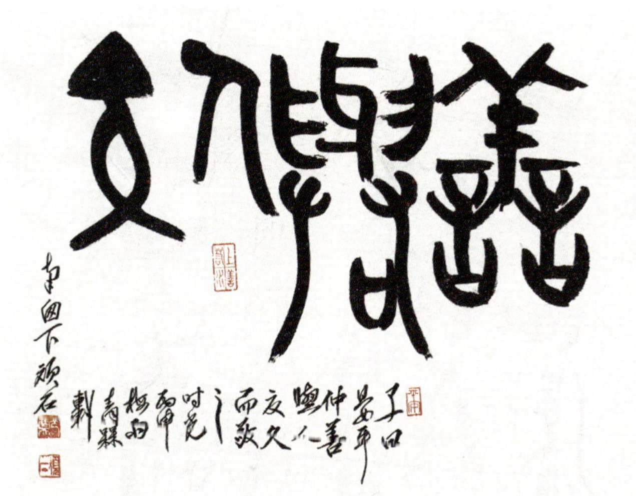

·완석 정대병 작·

선여인교善與人交

子曰: 晏平仲善與人交, 久而敬之.

時光丙申梅雨, 青梅軒南窓下 頑石

99 《史記 · 孟嘗君列傳》

공자는 말하였다. "안평중은 남과 사귀는 일을 잘 하였으니, 오래 되어도 상대방을 존경하였다."

병신년 음력 4월. 청매헌 주인 완석이 남쪽 창가에서 쓰다.

작품설명

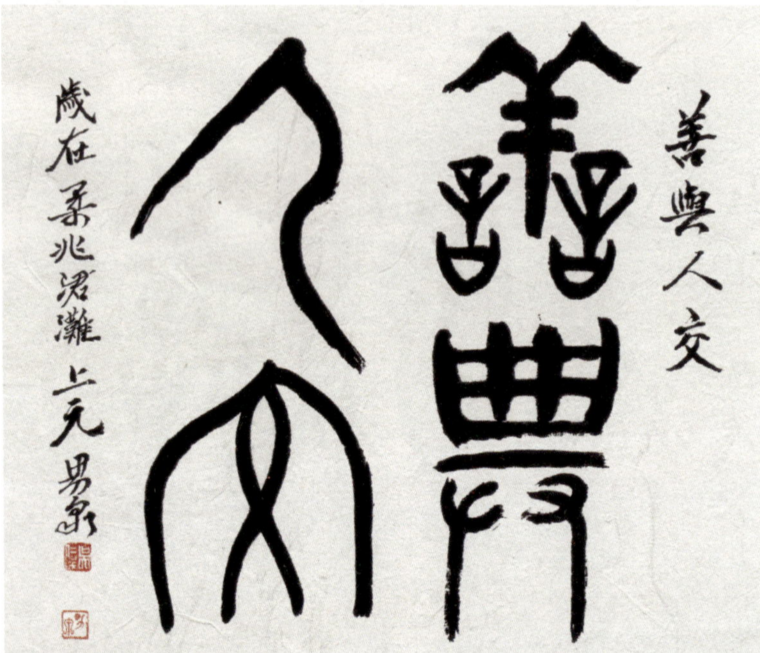


·남천 오인성 작·

선여인교善與人交

善與人交,

歲在柔兆涒灘上元, 男泉

'사람과 사귀기를 좋아하다'.

병신년 상원(음력 1월 15일), 남천

39

# 久而敬之
## 구이경지

**오래 사귈수록 존중하다**

(오랜 된 벗일수록 아껴라)

'구이경지久而敬之'는 '사귄지 오래되었어도 서로 존경하라'라는 뜻이다. 좋은 친구란 사귀면 사귈수록 더욱 존경하고 아끼는 친구이다.

'[illegible](敬, 공경할 경, jìng)'은 '攴'과 '茍(진실로 극, gǒu)'로 이루어진 자이다. '茍'자의 고문은 '羊'을 써서 '[illegible](𦍒)'로 쓰기도 한다. 갑골문은 '[illegible]'·'[illegible]'로 쓰고, 금문은 '[illegible]'·'[illegible]'·'[illegible]'로 쓴다. 사람이 귀를 쫑긋 세워 조심하고 경계하는 모습이다. '[illegible]'은 남의 말은 귀를 세워 경청하는 뜻이다. 쫑긋 세운 귀의 모습이 후에 '卄'나 '羊'의 형태로 변하여 '茍'자로 쓰게 되었다. 후에 '攴(채찍질 복, pū, pǔ)'을 추가하여 남을 배려하고 존경하는 마음가짐을 더욱 채찍질함을 말한다.

子曰: "晏平仲善與人交, 久而敬之."(公冶長 0517)

공자는 말하였다.

"안평중은 남과 사귀는 일을 잘 하였으니, 오래 되어도 상대방을 존경하였다."

사귈수록 친숙해지기 때문에 함부로 대하는 경우가 있다. 친구도 그렇고 부부 관계도 그렇다. 가까울수록 예의가 더욱 필요하다.

작품설명

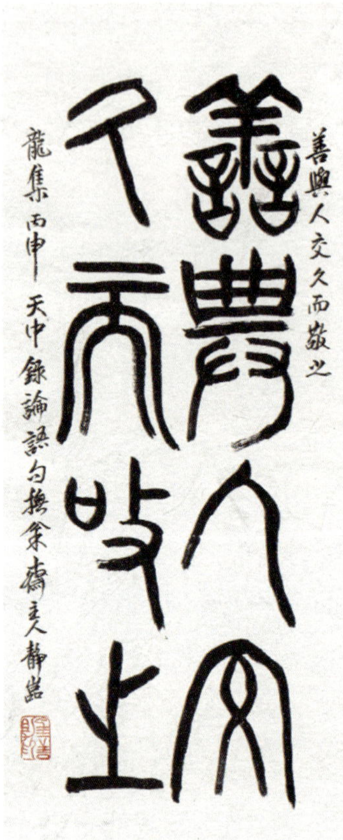

·정암 김선조 작·

선여인교善與人交, 구이경지久而敬之.

善與人交, 久而敬之.

龍集丙申天中. 錄論語句, 撫松齋主人靜巖

남과 사귀는 일을 잘 하였으니, 오래 되어도 상대방을 존경하였다.

병신년 음력 오월. 논어의 구절을 쓰다. 무송재 주인 정암.

상대방에게 '경敬'하는 것은 성심성의를 다하는 것이다. 친숙할수록 더욱 더 존경해야 한다. '오래 될수록 더욱 더 존경하다'는 뜻으로 '구이익경久而益敬'이란 말이 있다.[100] 친하다해서 절대 함부로 해서는 안 된다. 친구의 잘못을 보면 당연히 충고를 아끼지 않아야 한다. 하지만 그렇다 해서 너무 자주 심하게 하면 친구와 오히려 멀어지게 되는 법이다.

子游曰: "事君数, 斯辱矣; 朋友數, 斯疏矣."(里仁 04.26)

공자는 말하였다.

"군주를 섬기는 데 있어 간언이 잦으면 욕을 보게 되고, 친구와 사귀는 데 있어 충고가 잦으면 사이가 멀어지게 된다."

군주에게 간언을 하고 친구를 선도하여 바른 길로 이끄는 데도 절제가 있어야 한다. 덮어놓고 귀찮게 되풀이하거나 친구가 충고를 받아들이지 않는데도 별스럽게 잔소리가 심하면 오히려 역효과를 가져오게 된다. 그래서 공자는 성심성의껏 친구를 아끼되 만약에 그 충고를 받아들이지 않으면 오히려 서로 어긋나게 되니 그만 두라 하였다.

子貢問友. 子曰: "忠告而善道之, 不可則止, 毋自辱焉."(顔淵 12.23)

---

100 陳元方年十一時, 候袁公. 袁公問曰: "賢家君在太丘, 遠近稱之, 何所履行 ? " 元方曰: "老父在太丘, 强者綏之以德, 弱者撫之以仁, 恣其所安, 久而益敬.""(世說新語 · 政事) (진원방(陳紀)이 열 한 살 때 원공을 모시고 있었다. 원공이 '너의 부친은 태구太丘에 있을 때 명성이 높아 원근遠近에 칭찬이 자자한데, 그는 도대체 어떤 빛나는 업적을 이루었는가?'라 물었다. 이에 원방은 '저의 부친은 태구 현령으로 계실 때 강폭한 사람에게는 덕으로써 강화시켰고 약한 사람에 대해서는 인仁으로써 베풀어, 그 편안한 순리에 따라 해 주셨습니다. 그러자 가면 갈수록 존경을 더 하게 되었습니다.'라 했다.)

子貢이 벗에 관해서 묻자 공자는 말하였다.

"성실하게 일러주어서 잘 이끌어 주되, 그것이 잘 안 될 것 같으면 그만두어 자기가 욕을 보도록 까지는 하지 말아야 한다."

'잘 안 될 것 같으면 그만두라'는 것은 그 친구와의 절교를 선언하라는 것이 아니라, 성의껏 바른 길로 인도하여 주어도 도저히 행해낼 가능성이 없어 보인다면 강요하지 말아야 한다. 혹은 상대방에게 말 못 할 사정이 있고, 내가 이해하지 못하는 것이 있을 수 있는 것이니 자신의 입장에서만 자꾸 말이 많은지 헤아려야 한다. 너무 강박을 하면 오히려 좋지 않은 결과가 나올 수 있다. 차라리 시간을 가지고 기다려 보는 것도 좋다.

'(友)'란 '손을 잡아 주는 것'이다. 말 한마디보다 따뜻한 손이 더 가슴에 와 닿는다.

공자는 친구 중에는 나에게 득이 되는 친구 셋이 있고, 해害가 되는 친구 셋이 있다하였다. 득이 되는 친구는 곧은 친구를 사귀는 것이고(우직友直), 신용있는 친구를 사귀는 것이고(우량友諒), 견문見聞이 넓은 친구를 사귀는 것(우다문友多聞)이라 하였다. 또한 해가 되는 것은 아첨하는 친구를 사귀는 것이고(우편벽友便辟), 너무 나약하게 구는 친구를 사귀는 것이고(우선유友善柔), 말을 잘 둘러대는 사람을 사귀는 것(우편녕友便佞)이라 하였다.

나는 친구에게 어떤 친구인지 모르겠다.

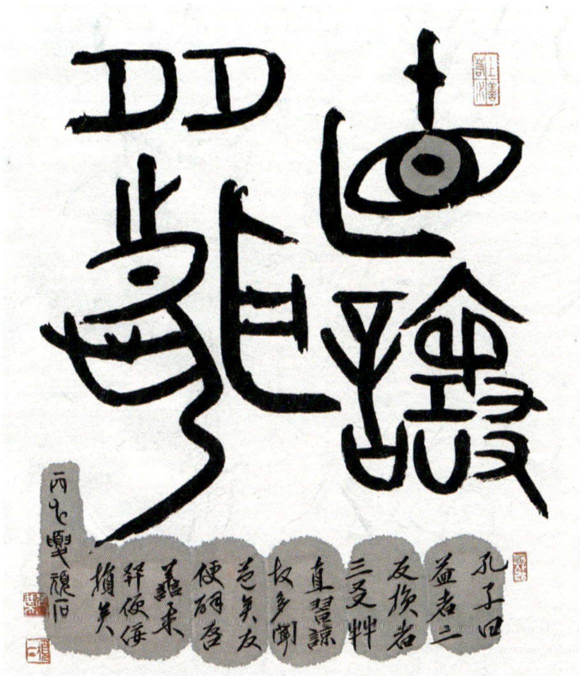

·완석 정대병 작·

직량다문直諒多聞

孔子曰: 益者三友, 損者三叐(友). 艸(友)直, 習(友)諒, 友多聞, 益矣. 友便辟, 友善柔, 友便佞, 損矣.

丙申夏, 頑石

孔子께서 말하였다. "유익한 벗이 세 가지 있고 해害로운 벗이 셋이 있다. 곧은 사람을 벗으로 사귀고, 신용 있는 사람을 벗으로 사귀고, 견문見聞이 많은 사람을 벗으로 사귀면 유익하다. 아첨하는 사람을 벗으로 사귀고, 부드럽게 굴기를 잘 하는 사람을 벗으로 사귀고, 말 잘 둘러대는 사람을 벗으로 사귀면 해롭다."

병신년 여름. 완석

# 40

# 愚不可及
## 우불가급

**어리석기 그지없다**

(매우 어리석다)(어리석기란 어려운 것이다)

'우불가급愚不可及'은 원래 '화를 피하기 위하여 거짓으로 우둔한 체하는 것'을 말하나, 현재는 '어리석기 그지 없다'라는 뜻으로 쓰인다.

子曰: "甯武子, 邦有道則知, 邦無道則愚. 其知可及也, 其愚不可及也."(公冶長 05.21)

공자는 말하였다.

"영무자는 나라에 정도正道가 행해지면 지혜롭고 나라에 정도가 행해지지 않으면 우둔했다. 그의 지혜로운 점은 따라가 미칠 수 있으나 그의 우둔한 점은 따라가 미칠 수가 없습니다."

영무자는 위衛나라의 대부 영유甯愈를 가리킨다. 무武는 그의 시호諡號이다. 나라에 정도正道가 행해지는 것은 나라가 환난이 없어 평화롭고 정의가 통하는 사회를 가리킨다. 나라가 정의를 행할 수 있는 사회라면 자신의 재능을 마음껏 펼 수 있어야 하고, 만약에 정의롭지 않고 혼란이 사회에 만연되어 있다면 몸조심하여야 한다. 그렇지 않으면 목숨을 잃을 수도 있다.

소하蕭何(?~BC 193)는 한신韓信·장량張良과 함께 한漢나라의 삼걸三傑 중 한 명이다. 유방劉邦은 한 나라는 세우고 공신 한신 등을 토사구팽했다.[101] 소하는 신하로서는 최고위인 상국相國에 임명되었고, '칼을 차고 신발을 신은 채 전상에 오를 수 있고'(검리상전劍履上殿), '입조할 때 총총걸음으로 걷지 않고'(입조불추入朝不趨), '알현할 때 이름을 대지 않는(알찬불명謁讚不名)' 등 특권이 주어졌다. 한漢나라를 세우고 유방이 관중關中 민중에게 특히 신망이 두터운 소하를 극히 의심하자, 친척 모두를 전쟁에 참여토록 하여 모반의 마음이 전혀 없음을 보여주기도 하고, 일부러 논밭을 사 모으거나 부정한 방법으로 돈을 벌기도 하여 자신에 대한 평판을 떨어뜨리거나 자신의 재산을 아예 국고에 기부하기도 하여 유방의 의심을 벗어났나. 소하는 우둔한 척하여 자신의 목숨을 보존할 수 있었던 것이다.

장량 역시 한이 세워진 후에는 정치에 일체 관여하지 않았고, 단지 후계자 문제로 여후呂后에게 자문을 해줬었기 때문에 끝까지 목숨을 보존할 수 있었다.

범려范蠡는 월越나라 구천句踐이 오吳나라 부차夫差에게 와신상담臥薪

---

101 "上令武士縛信, 載後車. 信曰: '果若人言, '狡兔死, 良狗烹; 高鳥盡, 良弓藏; 敵國破, 謀臣亡. 天下已定, 我固當烹 !' 上曰: '人告公反.'"(《史記·淮陰侯列傳》)(무장병에게 명하여 한신을 묶어 뒤 수레에 태웠다. 그러자 한신이 탄식하며 말하였다. '과연 속담대로구나. 꾀 많은 토끼가 죽고 나면 좋은 사냥개가 삶겨 죽게 되고, 높이 나는 새가 없어지면 좋은 활을 치워버리며, 적국을 격파하고 나면 군사를 도모하던 신하는 죽게 된다고 했던가? 천하가 이미 평정되었으니 내가 삶겨 죽게 되는 것도 당연한 일이다.' 라고 말하였다. 그러자 주상이 말하였다. '그대가 모반했다고 밀고한 자가 있기 때문이다.'

嘗膽하여 원수를 갚을 수 있게 하였고 춘추오패春秋五霸에 설 수 있게 까지 한 공신 중의 한 사람이다. 대업을 크게 이룬 후 범려는 월 나라를 떠나며 문종文種에게 "새 사냥이 끝나면 활이 필요 없고 교활한 토끼가 죽으면, 사냥개를 삶게 된다."라며 '토사구팽'론兎死狗烹論을 주장하였다. 월 왕의 사람됨은 고난은 같이할 수 있어도 영광을 함께 향유할 수 없을 것이라고 은퇴하라고 권유하였다.[102] 문종은 결국 월나라를 떠나지 않았고 구천에게 반역을 의심받고 자결하였다.

노자老子가 매우 교묘함을 오히려 졸렬하게 보인다 하였듯이, 매우 현명한 자는 마치 어리석은 듯 보이는 것이다.

위대한 성공은 결함이 있는 듯 하지만 그 효용은 다함이 없다. 크게 충만한 것은 텅빈 듯하지만 그 효용은 한이 없는 것이다. 크게 곧은 것은 굽은 듯이 보이고, 크게 교묘한 것은 졸렬한 듯이 보이며, 크게 말 잘하는 것은 말은 더듬는 듯이 보인다. 조용함은 조급함을 이겨낼 수 있고, 추위는 더위를 이겨낼 수 있으며,

---

102 "范蠡遂去, 自齊遺大夫種書曰: '蜚鳥盡, 良弓藏; 狡兔死, 走狗烹, 越王爲人長頸鳥喙, 可與共患難, 不可與共樂. 子何不去?' 种見書, 稱病不朝. 人或讒種且作亂, 越王乃賜種劍曰: '子教寡人伐吳七術, 寡人用其三而敗吳, 其四在子, 子爲我從先王試之.' 種遂自殺."(《史記 · 越王勾踐世家》)(범려는 월나라를 떠나 제나라에서 대부 문종에게 편지를 써서 말하였다. '나는 새가 다 잡히면 좋은 활은 거두어지는 것이고, 교활한 토끼가 모두 잡히면 사냥개가 삶아지는 법이오. 월왕 구천은 목이 길고 입은 새처럼 뾰족하니 어려움은 함께 할 수 있어도 즐거움은 같이 할 수 없소. 그대는 왜 월나라를 떠나지 않는 것이오?' 문종이 편지를 읽고서 병을 핑계 삼아 궁궐에 들어가지 않으니, 어떤 사람이 그가 반란을 일으키려 한다고 참언하였다. 구천은 그에게 칼을 내리며 '그대는 오나라를 칠 수 있는 계책 일곱 가지를 가르쳐 주었소. 나는 그중 세 가지만을 사용하여 오나라를 물리쳤소. 나머지 세 가지는 그대에게 있으니 그대는 선왕을 뒤좇아 가서 나를 위하여 그것을 시험해 보기 바라오.' 문종은 이내 자결하였다.)

맑고 고요함으로써 천하를 다스리는 정도가 되는 것이다.[103]

'대지약우大知若愚'는 큰 지혜를 가진 자는 어리석은 듯 보인다는 뜻이다. 알면 알수록 모르는 것이 더 많다는 것을 아는 것이다. 천하 만물의 질서와 변화가 얼마나 무궁무진한가를 알고, 인간이 얼마나 한낱 미생한 동물인가를 알 기 때문에 겸손해 질 수 밖에 없는 것이다.

만물은 차면 기우는 것이고, 겸손하면 이익을 얻게 되는 것이다. 《서경書經 · 대우모大禹謨》에서는 묘족苗族이 30일 동안이나 명령을 거역하고 대항하자 익益이 우禹에게 오직 덕德만이 하늘을 움직일 수 있고, 자만하는 자는 손해를 보고 겸손한 자만이 이익을 얻을 수 있다고 충고하였다.

오직 덕만이 하늘을 움직일 수 있고, 아무리 먼 곳이라 할지라도 이르지 못하는 곳이 없습니다. 자만하는 자는 손해를 보게 되고 겸손한 자는 이익을 받는 것이 바로 하늘의 도입니다. 군주께서 처음에 역산에서 밭을 나가 일하실 때, 매일 하늘과 부모에게 울부짖으시며 죄를 스스로 지시고 잘못을 자신에게 돌렸습니다. 아버지 고瞽를 공경히 모시고 엄숙하고 송구스런 모습을 하시니, 고瞽 역시 믿고 따르게 되었던 것입니다. 지극한 정성은 신도 감동시키는데, 하물며 묘족이야 어떻겠습니까?[104]

103 大成若缺, 其用不弊. 大盈若冲, 其用不窮. 大直若屈. 大巧若拙. 大辯若訥. 靜勝躁, 寒勝熱. 清靜爲天下正. (《老子》 45 章)

104 《書經 · 大禹謨》: 惟德動天, 無遠弗屆. 滿招損, 謙受益, 時乃天道.」帝初于歷山, 往于田, 日號泣于旻天 · 于父母. 負罪引慝, 祇載見瞽瞍, 夔夔齋栗, 瞽亦允若; 至誠感神, 矧茲有苗.

작품설명

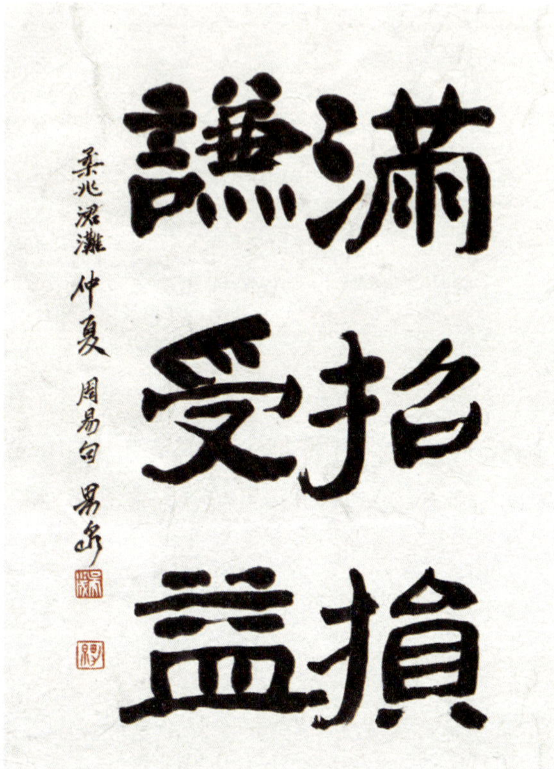

·남천 오인성 작·

만초손겸수익滿招損, 兼受益.

柔兆涒灘仲夏, 周易句,[105] 男泉.

"거만하면 손해가 나고, 겸손하면 이익을 얻는다."

병신년 음력오월, 주역 구절, 남천.

105 '만초손滿招損, 겸수익兼受益' 구절은《서경》에 보인다.

·정암 김선조 작·

우불가급愚不可及.

丙申春, 靜巖.

어리석기 그지없다.

병신년 봄, 정암.

# 41

# 見過自訟
## 견과자송

**자신의 과오를 알고 스스로 반성하다**

(자신의 과오를 발견하면 바로 반성하여야 한다)

'견과자송見過自訟'을 혹은 '계과자송計過自訟'이라도 말한다. '計(꾀 계, jì)'는 '헤아리다'는 뜻이고, '訟(용납할, sòng)'은 '자책하다'는 뜻이다. '계과자송'은 '자신의 과오를 헤아리고 스스로 꾸짖다'라는 뜻이다. 원래 논어에서는 '견과見過自訟'으로 쓰는데, '견見'자를 '계戒'자로 바꾸어 '헤아리다'라는 뜻을 더욱 강조하여 지금은 일반적으로 '계과자송'으로 쓴다.

'𧦴(計)'자는 '言'과 '十'으로 이루어진 자로 '계산된 숫자를 알려 주다'는 뜻이다. 후에 '계산하다'·'계획하다'의 뜻으로 쓰인다.

'訟(訟)'자는 '言'과 소리부 '公'으로 이루어진 자로 '시비곡절을 서로 다투다'는 뜻이다. 후에 '자책하다'·'호소하다'는 의미로 쓰인다.

> 子曰: "已矣乎, 吾未見能見其過而內自訟者也."(公冶長 0.527)
>
> 공자는 말하였다.
>
> "다 되었나보다. 나는 여지껏 자기의 과오를 알아 가지고 내심內心 스스로를 비판할 수 있는 사람을 보지 못하였으니."

'이의호已矣乎' 중 '已'는 '이미 끝났구나'라는 뜻이고, '의호矣乎'는 '동작의 완료 감탄'을 나타낸다.

'기과其過' 중의 '기其'는 자기자신을 가리키는 대사로 '자신의 잘못'이라는 뜻이다. '내자송內自訟' 중 '내內'자는 '속으로'라는 부사로 쓰이고 '자송自訟'은 원래 '동사(訟)+목적어(自)' 구조의 어순이 바뀐 것이다.

'읍참마속泣斬馬謖'은 북벌 중 제갈량이 눈물을 흘리며 군법을 따르지 않은 마속의 목을 벤 사건이다. 제갈량 역시 부하를 잘못 다스린 책임을 물어 스스로 삼등급 강등을 하여 승상 자리를 사직하게 되고 우장군이 되었다. 제갈량은 반성문 〈가정자폄소街亭自貶疏〉를 써서 후주後主 유선劉禪에게 바쳤다.

> 신은 용렬한 재주로 외람되이 맡지 말아야할 중요한 임무를 맡아, 병권을 잡고 삼군을 통솔해왔습니다. 그러면서 엄격한 규율과 군법으로 군사들을 제대로 가르치지 못하고 군법을 바로 세우지 못했으며, 일을 임해서는 경계하고 두려워하는 마음을 가지지 못하여 마침내 가정에서 소신의 명령을 어기는 잘못을 범하게 하고 기곡에선 경계를 소홀히 하는 실수를 하게 하였습니다. 이는 모두 신이 몽매하여 사람을 제대로 알아보지 못하고 일을 분별함에 너무도 어두운 탓입니다. 일단 규정에 따를 경우 전쟁에서 패전하면 반드시 최고 책임자를 문책하는 것이 원칙입니다. 그것이 춘추대의春秋大義입니다. 따라서 신은 마땅히 모든 책임을 져야 합니다. 바라옵건대 신이 스스로 벼슬을 세 등급 내려서 잘못을 고칠 수 있도록 허락하여 주십시오.[106]

106 "臣以弱才, 叨竊非據, 親秉旄鉞以厲三軍, 不納訓章明法, 臨事而懼, 至有街亭違命之闕, 箕谷不戒之失, 咎皆在臣授任務方. 臣明不知人, 恤事多闇,《春秋》責帥, 臣職事當.

최고의 권력을 가진 제갈량諸葛亮이 자신의 잘못을 스스로 인정하고 상소하여 처분을 요청하는 소신은 결코 쉬운 결정이 아니다. 위魏나라 조조曹操가 성공한 까닭도 역시 자신이 잘못을 저지르면 바로 인정하고 책임을 지는데 있다. 조조는 보리밭을 밟으면 참수를 하겠다는 자신이 선포한 법을 자신이 어겨 '머리카락을 잘라 머리를 베는 것(할발대수割髮代首)'으로 대신하였다.[107] 자신의 머리를 삭발하는 髡(머리 깎는 형벌 곤, kūn)의 형벌은 체면과 위신을 중시하던 한漢나라 때의 군 최고의 통솔자의 이러한 결정은 매우 어려운 결정이다.

제갈량은 나라의 흥망과 절대적인 관련이 중요한 전쟁에서 장군들의 잘못을 모두 자신의 잘못으로 인정하였다. '사람 기용'의 실수,[108] '명령을 위반한' 통솔력의 잘못, '조심하지 않은 잘못' 등등을 모두 자신의 과실이라 하였다. 실수는 신이 아닌 이상 누구나 할 수 있다. 그러나 실수를 하고 난 다음 대책을 강구하고 차후를 대비할 줄 알아야 한다. 마속을 참하고 나서 제갈량이 눈물을 보이자 장완蔣琬은 제갈량에게 "마속의 죄는 법으로 다스려 마땅한데 승상은 왜 우십니까?"라 하자, 제갈량은 "나는 마속 때문에 우는 것이 아니오. 내 자신이 현명하지 못한 것을 후회하고 전제의 뛰어난 예지를 되돌아보니 울음이 절로 나오는 것이오."라 하였다.[109] 참회의 눈물이다.

---

請自貶三等, 以督厥咎."

107 "吾奉天子明詔, 出兵討逆, 與民除害. 方今麥熟之時, 不得已而起兵, 大小將校, 凡過麥田, 但有踐踏者, 並皆斬首. 軍法甚嚴, 爾民勿得驚疑."(《三國演義》, 第17回)

108 유비劉備가 임종 무렵 제갈량에게 "馬謖言過其實, 不可大用, 君其察之."(마속은 실천보다 말이 앞서니 크게 임용할 바가 아닌 것 같다. 그를 잘 살피기 바란다.) (《三國志 · 蜀書 · 馬良傳》)라 하였다.

109 《三國演義》(第98回): "孔明大哭不已. 蔣琬問曰: '今幼常(馬謖)得罪, 既正軍法, 丞相何

·남천 오인성 작·

계과자송計過自訟

計過自訟.

龍集丙申仲夏, 男泉.

'자신의 과오를 헤아리고 스스로 꾸짖다.'

병신년 음력 오월, 남천.

---

故哭耶?' 孔明曰: '吾非爲馬謖而哭. 吾想先帝在白帝城臨危之時, 曾囑吾曰: '馬謖言過其實, 不可大用.' 今果應此言. 乃深恨己之不明, 追思先帝之言, 因此痛哭耳!"

# 42

# 遷怒於人
## 천노어인

**다른 사람에게 화풀이를 하다**

(화풀이를 남에게 하지 않아야 한다)

'천노어인遷怒於人'은 '불천노不遷怒'를 반의적反意的적 의미 구조로 바꾼 것이다. '천노어인遷怒於人'은 '다른 사람에게 화풀이를 하다'라는 뜻이다.《논어》에서는 안연이 '다른 사람에게 화풀이를 하지 않고 과오를 되풀이 하지 않는다'는 말에서 유래되었다.

'(遷, 옮길 천, qiān)'자는 '辵(辶)'과 소리부 '䙴(罨, 오를 선(천))'으로 이루어진 자이다. '(罨)'자를 혹은 '(舁)'이나 '(輿)'로 쓰며, '손으로 물건(광주리)을 들고 일을 하는 형상'이다. 후에 '옮기다'라는 파생어로 쓰인다.

'(怒, 성낼 노, nù)'자는 '心'과 소리부 '奴'로 이루어진 자이다. '(奴)'자는 '손으로 여자를 잡아다가 일을 시키는' 모습이다. 노비들에게 일을 시키니 노비 마음에는 불만이 있을 수밖에 없다. '奴'자를 갑골문은 ''로 쓰고 금문은 ''로 쓴다.

哀公問: "弟子孰爲好學?" 孔子對曰: "有顏回者好學, 不遷怒, 不貳過. 不幸短命死矣, 今也則亡, 未聞好學者也."(雍也 06.03)

애공께서 제자들 중에는 누가 배우기를 좋아하는가를 물었다. 공자가 말하였다.

"안회라는 사람이 배우기를 좋아하여 노여움을 다른 사람에게 풀지 않고 과오過誤를 되풀이하지 않았는데 불행하게도 단명하였습니다. 지금은 없습니다. 배우기를 좋아한다는 사람을 들어보지 못하였습니다."

애공哀公은 노魯나라의 군주이다.

'貳(두 이, èr)'자를 혹은 '二'로 쓰거나 '弍'로 쓴다. '(貳)'자는 '貝'와 소리부 '弍'로 이루어진 형성자이다. 금문은 '' · ''로 쓴다.

숫자數字의 기원은 개수個數를 기억하기 위하여 해당하는 숫자를 어떤 물체에 새기거나 혹은 새끼줄을 꼬아서 표시하는 것에서 유래되었다. '一'에서 '四'까지의 숫자는 하나, 둘, 세, 네 개의 물체로 표시하였으나, '五'에서 '十'까지는 만약에 필획으로 해당 숫자를 표시하다면 개수가 너무 많기 때문에, '五'자와 같이 가로와 세로 획을 교차하는 숫자의 중앙을 표시하거나 혹은 음성이 비슷한 다른 자를 차용하여 썼다.

문명이 발전 한 후, 가로 획으로 '一', '二', '三' 표시로 문자를 기록하면 쉽게 혼용되거나 위조를 할 수 있기 때문에 '일壹' · '이貳' · '삼參' · '사肆' · '오伍' · '육陸' · '칠柒' · '팔捌' · '구玖' · '십拾'의 한자를 빌려 썼다.

자신이 화가 나면 주위의 모든 사람에게 영향을 미치기 쉽다. 자신의 마음이 편치 않기 때문에 다른 사람을 대할 때 이미 마음에 감정이 실려 있기 때문이다. 자신이 당한 고통을 다른 사람에게 전가하는 방식에는 보복, 복수, 화풀이 등이 있다. 보복은 상대방에게 그대로 똑같이 돌려주는 방식이고, 복수는 시간을 두고 받았던 고통을 후에 더 강렬하게 되돌려주는 방식이며, 화풀이는 고통을 준 상대방 대신 약한 존재를 택하여 그에게 고통을 전가하는 방식이다. 보복, 복수, 화풀이, 이 셋은 모두 좋지 않은 대항 방식들이지만 사람과 사람이 같이 부딪치면서 살아가는 사회에서는 필연적으로 나타나는 현상들이다.

안회의 '불천노不遷怒'는 우리가 말하는 일상적인 화풀이와는 차이가 있을 수도 있다. 공자가 가장 아끼는 제자 중의 한 명이라면 이미 상당한 인격적 수양을 갖추었음에 틀림없다. 안회의 노怒함은 자신이 정한 어떤 인격적 수양에 대한 수준 미달 혹은 바라는 학문 욕망에 대한 불만족 등의 일일 수도 있다. 하지만 안회는 이러한 불만을 자신의 불찰不察 내지는 미치지 못하는 불급不及으로 보고 더욱더 매진하는 계기로 삼았을는지도 모른다. 그래서 '배우기 좋아함(好學)' · '화풀이(遷怒)' · '과오의 되풀이(貳過)'를 세 가지 관련성있는 내용으로 볼 수 있다. 배우기를 좋아하기 때문에 학문적이든 수양이든 항상 성실하게 노력하고, 그러나 그 노력이 어떤 성과를 거두기 못했을 때 오는 조급함이나 혹은 그 조급함에서 오는 자신의 과오를 변명하려 하지 않고, 배우는 과정 중에서 자신의 잘못을 발견하면 이를 수정하고 다시는 같은 과오를 범하지 않으려는 것이다. '천노遷怒'와 '이과貳過'는 '호학好學'하는 중에 부딪치는 문제들을 안회가 해결해 나가는 방식이 아닌가 한다. 혹은 '호학'을 하려면 이 두 가지 덕목을 갖추어야 하는 지도 모른다. 그래서 마지막 구절에 지금은 안회가 단명하여 없기 때문에 '호학好學'하는 자는 없다 하였다.

중용에서 공자는 배우기를 좋아하는 것은 지혜(知)에 가깝고, 힘써 행하는 것은 인仁에 가깝고, 부끄러움을 아는 것은 용감(勇)에 가까우며, 이 세 가지의 것을 알면 자신의 덕을 닦는 길을 알게 된다고 하였다.[110]

---

110 《中庸》: "子曰: '好學近乎知, 力行近乎仁, 知恥近乎勇. 知斯三者, 則知所以修身.'"(공

·완석 정대병·

지인용知仁用(勇)

子曰:“好學近乎知, 力行庠(近)乎仁, 知恥庐(近)乎勇. 知斯三者, 則知所以修身.”

頑石

공자가 말하였다. “배우기를 좋아하는 것은 지知에 가깝고, 힘써 행하는 것은 인仁에 가깝고, 부끄러움을 아는 것은 용勇에 가깝다. 이 세가지의 것을 알면 자신의 덕을 닦는 길을 안다.”

완석

---

자께서 말씀하시기를, ‘배우기를 좋아하는 것은 지知에 가깝고, 힘써 행하는 것은 인仁에 가깝고, 부끄러움을 아는 것은 용勇에 가깝다’고 하셨다. 이 세 가지의 것을 알면 자신의 덕을 닦는 길을 알게 된다.)

# 43

# 乘肥衣輕
## 승비의경

**좋은 말을 타고 값진 옷을 입다**

(사치를 하다)

‘승비의경乘肥衣經’은 ‘살찐 말을 타고 가볍고 비싼 옷을 입는다’해서 ‘풍요로운 생활을 하다’ · ‘사치하다’는 뜻으로 쓰인다. 혹은 ‘경구비마輕裘肥馬’ · ‘구마경비裘馬輕肥’로 쓰기도 한다.

‘(乘, 탈 승, chéng, shéng))’자는 ‘큰 사람(大)’이 ‘나무(木)’로 만든 수

문은 ‘’으로 쓰고, 금문은 ‘’으로 쓴다.

‘(肥, 살찔 비, féi))’자는 ‘肉’과 ‘卩(병부 절, jié)’로 이루어진 자이다. ‘卩’이 후에 형태가 비슷하여 ‘巴’로 변형되었다. ‘(卩)’은 ‘꿇어앉은 사람(人)’의 모습이다. 따라서 ‘肥’자는 ‘살이 많은 사람’이라는 뜻이다. ‘卩’자를 갑골문은 ‘’ · ‘’로 쓴다.

‘(衣)’자를 갑골문은 ‘’ · ‘’로 쓰고, 금문은 ‘’ · ‘’로 쓴다. 의복의 형상이다.

‘(輕, 가벼울 경, qīng))’자는 ‘車’와 소리부 ‘巠’으로 이루어진 자이다. ‘(巠)’자는 ‘經(날 경, jīng,jìng)’자와 같은 의미로 실을 짜는 ‘베틀’의 형상이며, 고문은 ‘(坙)’으로 쓴다. 고문은 사람이 베틀의 날실을 다루고 있는 형상이다. 따라서 고문자 ‘경輕’은 ‘베틀처럼 가볍고 날렵한 수레’를 뜻

하는 것이 아닌가 한다. ‘巠’자를 금문은 ‘’ · ‘’으로 쓴다.

‘(裘, 갖옷 구, qiú)’자는 ‘衣’와 ‘求’로 이루어진 자이다. 고문에서 ‘裘’와 ‘(求)’자는 같은 자이다. 털이 달린 가죽 옷의 형상이다.

子華使於齊, 冉子爲其母請粟. 子曰: “與之釜.” 請益. 曰: “與之庾.” 冉子與之粟五秉. 子曰: “赤之適齊也, 乘肥馬, 衣輕裘. 吾聞之也, 君子周急不繼富.”(雍也 06.04)

자화(공서적公西赤)가 제齊나라에 사신으로 보내졌다. 염자(염유冉有)가 자화의 모친을 위해 곡식을 주기를 요청하였다. 공자가 말하였다.

“6 말 4 되를 주어라.”

염유가 더 주기를 요청하자 공자가 말하였다.

“2 말 4 되를 더 주어라.”

염자는 오히려 80 섬을 주었다. 공자가 말하였다.

“자화는 제나라에 가 있는 데는 살찐 말을 타고 가벼운 털옷을 입고 지낸다. 내가 듣건대 군자는 궁박한 것을 보충하지 부유한 데에 더 보태지는 않는다더라.”

자화子華의 성은 공서公西이고 이름은 적赤이다. 염자冉子는 염구冉求의 존칭이다. 혹은 염자라고 쓴 것으로 보아 이 글을 염구의 제자가 기록한 것으로 보기도 한다.

‘(粟, 조 속, sù)’자는 ‘卤’와 ‘米’로 이루어진 자이다. ‘粟’자를 혹은 ‘’()’으로 쓰기도 한다. ‘卤’의 형태가 ‘조’의 모양이다. ‘卤’의 자형이 ‘西’와 비슷하여 변한 것이다. 본 구절에서는 곡식을 가리킨다.

'釜(가마 부, fŭ)'는 용량의 단위로 '6 말 4 되'되는 양이다. '釜'자는 원래 '(鬴)'로 쓴다. 즉 '鬲(鎘)'과 소리부 '甫'로 이루어진 자이다. 전서篆書 '(甫)'자는 '用'과 소리부 '父'로 이루어진 자이다. 갑골문은 ''·''로 쓰며 밭에 곡식이 자라고 있는 모습이고, 금문에서는 갑골문의 '屮' 형태가 '父'로 변형되어 ''·''·''로 쓴다. '屮'의 형태는 음성을 고려하여 '父'의 형태로 와전된 것으로 보인다. '밭의 작물'은 농업사회에서 대단히 중요한 것이기 때문에 '크다'라는 의미로 쓰이고, '밭에서 일을 하는 사람은 일반적으로 남성'이기 때문에 '남성'의 뜻으로도 쓰인다. 따라서 '釜' 즉 '鬴(가마솥 부, bū, pŭ)'는 '큰 솥'이라는 뜻이다. 단위의 '釜'가마 솥에 들어갈 만큼의 양이나 혹은 그 가치에 해당되는 것이 아닌가한다.

'庾(곳집 유, yŭ)' 역시 용량의 단위로 '16 말'에 해당된다. '(庾)'자는 '廣(집 엄, ān, yăn)'과 소리부 '臾(잠깐 유, yú)'로 이루어진 자이다. '유庾'는 지붕이 없이 임시적으로 만든 창고이다. 용량 단위로 쓰이면, '곳집 창고'에 들어갈 만한 양을 말한다.

'오병五秉' 중 '秉(잡을 병, bĭng)'은 '16 섬(곡斛)'에 해당되는 용량이다. '한 섬'은 '10 말'이고, '오병五秉'은 '80 섬'이고, 800 말이다. '(秉)'자를 갑골문은 ''으로 쓰고, 금문은 ''·''으로 쓴다. '벼(禾)'를 손(又)으로 움켜잡고 있는 형상이다. 단위는 '벼 한 줌의 단'을 가리킨다.

부자는 마음의 부자가 가장 큰 부자라 하였지만, 누구나 화려하고 편안한 생활을 하고 싶어 하는 것은 인지상정人之常情이다.

아래는 송대宋代 조항趙恒의 권학시勸學詩이다. 재미있는 시라 소개해 보기로 한다.

〈권학시勸學詩〉진종眞宗 조항趙恒

부자 집 되고자 좋은 전답 살 필요 없네. 책 중에 천 만석 곡식이 있거늘.

편안하게 살고자 높은 집 지을 필요 없네. 책 중에 황금으로 만든 화려한 집 있다네.

새색시 소개해 줄 중매쟁이 없다 한탄마라. 책 속에 옥 같은 어여쁜 아가씨 있다네.

밖에 나갈 수레가 없다 한탄 말 것을, 책 중에 많은 말 끄는 화살같이 달리는 수레있다네.

사내 대장부 평생 가진 꿈 펼치려 하면, 경전經典 꺼내들어 창가에 앉아 열심히 읽어야하겠네.[111]

열심히 노력하고 기다리면 반드시 자신이 준비한 기회가 올 것이다. 준비 없이 기다리고만 있다면 기회가 와도 붙잡을 수 없다. 공자는 '공인工人이 그 일을 잘하려면 먼저 그 연장을 날카롭게 하여야 한다'고 하였다.[112] '승비의경乘肥衣經'하려면, '금수저' · '은수저' 한탄하지 말고 빨리 책상에 가서 한 자라도 더 봐야하겠다. '절차탁마切磋琢磨', 옥돌을 자르고 줄로 쓸고 끌로 쪼고 갈고 준비하고 있으면 언젠가는 반드시 보상의 빛을 보게 될 것이다.

---

111 "富家不用買良田, 書中自有千鍾粟. 安居不用架高堂, 書中自有黄金屋. 娶妻無媒毋須恨, 書中自有颜如玉. 出門無車毋须恨, 書中有馬多如簇. 男兒欲遂平生志, 五經勤向窗前讀."

112 "子曰, 工欲善其事, 必先利其器."(衛靈公 15.10)(공자는 말하였다. "공인工人이 그 일을 잘 하려고 하면 먼저 그 연장을 날카롭게 해야 한다.")

작품설명

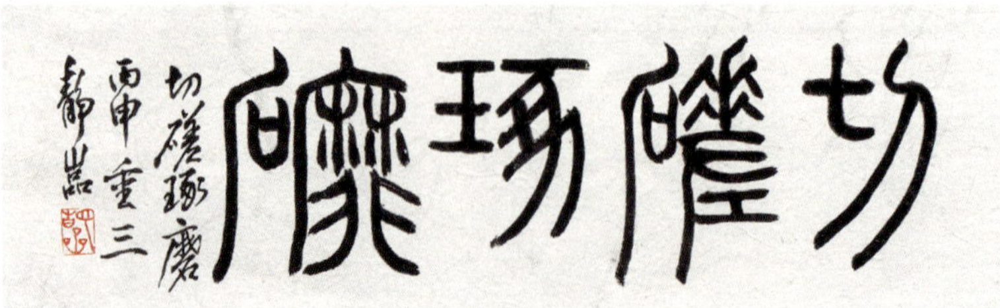

·정암 김선조 작·

절차탁마切磋琢磨.

切磋琢磨.

丙申重三, 靜巖.

'자르고 줄로 쓸고 끌로 쪼고 갈다.'

병신년 삼월삼짇날, 정암.

# 44

# 周急繼乏
## 주급계핍

**조급한 것을 구제하고 결핍한 것을 보태다**

(급한 것은 먼저 구제하고 부족한 것은 보태어 주다)

'주급계핍周急繼乏' 중 '주周'자는 '賙(나눌어 줄 주, zhōu)'자와 같은 자로 '도와주다'라는 뜻이고, '繼(이을 계, jì)'는 '보태다'는 뜻이다. '주급계핍'은 '주급제빈周急濟貧'이나 '주빈제노周貧濟老'로도 쓴디.

《논어》는 원래는 '주급불계부周急不繼富(궁박한 것을 보충하나 부유함에는 더 보태지는 않는다)'로 쓰는데, 부정문 형식을 긍정문 형식으로 바꾸어 '주급계핍'으로 쓴다.

'주賙'자는 '貝'와 소리부 '周'로 이루어진 자이다. '(周)'자를 갑골문은 ''로 쓰고, 금문은 '' · ''로 쓴다. '곡식이 밭에 빼곡히 심어진 형상'이다. 처음에는 ''로 썼으나 후에 의미부 '口'를 추가하여 썼다. '고루 미치다'나 '나라 이름'의 뜻으로 쓰인다. 따라서 '주賙'자는 '재물을 골고루 나누어 주다'는 뜻이다.

'(急)'자는 '心'과 소리부 '及'으로 이루어진 자로, '忞'과 같은 자이다. '及'자를 갑골문은 ''으로 쓰고, 금문은 '' · '(彶)'으로 쓴다. 앞서가는 사람을 급히 따라 잡으려고 하는 모습이다. 후에 '조급하다'라는 의미로 파생되어 쓰인다.

‘繼(繼)’자는 ‘糸’와 소리부 ‘𢇍(이을 계)’로 이루어진 자이다. 고문자에서는 ‘𢇍’와 ‘繼’자가 같은 자이다. 갑골문은 ‘𢇍’로 쓰고 금문은 ‘𢇍’·‘𢇍’로 쓴다. 처음에는 ‘𢇍’로 쓰다가 의미를 더욱 뚜렷하게 나타내기 위하여 ‘糸’를 추가하였다. ‘끊어진 실을 서로 잇는다’는 뜻이다. 본 구절에서는 ‘보태어 주다’라는 뜻으로 쓰인다.

‘乏(乏)’자에 대하여 《설문해자》는 ‘正(正)’자를 거꾸로 쓴 형태라 하였다. 금문은 ‘乏’·‘乏’으로 쓴다. ‘正(正)’자의 윗부분을 삐뚤어지게 써서 모자라거나 정상이 아님을 나타낸다. ‘부족하다’·‘피로하다’의 파생어로 쓰인다.

‘富(富)’자를 금문은 ‘富’·‘富’로 쓴다. 집안에 그릇(畐)가 충분이 있으니 부유한 것이다. 혹은 고문자에서 ‘福’과 같은 자로 쓰인다. ‘福(福)’자를 금문은 ‘福’·‘福’·‘福’으로 쓴다. ‘술통(畐)’을 제단 앞에 놓고 복을 비는 형상이다. 따라서 ‘富’나 ‘福’자 중의 ‘畐’자는 ‘술통’의 형상이다. 고대 사회에서 집안에 ‘그릇’을 갖추고 있음은 부의 상징이다. ‘寶(寶)’자를 금문은 ‘寶’로 쓰기도 하는데, ‘집안에 옥·패·부를 갖추고’ 있는 형상이다. ‘缶(장군 부, fǒu)’는 용기의 일종이다.

子曰: “赤之適齊也, 乘肥馬, 衣輕裘. 吾聞之也, 君子周急不繼富.”(雍也 06.04)

原思爲之宰, 與之粟九百, 辭. 子曰: “毋! 以與爾鄰里鄉黨乎!”(雍也 06.05)

공자가 말하였다.

“적이 제나라에 가 있는 데는 살찐 말을 타고 가벼운 털옷을 입고 지낸다. 내가 듣건대 군자는 궁박한 것을 보충하지 부유한 데에 더 보태지는 않는다더라."

원사가 공자 집안의 가재家宰가 되자 그에게 곡식 구백 석을 주었는데, 그것이 많다하고 사양하였다. 공자가 말하였다.

"그러지 말아라. 네 이웃이나 동네 사람들에게 주려무나."

원사原思는 이름이 헌憲이고 자는 자사子思이다. 원헌原憲이라고도 부른다. 노魯나라 사람으로 공자孔子보다 36세 어렸고 40세에 죽었다한다.

'위지재爲之宰' 중의 '지之'는 공자를 가리킨다. '지재之宰'는 공자 집안의 재정을 맡아보는 가신이다. '여지與之' 중의 '지之'는 원사를 가리킨다.

'인리향당鄰里鄕黨' 중 '인鄰'은 5가구 정도, '이里'는 25 가구 정도, '향鄕'은 12,500 가구 정도, '당黨'은 500 가구 정도를 가리키는 단위이다. 그러나 본 구절에서는 '마을'을 뜻한다. '이여以與' 중 '이以'는 선지사로 '……가지고서'의 뜻이고, '여與'는 '주다'는 뜻이다. '그것(속구백粟九百)을 너의 마을 사람에게 나누어 주다'라는 뜻이다.

연말이 되면 불우한 이웃을 돕기 위해 종교단체가 나서고 숨은 선행자가 나타낸다. 남을 돕는다는 것은 쉬운 일이 결코 아니다. 가진 자일수록 더 가지려고 한다. 기부할 줄 아는 문화가 한국에서는 아직은 덜 정착되었다. 세금은 국가나 지방단체가 국민들을 위해 운영해야할 경비를 징수하는 것이다. 세금은 모든 국민에게 균등하게 부과 징수되어야 하고, 또한 부당한 방법으로 조세를 포탈하는 경우가 생겨서도 안 된다. 가진 자들이 기부는 못할망정 세금포탈은 하지 말아야 할 것이다.

공자는 '나라나 가문家門을 지니고 있는 사람은 백성이 적은 것을 근심하지 않고 수입이 고르지 않은 것을 근심하며, 가난한 것을 근심하지 않고 불안한 것을 근심한다하고, 대체로 수입이 고르면 가난함이 없을 것이고, 화평和平하면 백성이 적을 일이 없을 것이고, 안정하면 나라가 기울어지는 일이 없을 것이다.' 라 하였다.[113]

113 "孔子曰: '求! 君子疾夫舍曰欲之而必爲之辭. 丘也聞有國有家者, 不患寡而患不均, 不患貧而患不安. 蓋均無貧, 和無寡, 安無傾. 夫如是, 故遠人不服, 則脩文德以來之. 既來之, 則安之."(季氏 16.01)("冉求염구야, 군자는 자기가 하고자 하는 욕심이 없다고 말하면서, 오히려 반드시 다른 구실을 찾아내는 그런 태도를 미워한다. 내가 듣건대, '나라나 가문家門을 지니고 있는 사람은 백성이 적은 것을 근심하지 않고 수입이 고르지 않은 것을 근심하며, 가난한 것을 근심하지 않고 불안한 것을 근심한다'는 것이다. 대체로 수입이 고르면 가난함이 없을 것이고, 화평和平하면 백성이 적을 일이 없을 것이고, 안정하면 나라가 기울어지는 일이 없을 것이다. 그렇기 때문에 먼 곳의 사람들이 복종하지 않으면 문화의 힘을 발휘하여서 그들을 따라오도록 하고 그들을 따라오게 하였으면 그들을 안정시켜주는 것이다.)

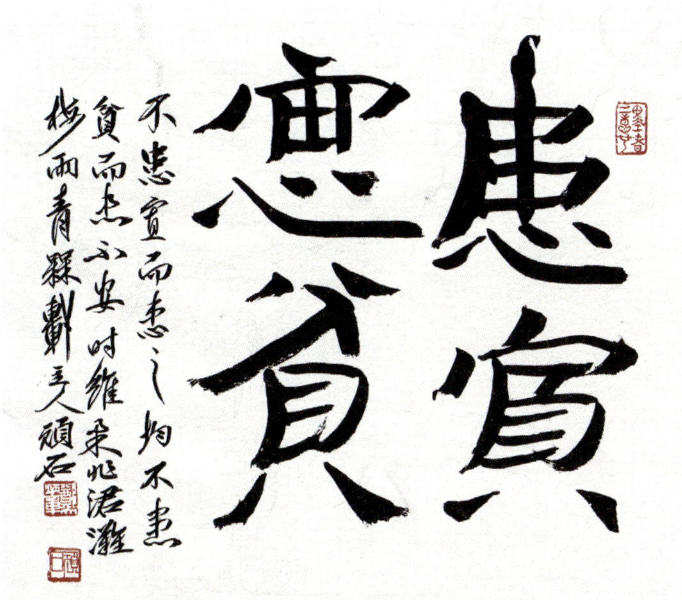


·완석 정대병 작·

환과환빈患寡患貧

“不患寡而患之〈不〉均, 不患貧而患不安.”

時維柔兆涒灘梅雨, 靑梅軒主人頑石.

“백성의 수입이 적은 것을 근심하지 않고 고르지 않은 것을 근심하며, 가난한 것을 근심하지 않고 불안한 것을 근심한다.”

병신년 음력 4월. 청매헌 주인 완석.

# 45

# 善爲我辭
## 선위아사

**대신해서 거절하다**

(자신을 대신해서 총명하게 거절해 주다)

'선위아사善爲我辭'는 '내 자신을 대신 잘 거절해 달라'라는 뜻이다. 지금은 '다른 사람이 나를 대신해서 말해주다' · '말을 솜씨 있게 잘하다' · '남을 대신하여 좋은 말을 하다'라는 뜻으로 쓰인다.

'[illegible](善, 착할 선, shàn)'자는 '羊'과 '言'으로 이루어진 자이고, '羊'은 '美(아름답다)'나 '義(의롭다)'의 편방으로 쓰여 '좋다' · '선하다' · '훌륭하다'라는 의미를 지닌다.

'[illegible](辭, 말 사, cí)'자는 '𤔔'과 '辛'으로 이루어진 자이다. 소리부 '司'를 사용하여 '[illegible](𤔲)'자로 쓰기도 한다. 금문은 '[illegible]' · '[illegible]' · '[illegible]' · '[illegible]' · '[illegible]'로 쓴다. 이중 '[illegible](𤔔)'자는 '두 손으로 실타래를 다루는 모습'이다. 금문은 '[illegible]' · '[illegible]'로 쓴다. 금문의 형태로 보아 '𤔔'→'[illegible]'→'𤔲'→'辭'의 형태로 발전한 것으로 보인다. '辛'은 '𠃌' 혹은 '司'의 형태가 와전된 것으로 보인다. '[illegible](辛)'은 형벌을 가하는 도구이다. 따라서 '사辭'는 '복잡하게 엉킨 문제를 해결해야 하는 법률적 언사言辭'를 뜻한다. 본 구절에서는 '사양하다' · '거절하다'라는 의미로 쓰인다.

季氏使閔子騫爲費宰. 閔子騫曰: "善爲我辭焉! 如有復我者, 則吾必在汶上矣."(雍也 06.09)

계씨가 민자건閔子騫을 비費의 읍재邑宰를 시키려 하자 민자건이 말하였다.

"나를 위해 그것을 잘 거절하여 주십시오. 만약에 또 나를 부르러 오는 사람이 있다면 나는 반드시 문수汶水 가에 가 있게 될 것입니다."

민자건은 민손閔損의 자이고 노魯나라 사람이며 공자의 제자로 공자보다 15세 연하라 한다. 비읍費邑은 지금의 산동성山東省 기주부沂州府 비현費縣이다. 문수汶水는 노魯나라의 북부와 제齊나라의 남부 경계를 흐르는 강이다.

계씨季氏가 당시 노魯나라에서 정권을 잡고 만행蠻行을 자행恣行하자 비읍費邑의 읍재邑宰가 불만을 터트리자 계씨季氏는 민손閔損이 현명하다는 말을 듣고 그를 읍재로 삼으려 사람을 보냈다. 그러자 민손은 자기를 위해 잘 말해 자기를 읍재를 시키려는 생각을 거두게 하여 달라 하였다. 만약에 또 다시 또 권하게 되면 그 때는 노나라를 떠나 제나라로 가서 은둔하겠다는 강한 신념을 표시하고 있다.

어려운 거절이 많다. 거절하는 방법도 미덕 중에 하나이다.

거절하는 말투도 여러 방법이 있다. 거절할 때는 상대방의 기분이 상하지 않도록 조심스럽게 잘 해야 한다. 혹은 후에 그 거절의 화가 자신에 미칠 수도 있으니.

공자가 양화의 제안을 거절한 적이 있다. 양화는 계씨의 가신으로 있으면서 노나라의 정권을 찬탈하려 했으나 실패하고, 공자를 만나려 하였으나 공자가 그를 만나주지 않자 돼지 한 마리를 보내 공자를 유인하려 하였다.

陽貨欲見孔子, 孔子不見, 歸孔子豚. 孔子時其亡也, 而往拜之. 遇諸塗. 謂孔子曰: "來! 予與爾言." 曰: "懷其寶而迷其邦, 可謂仁乎?" 曰: "不可." "好從事而亟失時, 可謂知乎?" 曰: "不可." "日月逝矣, 歲不我與." 孔子曰: "諾, 吾將仕矣."(陽貨 17.01)

양화는 공자를 만나려고 하였으나 공자가 그를 만나주지 않자 공자에게 새끼 돼지를 보내주었다. 공자께서는 그가 없는 틈을 타서 그의 집에 가셔서 감사의 뜻을 표명하였는데, 돌아오는 길에 그를 만났다. 그가 공자에게 말하였다.

"오시오! 내가 당신에게 이야기하겠소."

"자기의 보배를 품안에다 감춰두고서 자기 나라를 어지럽게 하는 것을 인자하다고 말할 수 있는가?"

"그렇다고 할 수 없소."

"정치에 종사하기 좋아하면서도 자주 그 기회를 잃는 것을 지혜롭다고 말할 수 있는가?" "그렇다고 할 수 없소."

"날과 달은 지나가고 세월은 우리와 함께 머물러 있어 주지 않는다."

孔子께서 말하였다.

"예, 나는 장차 벼슬을 하며 살겠소이다."

공자가 '장차 벼슬을 하며 살겠다'는 것은 양화 밑으로 들어가 일을 하겠다는 것이 아니라, 공자 자신은 결코 벼슬을 거절하고 강가에 은둔하는 사람이 아니니 때가 되면 벼슬을 하겠다는 뜻이다. 공자는 양화 밑에서 벼슬을 한 적이 없다.

'귀공자돈歸孔子豚' 중의 '귀歸'는 '饋(보낼 궤, kuì)'의 의미로 쓰여 '음식물을 선물로 보내다'는 뜻이다.

'시기망야時其亡也' 중 '시時'는 '때를 맞추다'는 동사로 쓰인다. '시기망야時其亡也'는 '그가 없는 때를 맞추어 기다렸다가'라는 뜻이다. 공자는 양화가 돼지를 선물로 보내왔으니 예의상 감사를 표시하여야 되는데, 그와 맞닥뜨리면 거절하기 어렵기 때문에 그가 없는 틈에 그의 집에 들러 감사의 뜻을 표하려 했던 것이다. 공자를 벼슬을 거절하는 것이 아니다. 벼슬도 때가 있고 장소가 있는 것이다.

중국 삼국三國시기 위魏나라 시인 완적阮籍은 죽림칠현竹林七賢 중의 한 사람이다. 사마염司馬炎이 왕위에 올라 조위曹魏 집단에 학살을 감행하자 관직에서 물러나 술로 일생을 보냈다. 사마염이 사람을 보내 완적의 딸과 혼사를 진행하려 했지만, 응하기는 싫었으나 거절하기가 어려워 60일 동안 인사불성人事不省 취해 있게 되자 결국은 사마염이 결혼을 포기했다. 이게 바로 '술에 취해 혼사를 거절하다'는 유명한 '취주거혼醉酒拒婚'한 사건이다.

> 완적은 원래 세상을 구하고자하는 원대한 꿈을 가지고 있었으나, 위진 시기는 세상이 어지러워 명사名士 중에 목숨을 부지한 자가 많지 않았다. 완적은 당시 세상을 등지고 술을 마시며 생활하였다. 진나라 문제가 아들 사마염을 완적의 딸과 혼사를 치르려 하였다. 그런데 완적이 60여 일간 크게 취해 있어 사마소司馬昭는 혼사에 관한 말을 꺼낼 기회가 없자 그만두었다. 종회가 이 문제로 완적을 문책하게 되었고, 완적의 대답 여부에 따라 죄가를 물으려 했으나 항상 크게 취하여 있어 어쩔 수 없이 석방하게 되었다.[114]

---

114 "籍本有濟世, 屬魏晉之際, 天下多故, 名士少有全者, 籍由是不與世事, 遂酣飮爲常. 文帝(晉 文帝 司馬昭)初欲爲武帝(晉 武帝 司馬炎)求婚于籍, 籍醉六十日, 不得言而止.

중국 동진東晉 시기 전원田園시인 도연명陶淵明((352?(365)-427)은 '불위오두미절요不爲五斗米折腰'[115]라 하였다. '다섯 말 쌀에 허리를 굽히지 않겠다'는 뜻이다. 다섯 말 쌀은 당시 하급 관리 급여에 해당된다. 도연명은 '귀거래사歸去來辭'로 잘 알려져 있는 인물이다. 나이 마흔에 팽택현령平澤縣令이란 조그만 관직을 차지했으나, 군郡에서 고향의 청년 사찰관이 온다고 도연명에게 의관을 정제하고 나가 맞이하라는 명령이 내려왔다. 그 길로 얼마 되지도 않는 녹봉을 위하여 굽신 거리지 않겠다고 사직서를 내고 고향으로 돌아왔다. 그의 성정性情을 고향으로 돌아가 세속을 멀리하고 자연 속의 안일安逸이었다. 이러한 그의 시적인 취향은 후대 중국 문인들에게 지대한 영향을 미쳤고, 중국 전원파田園派 시인의 으뜸으로 꼽힌다.

입이 포도청이라 속세의 유혹을 뿌리치고 자연을 벗 삼아 유유자적한 안빈낙도하기란 쉽지 않다. 그래서 도연명의 지조가 청순이 부러운 것이다.

鍾會數以事問之, 欲因其可否而致之罪, 皆以酣醉獲免."《晉書 · 阮籍傳》

115 《晉書 · 陶潛傳》: "潛嘆曰: '吾不能爲五斗米折腰, 拳拳事鄉里小人邪!'"

·남천 오인성 작·

선위아사 譱(善)爲我辭

善爲我辭.

龍集丙申陽月, 男泉.

'나를 대신하여 거절을 잘하다.'

병신년 음력 시월, 남천.

# 46

# 不堪其憂
## 불감기우

**걱정을 견디어 내지 못하다**

(근심걱정을 견디어 내지 못하다)

'불감기우不堪其憂' 중 '堪(견딜 감, kān)'은 '견디다'라는 뜻이다. '누추한 생활의 걱정을 참아내지 못한다'는 뜻이다.

''(堪)'자는 '土'와 소리부 '甚(심할 심, shèn, shén)'으로 이루어진 형성자이다. '흙으로 만든 토성이 심히 튼튼하여 적의 공격을 견디어 낸다'는 뜻이다.

''(甚, 심할 심, shèn, shén)'자를 금문은 ''으로 쓴다. 전국戰國시기 초楚나라 문자는 '' · ''으로 쓴다. '숟가락(匕)로 맛있는 음식을 떠먹는' 형상이다. 전서篆書는 '甘'과 '匹'로 쓰는데, '匹'은 금문의 '匕'의 형태가 변한 것이다. 후에 '깊은 맛을 맛보다'는 뜻에서 '깊다' · '중후하다' · '심하다'의 파생어로 쓰인다.

'憂(근심할 우, yōu)'자를 금문은 '' · ''로 쓴다. 수심에 차 얼굴을 감싸고 있는 형상이다. 전서는 ''자는 사람 얼굴의 '頁', '心'과 '夊'로 이루어진 자이다. '사람이 어떤 일에 마음을 쓰다'라는 뜻이다. 금문의 자형은 상형자이며, 전서는 회의자이다.

子曰: "賢哉, 回也! 一簞食, 一瓢飮, 在陋巷, 人不堪其憂, 回也不改其樂. 賢哉, 回也!"(雍也 0611)

공자는 말하였다.

"훌륭하도다, 회回는. 한 그릇의 밥, 한 쪽박의 물로 빈촌貧村에서 살게 되면 다른 사람들은 그 근심을 견디어 내지 못하는데, 회回는 그렇게 살면서도 그의 즐거움이 변하지 않는다. 훌륭하도다. 회回는."

본 구절은 '불감기우不堪其憂' 이외에 '단사표음簞食瓢飮'·'단표누항簞瓢陋巷'·'누항단표陋巷簞瓢'·'소수단표疏水簞瓢'의 성어와 관련이 있다. 가난한 생활을 하여도 그 속에서 즐거움을 찾는다는 '처지태연處之泰然'·'안빈낙도安貧樂道'의 삶을 추구하는 안연의 인생관을 설명하고 있다.

어질지 못한 자는 가난을 못 견디고 즐거움을 오랫동안 즐길 줄 모르는 것이다. 마음속에 항상 무거운 짐을 가득 담고 내려놓지 않으니, 세상사가 모두 그에게는 업보일 따름이다.

子曰: "不仁者不可以久處約, 不可以長處樂. 仁者安仁, 知者利仁."(里仁 04.02)

공자는 말하였다.

"인자仁慈하지 않은 사람은 곤궁 속에서 오래 견디지 못하고, 즐거운 가운데도 오래 있지 못하느니라. 인자한 사람은 인자함을 편안히 여기고 지혜로운 사람은 인자한 것을 이롭게 여긴다."

석가모니가 보리수 아래서 항상 만면에 수심이 가득한 사람에게 물었다. 전해내려오는 이야기이다. "내가 보기에 당신은 돈도 있고 권세도 있고 어여쁜 부인도 있어 근심 걱정할 것이 없는데 무엇이 걱정인가?" "그래서 그렇습니다. 무엇을 덜 가지고 무엇을 더 가져야 할지 몰라서 그렇습니다." "내가 이야기를 하나 해 드리지! 옛날에 목이 말라 죽을 것 같은 사람을 불쌍히 여겨 호수가로 데려간 적이 있소. 그런데 그 사람은 물은 먹지 않고, 오히려 '호수 물이 너무 많아 어떻게 다 마시지?'라고 걱정만 하다가 결국은 목말라 죽었소. '약수삼천지취일표弱水三千只取一瓢'라 했소. 삼천리나 되는 약수弱水(호수의 이름)의 물도 사람이 마시는 물은 고작 한 바가지요. 사람은 살아생전 좋은 일들이 수없이 많소. 단지 욕심이 그것을 느끼지 못하게 마비시키는 것이오."

'약수삼천지취일표弱水三千只取一瓢'는 혹은 '많은 것 중에서 단지 그것만을 중시하다', 즉 예를 들어, '많은 여인들 중에서 오직 상대방만을 선택하겠다'는 뜻으로도 쓰인다.

'불감기우不堪其憂'는 안빈낙도하지 못하고 마음이 여유롭지 않고 가진 자와 비교하기 때문에 항상 근심 속에서 가난하게 사는 것이다. 이런 사람은 있으면 있어서 걱정이고 없으면 없어서 걱정이다. 또한 이런 사람이 자리를 얻었다면, 잃지 않으려고 수단방법을 가리지 않고 무슨 짓이든 하게 될 것이다.

子曰: "鄙夫可與事君也與哉? 其未得之也, 患得之. 旣得之, 患失之. 苟患失之, 無所不至矣."(陽貨 17.15)

공자는 말하였다.

"비루한 사람과 함께 임금을 섬길 수 있겠는가? 그것을 아직 얻지 못하였을 때는 그것을 얻으려고 근심하고, 그것을 얻고 나서는 그것을 잃게 될까 근심한다. 진실로 그것을 잃게 될까 근심한다면 못하는 일이 없게 되는 것이다."

그렇다고 군자는 욕심이 없어야 하는가? 아니다. 욕심을 내되 탐하지 말라하였다.(욕이불탐欲而不貪) 모든 것에 욕심을 내야한다. 인격적 수양이든 부귀富貴든. 그러나 탐하면 안된다. 욕심은 정당한 방법으로 발전적 추구이지만, 탐하는 것은 정도에 어긋나는 행위이기 때문에 '부정과 부패'가 발생하게 된다. 이득이 이로움이 자신에게 있을 땐 반드시 이것이 의義로운 일인가를 헤아려야 한다.(견리사의見利思義) 논어에서 공자는 완성完成된 사람(성인成人)이란 얻는 바가 있으면 의로운가를 생각하고, 나라가 위급하면 목숨을 바칠 수 있고, 약속을 지키는 사람이라 하였다. 이런 사람은 마음이 평온하고 따뜻하기 때문에 자신의 생활에 크게 만족하는 삶을 살 수 있다.

"見利思義, 見危授命, 久要不忘平生之言, 亦可以爲成人矣."(憲問 14.12)

이익을 볼 기회를 당면하면 그것을 취하는 것이 의로운가를 생각하고, 나라가 위태로와진 것을 보면 목숨을 내놓고, 평소에 승낙한 약속을 잊지 않는다면 또한 완성된 인간이라고 할 수 있다."

작품설명

·임강 송연주·

견리사의見利思義

見利思義.

丙申陽中, 林江.

'이득이 있으면 의로운가를 생각한다.'

병신년 봄. 임강

# 47

# 敬而遠之
## 경이원지

**공경하되 가까이 하지 않는다**

(공경을 하되 가까이 하기에 너무 먼 당신)

'경이원지敬而遠之'는 원래 '귀신은 공경을 하되, 가까이 두고 의지하지 말아라'는 뜻이다. 즉 '너무 의지하거나 과하게 믿지 말라는 뜻'이다. 지금은 '존경하기는 하되 가까이하지는 못하다'라는 뜻으로 쓰이기도 한다. 혹은 '겉으로는 존경을 하지만, 속으로는 가까이 하고 싶지 않다'는 부정적인 의미로 쓰이기도 한다.

'(敬, 공경할 경, jìng)'자를 갑골문은 ''·''로 쓰고, 금문은 ''·''·''로 쓴다. 사람이 귀를 쫑긋 세워 조심하고 경계하는 모습이다. ''은 남의 말은 귀를 세워 경청하는 뜻이다. 쫑긋 세운 귀의 모습이 후에 '艹'나 '羊'의 형태로 변하여 '苟'자로 쓰게 되었다. 상대방의 말을 경청하는 것은 상대방에 대한 '존경함'을 표현하는 것이다. '가까이 하기엔 너무 먼 당신'이다.

'(遠, 멀 원, yuǎn))'자는 '辵'과 소리부 '袁'으로 이루어진 자이다. 고문은 '(遠)'으로 쓴다. '辵'·'(日)口'·'步'로 이루어진 자이다. '어떤 지역(口)에서 멀어져 가는 모습'이다. 금문은 ''·''으로 쓴다. '(袁)'은 '口'와 '步'의 자형이 와전된 형태이다.

樊遲問知. 子曰: "務民之義, 敬鬼神而遠之, 可謂知矣." 問仁. 曰: "仁者先難而後獲, 可謂仁矣."(雍也 6.22)

번지樊遲가 지혜에 관해서 여쭈어 보았다. 공자는 말하였다.

"백성이 따를 정의를 살리기에 힘쓰고, 귀신들을 공경스럽게 다루되 그것들을 멀리 한다면 지혜롭다고 말할 수 있다."

인에 관해서 여쭈어 보았다. 공자는 말하였다.

"인이라는 것은 먼저 고난을 겪고 난 뒤에 얻게 되는 것으로, 그래야 인이라고 할 수 있다."

번지는 혹은 번수樊須라고도 부르고, 자는 자지子遲이다. 제齊나라 사람(혹은 노魯나라 사람이라고도 한다)이며, 공자보다 36세 연하라 한다. 논어에서의 귀신은 주로 돌아가신 조상을 두고 하는 말이다. 귀신은 물론 예禮로써 받들어야 하지만 그것이 모든 일의 중심이 되면 안 되고 산 사람을 중심으로 모든 일을 처리해 나가는 것이 지혜롭다는 말이다.

'경이원지敬而遠之'는 상대방을 무서워서 멀리하는 '외이원지畏而遠之'와는 다르다. '가까운 사이이나 어느 정도 거리를 두다'라는 '근이원지近而遠之'와는 비슷하나 '존경하는 마음'이 더 있는 것이 '경이원지'이다. 이 외에도 '미워서 멀리하다'는 '오이원지惡而遠之'라는 말이 있다.

'경이원지'는 상대방을 존경하고 좋아하되 가장 함부로 하지 못하거나 가까이 다가가지를 못하는 것을 말한다.

종회鍾會는 사본론四本論이란 책을 다 쓰고 나서 혜강嵇康에게 보여주고 싶었다. 책을 가지고 혜강을 방문했지만 책에 대한 비평이 두려워 대문 밖에서 감히 들어가지 못하고 멀리에서 담 너머로 던져 넣고 뛰어 달아 났다한다. 세설신어世說新語에 나오는 이야기이다.[116] 종회는 평소에 혜강의 학문을 존경하여 검증을 받고 싶었으나, 감히 학문적 질책이 두려워 감히 앞에 나서지 못했던 것이다.

안연은 스승 공자를 가리켜 우러러 볼수록 더욱 높고, 뚫고 들어가면 갈수록 더욱 견고한 듯하고, 쳐다보면 볼수록 더 멀리 앞에 있는 듯 하며, 또 어느새 뒤에 있으니 스승의 세계는 무궁무진하고 변화무쌍하다하였다. 공자는 또한 부드럽게 남을 잘 인도해 주시고 학문을 넓혀 주시고, 예로서 자신을 절제해 주시니, 그만 둘까 하여도 그만 둘 수 없게 하는 분이라 하였다.[117] 이러한 스승이 바로 '경이원지敬而遠之'한 분이시다.

좋은 스승 밑에서 좋은 제자가 있는 것이다. '경이원지'의 반대말은 '오이원지惡而遠之'이다. '오이원지'는 '미워하여 멀리하는 것'이다. 선생님이 학생으로부터 '경이원지'의 존경을 받지는 못할망정, 학생으로부터 '오이원지'를 당하지는 말아야 할 것이다. 제자로부터 존경을 받기 위해서는 스승 역시 '박학博學'하도록 끊임없이 노력하고, 정도에 어긋나지 않도록 하여야 한다.

현대 사회에 스승의 권위가 떨어진지 오래다. 2016년 경기 모 대학의

---

116 "鍾會撰《四本論》始筆, 甚欲使嵇公一見. 置懷中, 既定(詣宅), 畏其難, 懷不敢出, 于户外遙擲, 便回急走."(《世說新語 · 文學》)

117 "顏淵喟然嘆曰: "仰之彌高, 鑽之彌堅, 瞻之在前, 忽焉在後. 夫子循循然善誘人, 博我以文, 約我以禮, 欲罷不能. 即竭吾才, 如有所立卓爾. 雖欲從之, 末由也已." (《論語 · 子罕》09.11)(안연은 후하고 탄식하며 말하였다. "우러러 볼수록 더욱 높아지고, 뚫을수록 더욱 견고해 지고, 쳐다보면 앞에 있는 듯한데, 어느덧 뒤에 있다. 선생님께서는 부드럽게 남을 잘 인도해 주시어, 나를 넓혀 주시기를 문으로써 하시고, 나를 절제하시기를 예로써 하시니, 그만 두고자 해도 그만 둘 수 없네. 힘껏 내 재주 다하여 이제 능히 설수 있다고 생각했는데도 아직도 스승을 따르고자하나 말미암을 데가 없네.")

'대학교수 인분 사건'은 참으로 선생님인 한 사람으로써 부끄럽기 짝이 없다. 제자에게 인분을 먹이거나 폭행을 가하는 '엽기적 가혹 행위 교수'의 발생 원인은 그래도 자신의 학문 분야 공부는 열심히 했겠지만, '예禮'로써 자신을 제어하거나 '인仁'으로 자신을 수양하지 못했기 때문이다. 이는 왜 스승이어야 하는지 절실한 물음도 없고 가장 중요한 교육은 가장 가까운 자기 자신의 수양부터라는 것이 없기 때문이다.

子曰: "君子博學於文, 約之以禮, 亦可以弗畔矣夫!"(雍也 06.27)

공자는 말하였다.

"군자로서 글을 널리 배우고 그것을 예禮로써 절제한다면 또한 정도正道에서 어긋나지 않을 수 있게 될 것이다.

子夏曰: "博學而篤志, 切問而近思, 仁在其中矣."(子張 19.06)

자하가 말하였다.

"널리 배우되 뜻을 독실하게 갖고, 간절하게 묻되 가까운 것부터 생각해 나간다면 인仁이 그 가운데 있을 것이다."

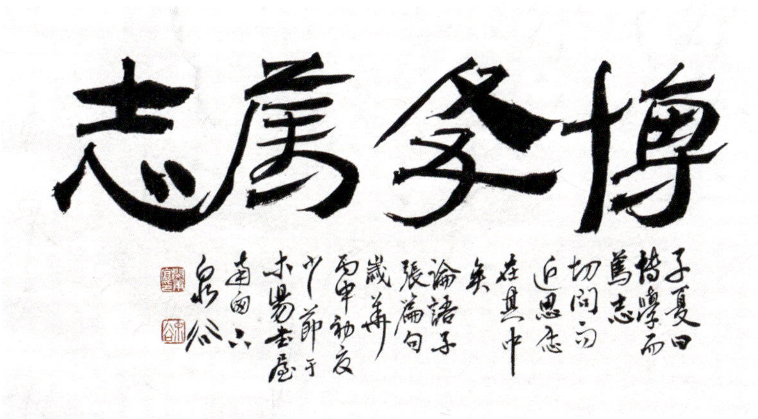

·천곡 민경부 작·

박학독지博學篤志

"子夏曰: 博學而篤志, 切問而近思, 忎(仁)在其中矣."論語子張篇句.

歲華丙申初夏之節, 木陽書屋南囪(窓)下泉谷.

子夏가 말하였다. "널리 배우되 (학문하는) 뜻을 독실하게 갖고, 간절하게 묻되 가까운 것부터 생각해 나간다면 인仁이 그 가운데 있을 것이다."논어 자장편 구절

병신년 음력 4월. 목양서옥 남창가에서 천곡.

# 48

# 從井求人
## 종정구인

**우물 속으로 들어가 사람을 구하다**

(위험을 무릅쓰고 남을 구하다)

'종정구인從井求人'은 원래 '우물 속으로 들어가 사람을 구하다'는 뜻이다. 지금은 이 의미가 파생되어 '어리석게 우물로 뛰어 들어가 사람을 구하다'·'제 몸도 상하고 다른 사람에게도 이득이 되지 않는다'·'위험을 무릅쓰고 남을 돕다'라는 뜻으로 쓰이기도 한다.

'從(좇을 종, cóng)'자는 원래 '(从)'자와 같은 자이다. 후에 '辵(辶)'을 추가하여 '(從)'자로 쓴다.

'井'자를 갑골문은 ''으로 쓰고, 금문은 ''으로 쓴다. '우물에 나무로 설치한 보호대'의 형상이다.

'求'자는 고문자는 원래 '裘(갖옷 구, qiú)'와 같은 자로 '가죽으로 만든 옷'을 가리킨다. '가죽 옷은 귀한 옷'이기 때문에 '구하다'라는 파생어로 쓰이게 되었다. '求'자를 갑골문은 ''·''로 쓰고, 금문은 ''·''·''로 쓴다. 금문 중 ''자는 '求'의 자형이고, ''·''는 '裘'자의 형태이다.

宰我問曰: "仁者, 雖告之曰, '井有仁焉.' 其從之也?" 子曰: "何爲其然也? 君子可逝也, 不可陷也, 可欺也, 不可罔也."(雍也 06.26)

재아宰我가 물었다.

"인자仁慈한 사람은 그에게 거짓으로 '우물 속에 인자仁者가 있다'고 일러 주면, 그를 좇아 우물 속으로 따라 들어갑니까?"

공자는 말하였다.

"무엇하러 그렇게까지 하겠느냐? 군자는 우물 있는 데까지 가기는 할 것이나 우물에 빠지지는 않을 것을 것이고, 그를 속일 수는 있을 것이나 우롱할 수는 없을 것이다."

'하위기연야何爲其然也' 중의 '기其'는 어기조사이고, '연然'은 '그렇다'는 의미로 '무엇 때문에 그리하겠는가' 라는 뜻이다.

재여宰予의 자는 자아子我이다. 낮잠 자다 공자에게 욕먹은 제자로 유명하다. 군자는 속을 수는 있어도 사리를 모르고 맹목적으로 우매한 짓을 하지 않는 것이다. '우물에 사람이 빠졌다'면 인을 행하기 위해 달려가지만 맹목적으로 우물 안으로 뛰어들어 모두 목숨을 잃는 희생을 하지 않는다. 좋은 방법을 강구하여 위험에서 벗어나게 할 수 있을 것이다.

용맹勇猛과 만용蠻勇은 분명히 다르다. 만용은 '사리를 분별하지 않고 맹목적으로 함부로 날뛰는 무식한 행위'를 가리킨다. 대책을 강구하지도 않고 무조건 뛰어드는 것은 만용적인 행동이다. 군자가 이러한 짓을 하겠는가!

군자를 가게 하는 '逝(갈 서, shì)'는 곧 군자 또한 속임을 당할 수 있는 '欺(속일 기, qī)'이다. 그러나 속임을 당할 수는 있으나 군자는 함정에 빠져 자신을 위험한 지경에 이르게 하는 '陷(빠질 함, xiàn)'이나 무식하게 행위하는 '罔(그물 망, wǎng)'은 결코 하지 않는 것이다. '망罔'자는 '망亡'과 '무無'의 의미로 쓰인다.

'(逝, 갈 서, shì)'는 '辵'과 소리부 '折'로 이루어진 자이다. '(折, 꺾을 절, zhé ,shé, zhē)'자를 갑골문은 '' · ''로 쓰고, 금문은 '' · ''로 쓴다. '도끼로 나무를 절단하다'는 뜻이다. 후에 '辵(辶)'을 추가하여 '逝'로 '나무를 베러 가다'라는 뜻으로 쓰이며, '가다' · '서거하다' 등의 파생어로 쓰인다.

'(欺, 속일 기, qī)'자는 '欠(하품 흠, qiàn)'과 소리부 '其'로 이루어진 자이다. '欠'자는 '하품을 하면 기운이 모자라기 때문에' '하품' · '모자라다' 라는 의미로 쓰인다. '欺'자는 '자신이 부족하거나 기운이 딸리면 남을 속일 수 있고', '마치 자신이 기운이 모자라는 것처럼 보이지 않기 위하여 속일 수 있기 때문에', '속이다'라는 파생어로 쓰인다.

'陷(빠질 함, xiàn)'자는 고문자에서 '臽(함정 함, xiàn)'자와 같은 자이다. 후에 언덕이라는 뜻의 '𨸏(阝)'를 추가하여 쓴 것이다. '(陷)'자는 웅덩이에 동물이 빠진 모양인 '' · ''으로 쓴다. 금문에서는 동물이 사람으로 변형되어 '' · ''으로 쓴다.

'罔(그물 망, wǎng)'자의 고문자는 원래 '网'으로 쓴다. 후에 소리부 '亡'이 추가되어 상형문자가 형성문자 '罔'으로 변한 것이다. 따라서 '罔'자의 고문자는 ' · (网)' · ' · (罔)' · '(網)'으로 쓴다. 이중 '网(罒)'자는 그물 모양인 상형자이고, ''자는 그물에 소리부 '亡'를 추가한 형성자이고, '(網)'자는 '罔'자에 실로 만든 그물이라 해서 '糸'를 추가하여 쓴 것이다.

본 구절에서 '罔'자는 '亡' 혹은 '無'의 가차자로 쓰인다. '무능하다' · '우롱하다'는 뜻이다.

《맹자孟子 · 만장상萬章上》에 '기欺'(속이는 것)와 '망罔'(우롱하는 것)의 차이점에 대하여 설명한 내용이 있다.

"不識舜不知象之將殺己與？" 曰: "奚而不知也？ 象憂亦憂, 象喜亦喜." 曰: "然則舜僞喜者與？" 曰: "否. 昔者有饋生魚於鄭子產, 子產使校人畜之池. 校人烹之, 反命曰: '始舍之圉圉焉, 少則洋洋焉, 攸然而逝.' 子產曰: '得其所哉！得其所哉！'" 校人出, 曰: "孰謂子產智？予既烹而食之, 曰: '得其所哉！得其所哉！'" 故君子可欺以其方, 難罔以非其道. 彼以愛兄之道來, 故誠信而喜之. 奚僞焉？(《孟子 · 萬章上》)

"순이 '이곳의 많은 사람들을 생각하여 네가(상象) 내 집을 돌봐주러 왔구나.'라고 했는데, 순은 상象이 자기를 죽이려던 것을 몰랐을까요?"

"왜 몰랐겠느냐? 상이 근심하면 자기도 근심하고, 상이 기뻐하면 자기도 기뻐한 것이다."

"그렇다면 순은 거짓으로 기뻐한 것입니까?"

"아니다. 옛날에 어떤 사람이 정자산鄭子產에게 산 물고기를 선물하였는데, 자산子產은 연못지기를 시켜 그것을 못에다 기르라고 하였다. 연못지기는 그 물고기를 삶아 먹고는 돌아와서, '처음 놓아 주니까 빌빌 하더니, 조금 있다가는 꼬리를 치고 홱하니 깊은 데로 들어가버렸습니다'하고 보고하였다. 자산은 '제 살 곳으로 갔구먼, 제 살 곳으로 갔어.'하고 말했다. 연못지기가 물러나와서 '누가 자산이 지혜롭다고 하였을까? 내가 삶아서 먹어버렸는데 '제 살 곳으로 갔구먼, 제 살 곳으로 갔어'라고 하는데'라고 말했다. 그러므로 군자란 실제에 사리와 맞는 방법으로 속일 수는 있어도, 도리에 맞지 않는 방법으로 그를 우롱하기는 어려운 것이다. 상象이 형을 사랑하는 도리를 내세우고 왔으므로 정말로 믿고서 기뻐한 것이지, 어찌 거짓으로 그랬겠느냐?"

논어에서 '기欺'는 사람(혹은 인)이 우물 안에 있다는 말을 들으면 당연히 헤아릴 겨를 없이 당장 우물로 달려가야 하는 것이다. 만약에 이 일이 사실이라고 한다면 우물에 빠진 사람은 위험에 처하게 되기 때문이다. 속임을 당함은 뒤에 판단할 일이다. 그 일을 맞닥뜨리고 난 다음에 판단할 문제이다. 군자는 어질기 때문에 다른 말을 신뢰하는 것이다. 그러나 확인한 다음 그것이 거짓이면 적절한 조치를 취하지 맹목적으로 헛되이 막무가내로 일 처리를 하지 않는 것이다.

상象은 순舜 임금의 이복동생이다. 상은 순의 아버지 고수瞽瞍와 함께 순을 죽이려 순으로 하여금 우물을 파게하고 그 위에 흙을 덮어 죽이려 하였다. 아버지가 죽이려 한다고 헤아림 없이 죽는 것은 불효이다. 그래서 순은 아버지의 명령에 따르면서도 지혜롭게 대처하여 살아남았다. 순은 아버지를 존경하고 동생을 사랑하기 때문에 자신을 죽이려 한다해도 미워할 수 없었고, 이들의 본심은 자신을 사랑하고 있음을 알고 있기 때문에 그들의 명령에 따랐다. 또한 동생의 기쁨이 자신의 기쁨이기 때문이지 결코 거짓을 꾸며 동생의 대하지 않았다. 이게 군자가 속임을 당하는 것이다.

어떤 사람이 고기를 잡아 먹어버리고, 그 일을 사리에 맞게 보고를 하면 군자가 아닌 일반이라도 당연히 믿어야 되는 것이다. 군자는 상대방을 신뢰하기 때문에 더욱 그의 언행을 신뢰한다. 이러한 거짓 행위는 이를 믿는 군자의 잘못이 아니고 어리석음이 아니라, 이를 속이는 위선자의 잘못이고 어리석음이다. 결국 속이는 것은 자기 자신이기 때문이다. 그렇다고 군자는 무조건 속임을 당하기만 하는 것이 아니다. 그 거짓이 생명에 혹은 나라에 큰 재앙이 따르게 되는 불상사가 생길 가능성이 있는 것이라면 군자는 이에 대한 적절하고 총명하게 대처하여 위험을 벗어난다.

'가기이기방可欺以其方, 난망이비기도難罔以非其道'는 군자란 사리에 맞는 꾸밈으로 군자를 속이려 든다면 사람을 신뢰하기 때문에 속임을 당할 수 있지만, 도道가 아닌 것으로서 그를 우매한 짓을 하게 하지는 못하게 된다라는 뜻이다. 순 임금을 우물에 들어가게 하는 속임을 당할 수 있으나, 그를 죽이려 흙을 덮는 행위는 생명을 빼앗는 도道가 아닌 행위이기 때문에 지혜로 이를 벗어나는 것이다.

'기欺'는 속이는 것이다. 군자는 소인이 속이면 속임을 당할 수 있다. 군자는 다른 사람을 믿기 때문에 소인의 말을 믿는다. '망罔'은 우롱하는 것이다. 군자는 소인의 속임을 당하나, 박학독지博學篤志하고 절문근사切問近思하기 때문에 우롱을 당하여 함께 노닥거리지 않는다. 군자는 박학하고 의지가 독실하며, 철저하게 헤아리고 두루두루 생각을 깊이 있게 하기 때문에 소인의 진실여부를 금방 헤아릴 수 있게 된다.

'종정구인從井求人'은 또한 우물에 빠진 사람을 돕다는 뜻에서 '자신의 위험을 무릅쓰고 환난에 빠진 사람을 돕다'라는 뜻으로 쓰인다. 남에게 덕을 쌓으면 그 덕은 반드시 되돌아오는 것이다. '음덕양보陰德陽報'란 남몰래 덕행을 쌓은 사람은 뒤에 그 보답을 받는 다는 말한다.

·천곡 민경부 작·

덕불고필유린德不孤必有隣

'德不孤必有隣'.

龍集丙申孟夏之節, 泉谷.

'덕은 외롭지 않고, 반드시 이웃이 있게 된다.'

병신년 음력 4월, 천곡.

덕을 베풀기 때문에 자연히 다른 사람이 그 사람 주위에 모여들기 마련이다. 물불을 가리지 않고 남을 도와주는데, 그 사람의 덕망을 좋아하지 않는 사람이 있겠는가.

전남 구례에 가면 지리산 중턱에 운조루雲鳥樓가 있다. 중요민속자료 제 8호로 지정된 이 건축물은 조선 영조 52년(1776)에 당시 상수부사를 지낸 유이주가 세운 조선시대 양반가의 저택이다.

운조루는 빼어난 건축미로 유명하기도 하지만, 그보다도 아름다운 것은 건축물에 이웃을 배려하는 마음 담겨 있다는 것이다. 그 중의 하나가 높게 쌓은 굴뚝을 볼 수 없다. 밥 짓는 연기가 밖으로 새어나가지 않도록 굴뚝을 땅에 만들어, 끼니를 거르는 이웃에게 소외감을 느끼지 않도록 하는 배려 때문이란다. 이 집안에는 또한 '타인능해他人能解'라는 두가마니 반이 들어가는 쌀뒤주가 있는데, 뒤주 아랫부분에 구멍을 내서 누구라도 쌀이 떨어져 끼니를 걱정하면 구멍을 돌려 쌀을 가져갈 수 있세 했다. 끼니를 이을 수 없는 이웃인 타인이 능히 마음 놓고 구멍마개를 풀어 쌀을 가져갈 수 있다 해서 '타인능해'라 한다. 이 집안은 역사적 각종 민란과 동학, 여순사건, 6 · 25를 겪으면서도 운조루가 지금까지 건재할 수 있었던 것은 바로 이 남을 배려하는 덕德 때문이란다.

구례 운조루의 '타인능해他人能解'

# 49

# 博文約禮
## 박문약예

**넓게 배우고 예로 다스리다**

(학문을 넓게 배우고 예의로써 자신을 다스리다)

'박문博文'은 '널리 학문을 배우다'는 것이고, '약예約禮'는 '예절로 자신의 행동을 절제하다'는 뜻이다.

> 子曰: "君子博學於文, 約之以禮, 亦可以弗畔矣夫!"(雍也 06.27)
>
> 공자는 말하였다.
>
> "군자가 글을 널리 배우고 그것을 예로써 절제한다면 또한 정도正道에서 어긋나지 않을 수 있게 될 것이다."

글로써 널리 광범위하게 배우고, 예절로써 절제를 하고 실천하고, 법도法度에 알맞게 생활하여야 군자라 할 수 있다.

'博(넓을 박, bó)'자는 '十'과 '尃'로 이루어진 자이며, 금문은 ''으로 쓴다. '尃(펼 부, bù, fū)'자는 '甫'와 '寸'으로 이루어진 자이다. '甫'자를 갑골문은 ''로 쓰고 금문은 ''''로 쓴다. 고문자는 '밭에 새싹이 난 모습'으로 '圃(밭 포, pŭ)'와 같은 자이다. '尃'는 '손으로 밭은 일구'는 뜻이고, '博' 중의 '十'은 많다는 뜻이니 많은 밭은 일구는 것을 가리킨다. 후에 '넓

다’·‘광대하다’라는 뜻으로 쓰인다.

‘約(묶을 약, yuē, yāo)’자는 ‘糸’와 소리부 ‘勺(구기 작, sháo)’으로 이루어진 자이다. ‘실로 묶다’·‘구속하다’·‘절제하다’라는 뜻이다. ‘(勺)’자는 ‘술 같은 액체를 뜰 때 사용하는 생활용품’이다. ‘勺’자는 나무로 만들기 때문에 후에 ‘木’을 추가하여 ‘杓’로 쓴다. 실을 뜻하는 의미부 ‘사糸’는 ‘실로 물체를 묶듯이 한 작 두 작 액체를 퍼서 큰 공기에 담아 용량을 헤아린다’는 뜻을 나타낸다. 후에 ‘묶다’·‘절제하다’라는 파생어로 쓰인다.

‘畔(두둑 반, pàn)’자는 ‘叛(배반할 반, pàn)’자의 가차자假借字로 쓰인다. 음성이 같은 자를 빌려 쓰는 것을 가차假借라 한다. ‘(叛)’자는 ‘半’과 소리부 ‘反’으로 이루어진 자이다. ‘(半)’자는 ‘소의 뿔을 나누는’ 뜻이며 금문은 , ‘(反)’자는 ‘손으로 물건을 뒤집어 놓은’ 형상이다. 갑골문은 ‘’으로 쓰고, 금문은 ‘’으로 쓴다. ‘반叛’자는 ‘배단하다’·‘어긋나다’라는 뜻으로 쓰인다.

홍콩에 홍콩(香港)대학과 중문대학中文大學이 유명하다. 홍콩대학의 교훈敎訓은 ‘명덕격물明德格物’이고,[118] 중문대학은 ‘박문약예博文約禮’이다.

---

118 《禮記 · 大學》: “大學之道, 在明明德, 在親民, 在止于至善. ……欲正其心者, 先誠其意; 欲誠其意者, 先致其知; 致知在格物.”

홍콩대학 교휘校徽(명덕격물明德格物) 중문대학中文大學 교휘(박문약예博文約禮)

공인이 해당하는 일을 잘 하기 위해서는 먼저 그가 다루는 공구를 날카롭게 갈아 준비해야 한다.[119] 우리에게 '이기利器'는 학문을 널리 읽히고, 이를 실천으로 옮길 때 예절에 맞게 절적하게 처리하는 것이다. 안연은 '스승 공자가 자신을 글로 박식하게 하였고 예절로 절제하도록 하였다.'라고 하였다.

> 夫子循循然善誘人, 博我以文, 約我以禮, 欲罷不能.(子罕 09.11)
>
> 글로 나의 지식을 넓혀 주시고, 禮로 나의 행위를 절제토록 하여 주서, 내가 그만둘래야 그만둘 수 없게 하였다.

'문文'은 시서역예詩書易禮와 같은 성인의 말씀과 성인이 행한 행동양식

---

119 子貢問爲仁. 子曰: "工欲善其事, 必先利其器. 居是邦也, 事其大夫之賢者, 友其士之仁者." (衛靈公 15.10)(자공이 인에 대하여 묻자 공자가 답하였다. "공인이 그 일을 잘 하려면 반드시 먼저 연장을 예리하게 하듯이, 그 나라에 살 때는 그 나라의 대부 중에 현명한 자를 받들고, 그 나라의 선비 중에서 인한 사람을 벗으로 하여야 한다.)

을 배우는 것을 말한다. '예禮'란 일종은 '문文'의 실천 '수신修身' · '제가齊家' · '치국治國' · '종정從政'과 같은 항목을 행할 때 가진 마음의 행동 양식이다. '약예約禮'는 즉 박학博學을 대도大道에 어긋나지 않게 절제되게 실천함을 말한다.

논어에서 '문文'이란 육예六藝를 가리킨다할 수 있다. 즉 '예禮(예의범절)' · '악樂(음악音樂)' · '사射(활쏘기)' · '어御(말타기)' · '서書(글쓰기)' · '수數(수학)'이다. '예禮'는 '온화' · '양순' · '공손' · '검약' · '사양'과 인격적 덕성德性을 가리킨다.[120]

아무리 많이 배워도 예절로 절제되지 못하면 소인배가 예절을 모르는 것보다 그 재앙은 더 심각하다. 나라를 팔아먹거나, 반란을 일으키거나, 부패를 일삼을 수 있기 때문이다.

> 子路曰: "君子尙勇乎?" 子曰: "君子義以爲上, 君子有勇而無義爲亂, 小人有勇而無義爲盜."(陽貨 17.23 )
>
> 자로는 "군자는 용맹한 것을 숭상합니까"라 물었다. 공자는 말하였다.
>
> "군자는 정의正義를 숭상한다. 군자가 용맹하면서 정의를 무시하면 난동을 일으키게 된다. 소인이 용맹하면서 정의를 무시하면 도둑질을 하게 된다."

---

120 子禽問於子貢曰: "夫子至於是邦也, 必聞其政, 求之與? 抑與之與?" 子貢曰: "夫子溫良恭儉讓以得之. 夫子之求之也, 其諸異乎人之求之與?"(學而 01.10)(자금이 자공에게 물었다. "우리 선생님께서는 어느 한 나라에 가시게 되면 반드시 그 나라의 정사政事에 참여하시고는 하시는데, 그것은 자진해서 요구하셔서인가요, 그렇지 않으면 (그 나라의 임금이) 정사에 참여시켜서인가요?" 자공이 말하였다. "선생님께서는 온화. 양순. 공손. 검약. 사양 다섯 가지 덕성으로 인격을 이룩하셨습니다. 선생님께서 자진해서 요구하시는 것은 다른 사람들이 자진해서 요구하는 경우와는 다릅니다.")

공자는 학생들에게 네 가지, 즉 문장(글), 실천 행위, 충성스러움, 신용이다.

子以四教, 文, 行, 忠, 信.(述而 0725)

선생님께서는 네 가지를 가지고 가르치셨다. 글과 실천과 충성과 신용이 그것이다.

그런데 '문文'과 '행行'은 반드시 '충신忠信'과 돈독함(篤)과 남을 배려하는 존경(敬)이 수반되어야 한다.

子張問行. 子曰: "言忠信, 行篤敬, 雖蠻貊之邦, 行矣. 言不忠信, 行不篤敬, 雖州里, 行乎哉?"(衛靈公 1506)

자장이 자신의 주장이 사람들 사이에 통할 수 있게 되는 데 관해서 여쭈어 보았다. 공자는 말하였다.

"말이 성실하며 신용이 있고 행동이 진지하고 존경하는 마음이 있으면, 오랑캐의 나라에서라 할지라도 통하게 될 것이다. 말이 성실하지 않으면 신용이 없고 행동이 진지하지 않고 존경하는 마음이 없다면, 제 고장에서라 한들 통하게 되겠느냐?"

글(문장) 역시 정성스런 마음으로 써야 독자를 수긍시킬 수 있고, 외교 문제 역시 진실된 정성스런 마음만이 해결할 수 있는 것이다. 그래서 나치에 대한 독일의 진심어린 사과, 아직도 끝나지 않고 아물지 않은 일본에 대한 한국의 원망이 대조적일 수밖에 없다.

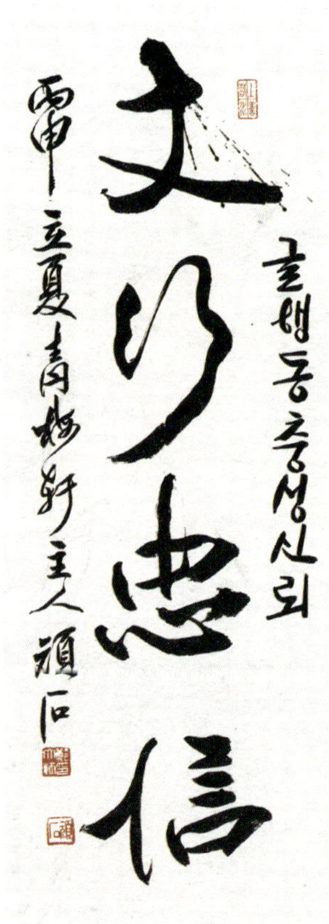


·완석 정대병 작·

문행충신文行忠信

文行忠信.

丙申立夏, 靑梅軒主人頑石.

'글, 행동, 충성, 신뢰.'

병신년 입하, 청매헌주인 완석

# 50

# 易事難說
## 이사난열

**섬기기는 쉬어도 기쁘게 하기는 어렵다**

(군자는 모시기는 쉬우나 기쁘게 하기는 쉽지 않다)

‘이사난열易事難說’ 중 ‘이易’는 ‘용이하다’는 뜻이고, ‘열說’은 ‘悅(기쁠 열, yuè)’자와 같다. ‘섬기기는 쉬워도 기쁘게 하기는 쉽지 않다’는 뜻이다.

‘(易)’자를 《설문해자說文解字》는 ‘도마뱀’의 형상을 본 떠 만든 상형자라 하였다.[121] 그러나 곽말약郭沫若 등은 갑골문은 ‘’·‘’으로 쓰고, 금문은 ‘’·‘’로 쓴다하고 ‘물이 용기에 넘쳐 흐르는 모양’을 나타내는 ‘익益(溢)’의 초문이라 하였다.[122] 서중서徐中舒《갑골문자전甲骨文字典》은 갑골문 중에는 ‘역易’자를 혹은 ‘’자로 쓰며 물이 그릇을 넘쳐나기 때문에 ‘남에게 주다(사賜)’라는 의미로 파생되어 쓰이거나, ‘바꾸다(역易)’의 의미로 파생되어 쓰인다하였다.[123] 그릇에 물이 넘치면 그릇을 교환하여야 하기 때문에 ‘바꾸다’는 뜻이고, 그릇 바꾸는 것 또한 쉬운 일이

121 《說文》: “易, 蜥易, 蝘蜓, 守宮也. 象形.”

122 郭沫若《文史論集》: “(甲文·金文)可以看出易字是益字的簡化”, “益乃溢之初文, 象杯中盛水滿出之形”, “益既引伸爲增益, 故再引伸爲錫予.”

123 徐中舒《甲骨文字典》, 四川辭書出版社, 1063쪽 참고.

기 때문에 '용이하다'는 뜻으로 쓰일 수도 있다. 그러나 이러한 설명은 너무 꿰맞추기 식의 설명이 되기 쉽다. 혹은 '바꾸다'와 '쉽다'라는 근원은 원래 각기 달랐던 것이 아닌가 한다. 후에 형태가 서로 유사하기 때문에 모두 '易'자로 쓰게 된 것이 아닌가한다. 즉 하나는 도마뱀 ''으로 쓰며 '蜴(도마 뱀 척, yì)'자의 초문이고, 도마뱀은 쉽게 변색하기 '용이하다'라는 의미로 파생되어 쓰이고, 하나는 쇠 물이 넘치는 모양인 ''으로 쓰고 '錫(주석 석, xī)'자의 초문初文이며 '바꾸다'의 파생으로 쓰는 것이 아닌가 한다. '錫'자는 쇠 물이 넘쳐흐르는 모양이다. 금문은 ''·''로 쓰며 '易(賜)'나 혹은 '쇠붙이'라는 의미로 쓰인다. 그런데 후에 고문자의 비슷하기 때문에 모두 '易'자로 쓰고 의미는 각자의 파생어로 쓰이게 되었다.

'(事, 일 사, shì)'자를 갑골문은 ''로 쓰고, 금문은 ''로 쓴다. 손에 도구를 쥐고 있는 형상이다. 후에 '일' 혹은 '일을 하다'는 뜻으로 쓰인다.

'(難, 어려울 난, nán, nàn)'자는 의미부 '隹(鳥)'와 소리부 '堇'으로 이루어진 자이다. '難'자를 '鷬'으로 쓰기도 한다. '堇'자를 금문은 ''·''으로 쓴다. 제사에 쓰일 희생물이 묶여 '불(火)' 위에 있는 모습이다. '難'은 날개가 묶여 희생물로 쓰이기 전의 고통스러운 새의 형상이다. 후에 '어렵다'는 의미로 쓰인다.

'說'자는 '悅(기쁠 열, yuè)'자의 의미로 쓰인다. '悅'자는 '心'과 소리부 '兌'로 이루어진 자로, 전국戰國 초楚나라 문자는 ''로 쓴다. '(兌, 웃을 태, duì)'자는 '悅'자의 초문으로 '입을 벌리고 웃는 모양'이다. '悅(기쁠 열, yuè)'은 '기뻐하다'라는 뜻이다.

> 子曰: "君子易事而難說也. 說之不以道, 不說也, 及其使人也, 器之. 小人難事而易說也. 說之雖不以道, 說也, 及其使人也, 求備焉."(子路 13.25)

공자는 말하였다.

"군자는 섬기기는 쉬우나 기뻐하게 하기는 어렵다. 그를 기뻐하게 하는데 정당한 방법을 가지고 하지 않는다면 그는 기뻐하지 않는다. 그가 사람을 부리게 되면 그 사람의 재능을 살펴서 한다. 소인은 섬기기는 어려우나 기뻐하게 하기는 쉽다. 그를 기뻐하게 하는데 비록 정당한 방법을 가지고 하지 않는다 하더라도 그는 기뻐한다. 그가 사람을 부리게 되면 그 사람이 갖은 짓을 다 해주기를 바란다."

'이사난열易事難說'은 '모시기는 어려워도 쉽게 기쁘게 할 수 있다'는 '난사이열難事易悅'과 반대말이다. 법대로 하고 원칙으로 하고 정도로 하기 때문에, '섬기기는 쉬우나 기쁘게 하기는 어려운 것'이다. 원칙대로 규칙대로 상관을 모시기만 하면 되기 때문에 '이사易事'하는 것이고, 아부와 같은 부당한 방법으로 상관을 기쁘게 하지 못하기 때문에 기쁘게 하기는 어려운 것이다.

그러나 상관이 소인小人이라면 경우는 다르다. 원칙대로 하지 않고 이래라 저래라 임의대로 멋대로 하기 때문에 모시기가 쉽지 않다. 하지만 아부나 부당한 방법으로 소인을 기쁘게 하기는 쉽다. 뇌물이나 권력이면 통하지 않는 것이 없는 때가 있었다. 하지만 이러한 이런 일은 소인배가 할 짓이다.

맹자는 일찍이 윗사람을 모시는 방법을 제시하였다. '성심성의誠心誠意'로 하면 된다하였다.

孟子曰: "居下位而不獲於上, 民不可得而治也. 獲於上有道, 不信於友, 弗獲於上矣. 信於友有道, 事親弗悅, 弗信於友矣. 悅親有道, 反身不誠, 不悅於親矣. 誠身有道, 不明乎善, 不誠其身矣. 是故誠者, 天之道也. 思誠者, 人之道也. 至誠而不動者, 未之有也. 不誠, 未有能動者也."(《孟子 · 離婁上》)

맹자가 말씀하였다.

"아랫자리에 있으면서 윗사람의 신임을 얻지 못하면 백성을 다스려 내지 못한다. 윗사람의 신임을 얻는 데는 방법이 있다. 벗들에게 신용을 얻지 못하면 윗사람에게 신임을 받지 못한다. 벗들에게 신용을 얻는 데는 방법이 있다. 어버이를 섬겨서 기뻐하지 않으면 벗들에게 신용을 얻지 못한다. 어버이를 기뻐하게 하는 데는 방법이 있다. 자신을 반성하여서 성실하지 않은 점이 있으면 어버이에게 기뻐함을 받지 못한다. 자신을 성실하게 하는 데는 방법이 있다. 선善을 밝히 알지 못하면 자기 자신을 성실하게 하지 못한다. 이러한 까닭으로 성실 그 자체는 하늘의 도리道理이고, 성실해지려고 생각하는 것은 사람의 도리다. 지극히 성실한데도 그것에 감동되지 않은 사람은 여지껏 나와 본 일이 없다.

성실하지 않고서 남을 감동시켜 낸 사람은 나와 본 일이 없다."

공자는 자공子貢에게 정치란 '식량(食)'과 '무기(兵)'를 갖추고, '백성에게 신임을 받는 것(信)'이라 하였다. 그러나 이중에서 가장 중요한 것은 백성으로부터 신임을 받는 것이다. 백성들이 위정자를 믿지 않고 따르지 않는데 나라가 제대로 다스려지겠는가!

子貢問政. 子曰: "足食, 足兵, 民信之矣." 子貢曰: "必不得已而去, 於斯三者何先?" 曰: "去兵." 子貢曰: "必不得已而去, 於斯二者何先?" 曰: "去食. 自古皆有死, 民無信不立."(顔淵 12.07)

자공이 정치에 관해서 여쭈어 보았다. 공자가 말하였다.

"식량을 충분하게 마련하고, 무기를 충분하게 마련하고, 국민들이 爲政者를 믿게 하는 것이다."

자공이 말하였다.

"반드시 한 가지를 버리지 않으면 안 된다면 세 가지 가운데에서 무엇을 먼저 버려야 합니까?"

"무기를 버려라."

자공이 말하였다.

"반드시 한 가지를 버리지 않으면 안 된다면 남은 두 가지 가운데에서 무엇을 먼저 버려야 합니까?"

"식량을 버려라. 옛날부터 죽음이란 모든 사람에게 다 있어 왔다. 백성들이 위정자爲政者를 믿지 않으면 정치를 해나갈 수 없는 것이다."

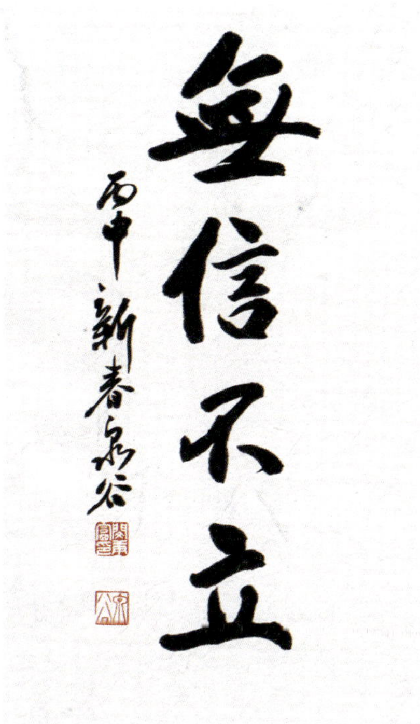


·천곡 민경부 작·

무신불립無信不立

丙申新春, 泉谷

신뢰가 없으면 정치를 해 나갈 수 없다.

병신년 음력 1월, 천곡.

# 51

# 立人達人
## 입인달인

**다른 사람을 세우고 통달하게 하라**

(자신이 서고 싶으면 먼저 다른 사람을 세우고 통달케 하여야 한다)

'입인달인立人達人'은 '자신이 서려면 먼저 다른 사람을 세우고 자신이 통달하려고 하면 다른 사람을 먼저 통달케 하라'는 뜻이다. '기욕입이입인己欲立而立人, 기욕달이달인己欲達而達人'의 준말이다.

'達(達, 통달할 달, dá, tá)'자는 혹은 '大'를 사용하여 '达(达)'로 쓰기도 한다. '達'자는 '辵'과 소리부 '羍(어린 양 달, tà)'로 이루어진 자이다. '羍·羍(羍)'자는 '羊'과 소리부 '大'로 이루어진 자로, '양들이 다니는 큰 길'이라는 뜻이다. 큰 길은 막힘없는 길이고, 막힘이 없음은 통달함을 말한다.

子貢曰: "如有博施於民而能濟衆, 何如? 可謂仁乎?" 子曰: "何事於仁! 必也聖乎! 堯舜其猶病諸! 夫仁者, 己欲立而立人, 己欲達而達人. 能近取譬, 可謂仁之方也已."(雍也 06.30)

자공이 말하였다.

"만약에 백성들에게 널리 은혜를 베풀어 주고 많은 사람을 환난에서 구제해 낼 수 있는 사람이 있다면 어떠하겠습니까? 인자하다고 할 수 있겠습니까?"

공자는 말하였다.

"어찌 인자한 데서 그치겠느냐. 틀림없이 성인일 게다. 요순堯舜도 그렇게 하기에는 부족함을 느꼈을 것이다. 인자한 사람은 자기가 나서고 싶으면 남을 내세워 주고 자기가 발전하고 싶으면 남을 발전시켜 준다. 가까운 자기를 가지고 남의 입장에 비겨 볼 수 있다면 그것이 인仁의 올바른 방향이라 하겠다."

위의 문장 중에는 '입인달인立人達人' 이외에 '널리 백성에게 사랑과 은혜를 베풀어 많은 대중을 구제한다'는 '박시제중博施濟衆'과 '가까이는 자신을 미루어 남을 비겨보라'는 '능근취비能近取譬'의 사자성어가 더 있다. '박시제중博施濟衆'은 '박시어민이능제중博施於民而能濟衆'의 줄인 말이다. '널리 백성에게 베풂을 실행하여 능히 대중을 구제하다'는 뜻이다.

'능근취비能近取譬'는 '능히 가까운 자신에게서 취하여 남의 입장을 비겨보다'라는 뜻이다. '하사어인何事於仁' 중의 '사事'자는 '啻(뿐 시, chì,tì)'의 가차자로 이해할 수 있다. 즉 '어찌 어질 뿐이겠는가'라는 의미이다.

'요순기유병저堯舜其猶病諸' 중의 '기其'는 추측을 나타내는 어기부사의 용법으로 쓰이고, '유猶'는 '여전히'·'역시'라는 부사의 의미로 쓰인다. '저諸'는 '지호之乎'나 '지어之於'와 같은 의미이다. '지之'는 앞의 내용 '박시제중博施濟衆'을 가리킨다. '병病'는 동사로 '힘들어하다'·'어려워하다'의 뜻이다.

인仁의 경지에 이르는 방법을 '먼저 남을 서게 하고 남의 뜻을 먼저 이루어지게 하며', '남의 입장에 서서 남을 배려하는 마음' 즉 '물시어인勿施於人'이라 하였다. '물시어인'은 내가 하기 싫어하는 일은 남에게 강요하지 말라는 뜻이다. 자공子貢이 언급한 '박시제중博施濟衆'은 천하를 다스리는 성인들 역시 어려워했던 큰일이기 때문에 우리에게는 먼저 남을 사랑하는 어진 마음을 갖추는 것이 우선인 것이다.

그렇다면 어떤 능력을 갖춰야 성인이라 할 수 있는가?

맹자에 의하면 백이, 이윤, 유하혜는 모두 성인이라고 할 수 있지만, 어느 한 분야에 극히 뛰어났지 두루 모두를 갖추고 있는 것은 아니다. 공자에 대해서는 이들의 뛰어난 점을 모두 갖추고 있는 집대성자라 하였다. 요순堯舜 시기는 공자가 꿈꾸던 유토피아의 세계다. 따라서 '필야성호必也聖乎' 중의 '성聖'은 당대 공자의 제자들이 학습해야할 대상인 공자를 비롯한 그 이전의 성인들 요순과 같은 성인들이다.

> 孟子曰: 伯夷, 聖之清者也; 伊尹, 聖之任者也; 柳下惠, 聖之和者也; 孔子, 聖之時者也. 孔子之謂集大成.(《孟子·萬章下》)
>
> 맹자가 말하였다.
>
> "백이는 성인으로서 맑았던 사람이고, 이윤은 성인으로서 사명을 자임自任하였던 사람이고, 유하혜는 성인으로서 온화한 기질을 가졌던 사람이고, 공자는 성인으로서 때를 알아서 해나간 사람이었다. 공자 같으신 분을 일러 집대성했다고 하는 것이다.

백이는 인품이 고결하여 청아清雅하였고, 이윤伊尹은 사명감을 가지고 적극적으로 일을 처리하는 면이 뛰어났고, 유하혜는 인품이 너그러워 온화하였다. 맹자는 공자는 이들이 가진 뛰어난 점을 공자가 모두 가지고 있다하였다. 그래서 청아하기도 하고, 세상을 구제하고자 하는 사명감을 가지고 있기도 하고, 온화하게 사람과 화합할 줄 아는 집대성集大成한 자라 하였다. 아래 내용은 맹자가 공자의 제자들이 스승 공자에 대한 평가를 통하여 자신이 가장 닮고 싶은 인물이 공자라고 한 내용이다.

"子夏·子游·子張皆有聖人之一體, 冉牛·閔子·顔淵則具體而微, 敢問所安." 曰: "姑舍是." 曰: "伯夷·伊尹何如?" 曰: "不同道. 非其君不事, 非其民不使, 治則進, 亂則退, 伯夷也. 何事非君? 何使非民? 治亦進, 亂亦進, 伊尹也. 可以仕則仕, 可以止則止, 可以久則久, 可以速則速, 孔子也. 皆古聖人也. 吾未能有行焉, 乃所愿, 則學孔子也." "伯夷·伊尹於孔子, 若是班乎?" 曰: "否, 自有生民以來, 未有孔子也." "然則有同與?" 曰: "有, 得百里之地而君之, 皆能以朝諸侯有天下; 行一不義·殺一不辜而得天下, 皆不爲也. 是則同." 曰: "敢問其所以異." 曰: "宰我·子貢·有若, 智足以知聖人, 汚不至阿其所好. 宰我曰: '以予觀於夫子, 賢於堯舜遠矣.' 子貢曰: '見其禮而知其政, 聞其樂而知其德. 由百世之後, 等百世之王, 莫之能違也. 自生民以來, 未有夫子也.' 有若曰: '豈惟民哉! 麒麟之於走獸, 鳳凰之於飛鳥, 泰山之於丘垤, 河海之於行潦, 類也. 聖人之於民, 亦類也. 出於其類, 拔乎其萃. 自生民以來, 未有盛於孔子也.'"(《孟子·公孫丑上》)

"자하와 자유와 자장은 다 성인의 덕德의 일부분을 가지고 있었고, 염우와 민자건과 안연은 그 전체를 갖추고 있었으나 미약했다는 것일세."

"선생님께서는 누구에게 자비自比하시고 계신지 감히 여쭈어 보겠습니다."

"잠시 그 이야기는 그만두세."

"백이와 이윤은 어떻게 생각하십니까?"

"처세하는 방법이 같지 않네. 자기가 좋아하는 임금이 아니면 섬기지 않고, 자기가 정당하게 맡게 된 백성들이 아니면 부리지 않고, 다스려지면 나가고, 혼란해지면 물러나는 것이 백이네. 어느 누구를 섬긴들 임금이 아니겠는가, 어느 누구를 부린들 백성이 아니겠는가, 다스려져도 나가고, 혼란해도 나가는 것이 이윤이었네. 벼슬을 살 만하면 벼슬살이를 하고, 그만두어야 할 계제가 되면 그만두고, 오래 머물러 있을 만하면 오래 머물러 있고, 빨리 떠나가야 할 계제가 되면 빨리 떠나가는 것이 공자이셨네. 다 옛날의 성인들일세. 나는 여태까지 그처럼 할 수는 없었지만, 소원인즉 공자를 본받는 것일세."

"백이와 이윤이 공자와 그토록이나 비등합니까?"

"아닐세. 이 세상에 사람이 생겨난 이래로 공자만한 인물은 아직까지 나오지 않았네."

"그러면 세 분들 사이에 같은 점은 있습니까?"

"있네. 백리百里가 되는 땅을 얻어서 그곳의 임금이 된다면 다들 제후들이 와서 만나게 만들고 천하를 차지할 수 있었을 것이고, 한 가지의 불의不義한 일을 행하고 하나의 무죄無罪한 사람을 죽이고서 천하를 얻는다 하여도 그런 일은 다들 하지 않았을 것일세. 이런 점은 같았네."

"그분들의 서로 다른 점을 감히 여쭈어 보겠습니다."

"재아宰我와 자공子貢과 유약有若은 그들의 지혜가 성인의 위대함을 알아볼 만하였으므로, 자기네들이 좋아하는 것에 아첨하기까지는 가지 않았을 걸세. 그런데 재아는 '내가 우리 선생님을 살펴본 것으로는 요임금과 순임금보다 훨씬 더 훌륭하시다'고 말하였고, 자공은 '그 사람의 예모禮貌를 보고는 그 사람의 정치를 알게 되고, 그 사람의 음악을 듣고는 그 사람의 덕德을 알게 되는 것으로, 백대百代 후의 오늘날부터 지나간 백대의 왕들을 평정評定해 보면 이 표준에서 벗어나지 않는다. 그런데 이 세상에 사람이 생겨난 이래로 우리 선생님 같은 인물은 아직 나오지 않았다'고 말하였고, 유약은 '어찌 사람만이 그렇겠는가? 기린과 뛰어다니는 짐승, 봉황과 날아다니는 새, 태산과 언덕, 황하나 바다와 길가의 도랑물은 동류의 것들이다. 성인은 일반 사람들과는 역시 동류同類인데, 동류에서 벗어난 많은 사람들 위에 빼낸 듯이 뛰어나 있다. 이 세상에 사람이 생겨난 이래로 공자보다 더한 인물은 아직까지 나오지 않았다'고 말하였네."

"宰我・子貢善爲說辭, 冉牛・閔子・顏淵善言德行; 孔子兼之, 曰: '我於辭命, 則不能也.' 然則夫子既聖矣乎?" 曰: "惡! 是何言也! 昔者子貢問於孔子曰: '夫子聖矣乎?' 孔子曰: '聖則吾不能, 我學不厭而教不倦也.' 子貢曰: '學不厭, 智也; 教不倦, 仁也. 仁且智, 夫子既聖矣.' 夫聖, 孔子不居, 是何言也!"(《孟子・公孫丑上》)

"재아・자공은 외교 사령辭令을 잘했고, 염우・민자건과 안연은 덕행을 말하기를 잘했는데, 공자께서는 두 가지를 겸하고도 '나는 외교사령外交辭令은 잘 못한다'고 하였다. 그러고 보면 공자께서는 이미 성인聖人이 되신 것이지요?"

"하, 그게 무슨 말인가? 옛날에 자공이 공자께 '스승께서는 성인이시지요?'라고 묻자, 孔子께서는 '성인이야 내가 감당할 수 없다. 나는 배우기에 싫어하지 않고, 또 가르치는 데 게을리 하지 않는다'고 하셨다. 자공이 '배우기에 물리지 않는 것은 지혜로운 것이고, 가르치는 데 지치지 않는 것은 인자한 것입니다. 인자하시고 거기에 지혜로우시니 스승께서는 이미 성인이십니다'라 했다."

공자와 같이 '인仁'과 '지智'를 두루 겸비하여야 성인이라 할 수 있다. 우리들은 성인의 지혜의 말씀을 듣고 배우는 것이다. 배우는 우리에게 필요한 것은 먼저 '남을 배려하는 마음', '입장 바꾸어 생각하는 마음', 자신만을 생각하는 이기적인 마음을 없애는 것이 '인仁'을 실천하는 것이다.

공자는 군자는 다른 사람의 좋은 점을 발견하고 이 훌륭한 장점이 더욱 발전되도록 노력하지만(성인지미成人之美), 소인은 다른 사람의 약점만을 꼬집어 낸다고 한다.

子曰: "君子成人之美, 不成人之惡. 小人反是."(顔淵 12.16)

공자는 말하였다.

"군자는 남의 좋은 점을 발전시켜주고 남의 나쁜 점은 자라나게 하지 않는다. 소인은 이와 반대다."

·임강 송연주 작·

군자성인지미君子成人之美.

丙申景旦十有八日, 林江

'군자는 다른 사람의 장점을 발전시켜 준다.'

병신년 음력 12월 18일, 임강

# 52

# 君子九思
## 군자구사

**군자는 아홉 가지를 생각하다**

(군자는 보는 것, 듣는 것, 안색, 용모, 언행, 일, 의문, 성인의 말씀, 분노하게 될 때 심사숙고하여야 한다)

'군자구사君子九思'는 군자가 사회생활을 임할 때 심사숙고해야할 아홉 가지를 가리킨다. '보는 것', '듣는 것', '안색', '용모', '말씨', '일처리', '의문점이 생겼을 때', '화가 났을 때', '이득이 있을 때' 등 아홉 가지 행동 행식을 가리킨다.

孔子曰: "君子有九思, 視思明, 聽思聰, 色思溫, 貌思恭, 言思忠, 事思敬, 疑思問, 忿思難, 見得思義."(季氏 16.10)

孔子가 말하였다.

"군자에게는 생각하는 일이 아홉 가지가 있다. 보는 데는 확실히 보기를 생각하고, 듣는 데는 똑똑하게 듣기를 생각하고, 안색에는 부드럽기를 생각하고, 용모에는 공손하기를 생각하고, 말에는 성실하기를 생각하고, 일에는 조심하기를 생각하고, 의심나는 것에는 묻기를 생각하고, 분노할 적에는 어려운 일을 당할 것을 생각하고, 이득이 있을 것을 알면 그것이 의義로운가를 생각한다."

모든 행동거지, 보는 것, 듣는 것, 모든 것을 명백하게 관찰하고 깨달아야 한다는 공자의 가르침은 우리가 일상생활을 하는데 많은 도움이 되는 지혜이다. 아홉 가지는 크게 '사리 판단'과 '몸가짐'으로 둘로 크게 나눌 수 있을 것이다.

'사리 판단'은 '볼 때(시視)' · '들을 때(청聽)' · '의문이 생겼을 때(의疑)' · '화가 났을 때(분忿)' · '얻음이 있을 때(득得)'이다.

'시視-명明'은 사물을 볼 때 명확하게 보고 정확하게 판단하여야 하는 것이다. 혹은 '밝음을 봐야 한다'라고 해석하기도 한다. 사물을 바라볼 때 잡다한 생각이나 욕심이 없이 순수한 마음으로 보아야 한다는 것이다. 그러나 사리판단에 관한 언급으로 이해할 수 있기 때문에 대충 대충 보고 이해하지 말고 정확하게 보고 판단하여 만약에 본 사실을 다른 사람에게 전달하게 되었을 때는 확실하게 있는 사실을 그대로 전달하야지 사실을 제대로 알지 못하면서 꾸며내어 사실을 왜곡하는 것은 군자가 해야 할 태도가 아니다.

'청聽-총聰'은 똑똑히 듣고 총명하게 대처하는 것을 말하는 것이다. 혹은 귀로 들을 때 밝은 것을 들어야 한다라고 해석하기도 한다. 하지만 '총聰'자를 쓰는 것으로 보아 어떤 이야기를 듣고서 총명하게 판단을 내릴 줄 알아야 한다는 뜻으로 해석할 수 있다. 논어에서는 나이 60을 공자는 '이순耳順'했다 하였다. 예순 살 때에는 무엇을 들어도 귀에 거슬리지 않았고 또한 스스로 옳고 그름을 판단하여 총명하게 대처할 수 있는 나이이다.

'의문(의疑)-문問'은 의심이 있으면 당연히 물어 사실 여부를 판단하고, 만약에 모르는 것이 있으면 물어서 알 수 있도록 하여야 하는 것을 말한다. 모르는 것이 있으면 물어야 한다. '불치하문不恥下問', 아랫사람에게 묻는 것은 절대 수치스러운 일이 아니다. 오히려 모르면서도 아는 척 하는 것이 더 부끄러운 일이다. 학문적으로는 널리 배우고 뜻을 돈독히 하고(박학독지博學篤志), 절실하게 묻고 가깝게 생각하는 것(절문근사切問近思)이 인을 실천하는 것이다.[124]

작품설명

·완석 정대병·

박학독지博學篤志

子夏曰: "博學而篤志, 切問而近思, 忎(仁)在其中矣."

時維柔兆涒灘初夏, 頑石.

자하子夏가 말하였다. "널리 배우되 (학문하는) 뜻을 독실하게 갖고, 간절하게 묻되 가까운 것부터 생각해 나간다면 인仁이 그 가운데 있을 것이다."

병신년 음력 4월. 頑石.

---

124 子夏曰: "博學而篤志, 切問而近思, 仁在其中矣." (《論語 · 子張》19.06)(자하가 말하였다. 널리 배우고 의지를 돈독히 하고, 절실히 묻고 근사하게 생각하면 인이 그곳에 있다.)

‘화(분忿)-난처(난難)’는 화가 나 분노하게 되었을 때는 화를 참지 못하여 남들과 다투게 되어 만약에 불상사가 생기게 되었을 때를 생각하라는 뜻이다. 일시의 울분을 참지 못하여 남에게 폭력을 행사하게 되면 그 뒤처리가 매우 곤란해 질 수 있다. 아무리 화가 나더라도 한번만 더 생각하고 ‘삼사이행三思而行’하게 된다면 많은 후회를 줄일 수 있을 것이다.

‘얻음(得)-의義’는 얻음이 있을 때 그것이 정당한지 생각하여야 한다. 군자는 의리를 밝히지만 소인은 이득을 밝힌다 하였다.[125] 부당하고 의롭지 않게 얻어 부자가 되어도 마음이 편할 날이 있겠는가!

> “子曰: 飯疏食飮水, 曲肱而枕之, 樂亦在其中矣. 不義而富且貴, 於我如浮雲.” (述而 07.16)
>
> (공자께서 말씀하셨나. 거친 밥을 먹고 물을 마시고 팔베개를 하고 누워도 즐거움이 또한 그 가운데에 있으니, 의롭지 않으면서 부자가 되고 명예가 있는 것은 나에게 뜬 구름과 같다.)

‘몸 가짐’은 ‘안색(色)’ · ‘용모(貌)’ · ‘언행(言)’ · ‘일(事)’ 등으로 행동거지를 어떻게 할 것인가에 대한 내용이다.

‘안색(색色)-온溫’은 얼굴빛은 언제나 온화하게 미소를 지어야 한다는 뜻이다. 온화한 미소를 머금기 위해서는 먼저 마음가짐이 선량한 마음이 있어야 한다. 상대방에게 이미 마음이 불편한데 온화한 미소를 띨 수 있

125 “君子喻於義, 小人喻於利.” (里仁 04.16)(군자는 의리에 밝고, 소인은 이득이 되는 일에 밝다.)

겠는가! '애지욕생愛之欲生, 오지욕사惡之欲死', 즉 상대방을 사랑하면 살기를 바라고 미워하면 죽기를 바란다 하였다.[126] 효도에서 가장 중요한 것은 부모님께 온화하게 부드러운 미소로 대하는 것이다.[127]

'용모(모貌)-공恭'은 용모는 공손한 태도를 취하라는 뜻이다. '공恭'는 '받드는 마음'이다. 공자는 어떤 나라의 정사政事에 참여하게 되었을 때는 '온하하고, 선량하고, 공경하고, 절약하고, 겸손한' 태도로 임하였다.[128] 상대방에게 공손하다는 것은 무조건적인 '예스 맨'이 되라는 것이 아니다. '공근어예恭近於禮', 공손하고 정중한 행동을 예절에 맞추어 행해야 하는 것이다.

'언행(言)-충忠'은 언행은 진실 된 마음으로 해야한다는 뜻이다. '𢗅(忠)'자는 마음(心)에 중심(中)을 잡는 것이다. 어떤 것에도 치우치지 않는 중

126 子張問崇德辨惑. 子曰, "主忠信, 徙義, 崇德也. 愛之欲其生, 惡之欲其死. 旣欲其生, 又欲其死, 是惑也."(顏淵 12.10)(자장이 덕德을 숭상崇尙하는 것과 모순됨을 가려내는 것에 대해 물어 보았다. 공자가 말하였다. "충성忠誠과 신용을 주로 하고 의義로운 데로 옮겨가는 것이 덕德을 숭상하는 것이다. 사랑할 때에는 살기를 바라다가 미워할 때에는 죽기를 바라는데, 이것은 살기를 바란데다 또 죽기를 바라는 것이니 미혹됨이다.)

127 子夏問孝. 子曰, "色難. 有事, 弟子服其勞, 有酒食, 先生饌, 曾是以爲孝乎?"(爲政 02.08 )(자하가 효에 관해서 묻자 공자는 말하였다. "부드러운 안색으로 부모를 섬기기가 어렵다. 일이 생기면 자제들이 그 수고를 맡아 보고, 술과 음식이 생기면 부모가 먹게 하는 것을 孝라고 여기는가?")

128 子禽問於子貢曰: "夫子至於是邦也, 必聞其政, 求之與? 抑與之與?" 子貢曰: "夫子溫良恭儉讓以得之. 夫子之求之也, 其諸異乎人之求之與?"(學而 01.10) (자금이 자공에게 물었다. "우리 스승께서는 어느 한 나라에 가시게 되면 반드시 그 나라의 정사政事에 참여하시고는 하시는데, 그것은 자진해서 요구하셔서인가요, 그렇지 않으면 (그 나라의 임금이) 정사政事에 참여시켜서인가요?" 자공이 말하였다. "스승께서는 온화. 양순. 공손. 검약. 사양 다섯 가지 덕성德性으로 인격을 이룩하셨습니다. 스승께서 자진해서 요구하시는 것은 다른 사람들이 자진해서 요구하는 경우와는 다릅니다.")

용中庸이고, 변치 않는 마음이며, 정직한 마음이며, 진심으로 흔들림 없이 상대방을 존경하는 마음이다. 증자曾子는 공자의 도는 진실 된 마음 '충忠'과 용서하는 마음 '서恕'로 총괄할 수 있다하였다.[129]

'일(事)-경敬'은 윗사람을 섬기거나 혹은 일을 처리할 때 존경하는 마음으로 해야한다는 뜻이다. 번지樊遲가 '인仁'에 대하여 묻자 '애인愛人(타인을 사랑하는 것)'이며,[130] '집에 거처할 때에는 항상 공손히 사람을 맞이하고, 공사를 처리할 때는 신중하게 존경하는 마음으로 하고, 남과 사귀는 데 충실하게 하는 것'[131]이라 하였다. 그래서 공자는 군자는 모름지기 "자중自重하지 않으면 위엄은 없게 되고 학문도 역시 그 근본이 견고하지 않게 되기 때문에, 충성과 신용을 중히 여기고 자기만 못한 사람을 벗으로 사귀지 말고, 과오를 저지르면 고치기를 꺼려하지 말라."[132]하였다.

---

129 曾子曰: "夫子之道, 忠恕而已矣."(里仁 0415)(증자가 말하였다. "선생님의 도道는 충서忠恕일 따름이다.")

130 子曰: "愛人."(顏淵 12.22)(공자가 말하였다. "사람을 사랑하는 것이다.")

131 子曰: "居處恭, 執事敬, 與人忠."(子路 13.19)(공자가 말하였다. "집에 거처할 때는 항상 공손히 사람을 맞이하고, 공사를 처리할 때는 공경스럽게 하고, 남과 사귀는 데는 충실하게 하는 것이다.")

132 子曰: "君子不重, 則不威, 學則不固. 主忠信. 無友不如己者. 過則勿憚改."(學而 01.08)

작품설명

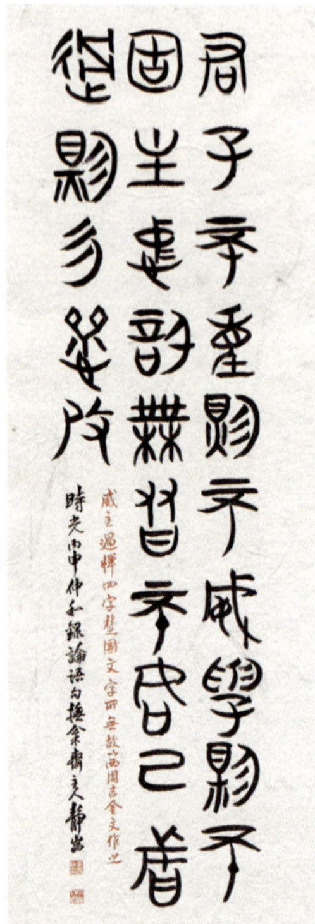

·정암 김선조 작품·

君子不重, 則不威, 學則不固. 主忠信. 無友不如己者. 過則勿憚改.
威主過憚四字楚國文字所無 , 故以西周金文作之.
時光丙申仲和, 錄論語句. 撫松齋主人靜巖.
"군자는 자중自重하지 않으면 위엄이 없고, 학문도 그 근본이 튼튼해지지 않는다. 충성과 신용을 주로 하고, 자기만 못한 사람을 벗으로 사귀지 말고, 과오를 저지르면 그것을 고치기를 꺼려하지 말라."(학이편學而篇)
'위威'·'주主'·'과過'·'탄憚' 등 네 자는 초나라 문자에 보이지 않아 서주 금문의 자형으로 쓰기로 한다.
병신년 음력 2월, 논어구절을 쓰다.

무송재주인 정암.

## 53

# 述而不作
# 술이부작

**서술은 하나 새로이 창작하지는 않는다**

(성인의 말씀에 임의대로 첨삭을 하지 않는다)

‘술이부작述而不作’은 원래는 ‘옛 것을 서술하여 남에게 전달하나 새로이 창작해 내지는 않는다’는 뜻이다. 혹은 ‘창작은 옛 것을 새롭게 만들어 내지 않고 사실 그대로 전달할 따름이다’는 뜻이다. 논어의 전체적인 내용으로 보아, 자신이 배운 옛날의 학술 사상을 진술하여 그대로 후세에 전수할 뿐이지 새로운 사실을 추가하거나 창작하여 말하지 않는다는 후자의 경우가 더 설득력이 있는 것 같다. 공자는 ‘나면서부터 알고 있는 사람은 아니고 옛것을 좋아하여 재빨리 그것을 알아내기에 힘쓰는 사람이다’라 하였다.[133]

‘(術)’자는 ‘行’과 소리부 ‘朮(차조 출, zhú, shù)’로 이루어진 자이다. ‘(朮)’자는 곡물의 의미로 ‘(秫, 찰기장 출, shù)’과 같은 자이다. 갑골문은 ‘’로 쓴다. 길은 따라 곡물을 운반하는 뜻이다. 곡물을 운반할 때 전술戰術과 기술技術이 필요하기 때문에 ‘계략’ · ‘방법’ · ‘규칙’ · ‘수단’ · ‘사업’ 등의 파생어로 쓰인다.

---

133 “我非生而知之者, 好古敏以求之者也.”(述而 7.20)

‘(作)’자는 ‘人’과 ‘乍(잠깐 사, zhà)’로 이루어진 자이다. 고문자 갑골문과 금문에서는 편방 ‘人’을 사용하지 않고 ‘乍’로 쓴다. 옷을 만들고 베를 깁는 형상이다. 후에 ‘만들다’라를 뜻으로 쓰인다. 갑골문은 ‘’로 쓰고 금문은 ‘’로 쓰거나 ‘攴’을 추가하여 ‘’ · ‘’으로 쓴다.

子曰: “述而不作, 信而好古, 竊比於我老彭.”(述而 07.01)

공자는 말하였다.

“배운 것을 전하고 만들어 내지는 않으며, 옛것을 믿고 좋아하는 점은 잠시 우리 노팽老彭에 비겨 본다.”

‘노팽老彭’은 노자老子(노담老聃)와 은殷나라 대부大夫 팽조彭祖 두 사람이라고 주장하기도 하고, 공자 당시의 공자와 가까이 지낸 사람 중의 한 사람이라고 주장하기도 한다. 그러나 논어 곳곳에 노자의 사상이 남아 있어 노팽은 즉 노자가 아닌가 한다.

‘竊(훔칠 절, qiè)’은 ‘개인적으로’ · ‘은근히’라는 부사어 용법으로 쓰인다.

《사기史記 · 한비열전韓非列傳》에 공자가 주周나라에 가서 노자에게 예禮의 가르침을 받는 내용이 있다.

공자가 주나라에 갔을 때, 노자에게 예에 관해서 묻자, 노자는 이렇게 대답하였다.

그대가 말하는 성현들은 그 육신과 뼈가 모두 이미 썩어버리고 단지 그 말만 남아 있을 뿐이오. 하물며 군자도 그때를 만나면 관직에 나아가지만, 때를 못 만나면 이리저리 날려다니는 다북쑥처럼 떠돌아다니는 유랑의 신세가 될 것이오. 뛰어난 장사꾼은 물건을 깊이 숨겨두어 겉으로는 아무것도 없는 것 같이 보이고, 군자는 훌륭한 덕을 간직하고 있으나 외모는 어리석게 보인다고 들었소. 그대의 교만과 탐욕, 허세와 지나친 욕망을 버리도록 하시오. 이러한 것들 모두가 그대에게 아무런 도움이 되지 않을 것이오. 내가 그대에게 말할 것은 단지 이것뿐이오.

공자는 돌아와서 제자들에게 이렇게 말하였다.

새는 잘 날 수 있고, 물고기는 잘 헤엄을 치며, 들짐승은 잘 달릴 수 있다는 것을 나는 알고 있다. 그러므로 달리는 들짐승은 그물로 잡을 수 있으며, 헤엄치는 물고기는 낚시로 낚을 수 있고, 나는 새는 화살로 잡을 수가 있다. 그러나 용은 구름과 바람을 타고 하늘로 올라가니 용에 대해서 나는 아무것도 알 수가 없구나. 오늘 내가 노자를 만나보니 그는 마치 용과 같은 사람이었다.

…… 이이 李耳는 무위無爲로써 저절로 교화되게 하고 깨끗하고 고요하고 평온함(청정 淸靜)으로 스스로 올바르게 되도록 하였다.[134]

## 논어 중 곳곳에 노자의 사상이 배어 있다.

子曰: "篤信好學, 守死善道. 危邦不入, 亂邦不居. 天下有道則見, 無道則隱. 邦有道, 貧且賤焉, 恥也, 邦無道, 富且貴焉, 恥也."(泰伯 08.13)

공자는 말하였다.

---

134 孔子適周, 將問禮于老子. 老子曰: "子所言者, 其人與骨皆已朽矣, 獨其言在耳. 且君子得其時則駕, 不得其時則蓬累而行. 吾聞之, 良賈深藏若虛, 君子盛德 · 容貌若愚. 去子之驕氣與多欲, 態色與淫志, 是皆無益于子之身. 吾所以告子, 若是而已." 孔子, 謂弟子曰: "鳥, 吾知其能飛; 魚, 吾知其能游; 獸, 吾知其能走. 走者可以爲罔, 游者可以爲綸, 飛者可以爲矰. 至于龍吾不能知, 其乘風雲而上天. 吾今日見老子, 其猶龍邪!"……李耳無爲自化, 淸靜自正.(《史記 · 韓非列傳》)

"굳게 믿고 배우기를 좋아하고, 죽음으로 좋은 도道 지키라. 위태로운 나라에는 들어가지 말고, 혼란한 나라에는 살지 말라. 세상에 정도가 행하여지면 나아가 벼슬을 하고 세상에 정도正道가 행하여지지 않으면 숨는 것이다. 나라에 정도가 행하여지는데 빈천貧賤하게 산다는 것은 수치羞恥다. 나라에 정도가 행하여지지 않는데 부귀를 누리는 것은 수치다."

子曰: "邦有道, 危言危行, 邦無道, 危行言孫."(憲問 14.03)

공자는 말하였다. "나라에 정도가 행해질 때에는 대담하게 말하고 대담하게 행동할 것이고 나라에 정도가 행해지지 않을 때에는 대담하게 행동할 것이나 말은 부드러워야한다."

子曰: "直哉史魚! 邦有道, 如矢, 邦無道, 如矢. 君子哉蘧伯玉! 邦有道, 則仕, 邦無道, 則可卷而懷之."(衛靈公 15.07)

공자는 말하였다.

"곧도다, 사어史魚는. 나라에 정도가 행하여져도 화살 살대같이 곧았고, 나라에 정도正道가 행하여지지 않아도 살대같이 곧았으니. 군자로다, 거백옥은. 나라에 정도가 행하여지면 벼슬살이를 하고, 나라에 정도가 행하여지지 않으면 거두어 감추어둘 수 있으니."

子謂顔淵曰: "用之則行, 舍之則藏, 唯我與爾有是夫!" (述而 07.11)

공자가 안연에게 말하였다.

"'등용되면 나가고 버려지면 들어앉는다'고 한 말은 오직 나와 너만이 실천할 수 있을게다."

子曰: "寧武子, 邦有道則知, 邦無道則愚. 其知可及也, 其愚不可及也."(公冶長 05.21)

공자는 말하였다.

영무자는 나라에 정도가 행해지면 지혜롭고 나라에 정도가 행해지지 않으면 우둔했다. 그의 지혜로운 점은 따라가겠으나 그의 우둔한 점은 따라가지 못하겠다."

《사기史記 · 공자세가孔子世家》에 노자가 공자에게 당부하는 말이 수록되어 있다.

노나라 사람 남궁경숙이 노나라 군주에게 말하였다. "공자와 더불어 주周나라에 가기를 청합니다." 노나라 군주는 그에게 수레 하나, 말 두 필, 시자 한 명을 주어 주나라에 가서 예를 묻게 하였다. 이리하여 이때에 노자를 만났다고 한다. 공자가 작별 인사를 하고 떠날 때, 노자가 그를 송별하며 말하였다. "내가 들으니 부귀한 자는 사람을 전송할 때 재물로써 하고, 어진 자는 사람을 전송할 때 말로써 한다고 합니다. 나는 부귀하지 못하나 인자仁者라고 자처하기를 좋아하니 다음 말로써 그대를 전송하겠습니다. '총명하고 깊게 관찰하는 사람에게는 죽음의 위험이 따르는데 이는 남을 잘 비판하기 때문이요, 많은 지식을 지니고 재능이 뛰어난 사람은 그 몸이 위태로운데 이는 남의 결점을 잘 지적해내기 때문입니다. 사람의 자녀 된 자는 아버지 뻘 되는 사람 앞에서 자기를 낮추고, 사람의 신하된 자는 임금 앞에서 자기를 치켜세우지 않는 법입니다.'" 공자가 주나라에서 노나라로 돌아오니 제자들이 더욱 늘어났다.[135]

---

135 魯南宮敬叔言魯君曰: "請與孔子適周." 魯君與之一乘車, 兩馬, 一竪子俱, 適周問禮, 蓋見老子云. 辭去, 而老子送之曰: "吾聞富貴者送人以財, 仁人者送人以言. 吾不能富貴, 竊仁人之號, 送子以言, 曰: '聰明深察而近于死者, 好議人者也. 博辯廣大危其身者, 發人之惡者也. 爲人子者毋以有己, 爲人臣者毋以有己.'" 孔子自周反于魯, 弟子稍益進焉.(《史記 · 孔子世家》)

한편, '술이부작述而不作, 신이호고信而好古, 절비어아노팽竊比於我老彭' 중 '절竊'은 부사의 용법인 '잠시' · '몰래' 등의 의미로 쓰인다. '술이부작'과 '신이호고'는 노팽이 이를 실천하기 때문에 이와 같은 행위나 사상을 배워보고 싶다는 뜻이기도 한다.

'술이부작述而不作'은 '배운 것을 전술하기만 하였지, 직접 창작하지는 않았다'라 하였다. 그것은 옛 것에 믿음을 가지고 좋아하기 때문이다.(신이호고信而好古) 혹은 '작作'자를 몸으로 하는 '행동거지 양식'으로 해석할 수 도 있다. 내가 지금 하는 행위는 인위적으로 만들어 낸 것이 아니라, 다른 사람에게서 많이 들어서 그 중에서 좋은 점, 좋은 것을 선택하여 따라 자연스럽게 행하기만 한 것이다.

子曰: "見賢思齊焉, 見不賢而內自省也."(里仁 04.17)

공자는 말하였다.

"선善한 사람을 보고는 그와 같아지기를 생각하고 악惡한 사람을 보고서는 안으로 자기를 돌아볼 것이다."

억지로 만들어낸 것이 아니라, 천년부터 행하여 온 모든 선인들의 행동거지를 보고 배우는 것이며, 동시에 지금 우리 주위에 동료들의 인의예지 실천 양식을 보고 좋은 점은 본받고 좋은 사람의 행위를 보고 느껴 자연스럽게 실천하는 것이다. '자신을 극복하고 예의로의 복귀이다.'(극기복례克己復禮) 이러한 예의는 대대손손 발전 계승되어 오는 것이다. 이러한 옛날의 법도를 공자는 제자에게 전수해 주고자 하였다.

子張問十世可知也. 子曰: "殷因於夏禮, 所損益, 可知也, 周因於殷禮, 所損

益, 可知也. 其或繼周者, 雖百世, 可知也."(爲政 02.23)

자장이 "십대 후의 예를 알 수 있을까요?"라고 물었다.

공자가 말하였다.

"은나라는 하나라의 예에 따랐으니 하례夏禮를 가감加減하고 조절하였음을 알 수 있다. 주나라는 은나라의 예에 따랐으니 은예殷禮를 가감하고 조절하였음을 알 수 있다. 주나라의 뒤를 이어 일어나는 나라가 혹 있다면 백대 후의 예라 할지라도 알 수 있다."

노자老子는 '무위無爲'란 인위적인 것이 아닌 자연自然적인 것이라 하였다. 이 세상의 모든 것, 정치든 인간관계든 모두가 자연스러워야 한다. 억지가 아니고, 도리에 벗어나지 않아야 한다. 갑이 자기 식성대로 임의대로 대의가 아닌 자신의 이득을 위하여 꼼꼼 수를 부리기 때문에 문제가 발생하는 것이다. 물 흘러가듯이 다스림이 없는 다스림이 최상의 다스림이다.

將欲取天下而爲之, 吾見其不得已. 天下神器, 不可爲也, 不可執也. 爲者敗之, 執者失之. 是以聖人無爲, 故無敗, 故無失. 夫物或行或隨; 或覰或吹; 或强或羸; 或載或隳. 是以聖人去甚·去奢·去泰.(《老子》第29章)

천하를 취하여 그것을 인위로 다스리려 하는 것은 불가능한 것이라는 것을 나는 알고 있다. 천하란 신묘神妙한 그릇과 같은 것이어서 인위로 다스릴 수 없는 것이다. 인위로 다스리려는 사람은 천하를 망치고, 거기에 집착執着하는 사람은 천하를 잃을 것이다. 그러므로 사물이란 혹은 앞서기도 하고 혹은 뒤따르기도 하며, 혹은 입김을 불어 따스하게도 해주고 혹은 입김을 불어 식히기도 하며, 혹은 강한 것이 되었다가도 혹은 약한 것이 되기도 하며 혹은 받쳐주기도 하다가 혹은 떨어뜨리게도 되는 것이다. 그러므로 성인은 심한 짓을 하지 않으며, 사치奢侈한 짓을 하지 않으며 교만한 것을 하지 않는 것이다.

작품설명

·완석 정대병 작·

무위이지無爲而知

子曰: "無爲而治者其舜也與? 夫何爲哉? 恭己正南面而已矣."

丙申夏, 頑石

공자는 말하였다. "몸소 하는 일이 없이 천하를 다스린 사람은 순임금이었을 게다. 대체 무엇을 몸소 하였겠는가? 자기 몸을 공손하게 가지고 남면南面하고 있었을 따름이었는데."

병신년 여름, 완석.

## 54

# 用行舍藏
## 용행사장

**써주면 도를 행하고 버리면 숨는다**

(벼슬자리에 나서면 최선을 다하고 나서지 못하면 숨어 수양하다)

‘용행사장用行舍藏’은 혹은 ‘용사행장用舍行藏’으로 쓰기도 한다. ‘세상에 쓰일 때는 세상에 나아가 도를 행하고 쓰이지 않을 때는 은둔하여 숨는다’는 뜻이다.

‘사장舍藏’ 중 ‘舍’자는 ‘捨(버릴 사, shě, shè)’의 의미로 쓰인다. ‘(舍)’자를 금문은 ‘’·‘’로 쓴다. 길을 가다가 임시로 머물 수 있도록 지은 집이라는 뜻이다. 임시 막사에 머물다 떠난다해서 ‘떠나다’·‘버리다’의 파생어로 쓰인다.

‘(藏, 감출 장, cáng, zàng)’자는 고문자에서는 원래 ‘艸’자를 사용하지 않고 ‘臧(착할 장, zāng)’으로 쓴다. ‘(臧)’자는 ‘臣’과 소리부 ‘戕(죽일 장, qiāng)’으로 이루어진 자이며 혹은 ‘토土’를 추가하여 ‘(壓)’으로 쓰기도 한다. ‘戕’자를 갑골문은 ‘’·‘’으로 쓴다. ‘포로를 잡아와 눈을 찔러 노예로 삼다’라는 뜻이다. 노예는 고분고분 말을 듣기 때문에 ‘착하다’의 뜻으로 쓰이기도 하고, 자신의 감정을 억누르고 주인을 섬겨야 하기 때문에 ‘숨기다’라고 쓰이기도 한다. 금문은 소리부 ‘爿’을 추가하고 ‘臣’자 대신에 ‘口’를 사용하여 ‘’으로 쓰거나, ‘臣’을 생략하고 ‘戈’와 소리부가 ‘爿’

을 써서 ‘’으로 쓴다. ‘臧’자는 후에 ‘감추다’는 뜻을 표현하기 위하여 ‘풀(艸)’를 추가 ‘藏(감출 장, cáng, zàng)’으로 쓴다.

子謂顔淵曰: “用之則行, 舍之則藏, 唯我與爾有是夫!” 子路曰: “子行三軍, 則誰與?” 子曰: “暴虎馮河, 死而無悔者, 吾不與也. 必也臨事而懼, 好謀而成者也.”(述而 07.11)

공자가 안연에게 말하였다. “등용되면 자신의 주장을 행하고 버려지면 자신의 주장을 감추어 둔다는 말은 오직 나와 너만이 실천할 수 있을게다.” 자로가 말하였다. “선생님께서 삼군을 통솔하신다면 누구와 함께 하시겠습니까?” 공자는 말하였다. “맨손으로 범에게 달려들고 황하를 맨발로 건너며 죽어도 뉘우침이 없는 사람과는 나는 함께 하지 않을 것이다. 나는 반드시 어려운 일에 임해서 두려워하고 미리 계획해서 성공하기를 좋아하는 사람과 함께 할 것이다.”

공자는 자로와 같이 만용蠻勇하는 행위를 좋게 보지 않았다.

‘유아여이유시부維我與爾有是夫’ 중 대사 ‘이爾’는 안연을 가리키고, ‘시是’는 대사로 ‘용행사장用行舍藏’의 행위를 가리킨다. ‘부夫’는 감탄어기조사이다. 전체적으로 ‘오직 나와 너만이 용행사장用行舍藏하는 행위를 가지고 있을 것이다’라는 뜻이다.

이외에도 자로의 용감무쌍함을 비꼬는 내용이 논어에 또 보인다.

子曰: “道不行, 乘桴浮于海. 從我者其由與?” 子路聞之喜. 子曰, "由也好勇過我, 無所取材.”(公冶長 05.07)

공자는 말하였다.

"도가 행하여지지 않아서 뗏목을 타고 바다로 떠나가게 되면 나를 따라올 사람은 유由(자로子路)일 게다."

자로가 이 말씀을 듣고 기뻐하였다. 공자는 말하였다.

"유由는 용맹한 것을 좋아하기는 나보다 낫지만 사리事理를 분간할 줄 모른다."

용감하기만 하면 안된다. 사리를 판단할 줄 알고 대처할 수 있는 지혜가 필요하다.

현자는 정도正道가 행하여지지 않게 되면 초야에 은둔하여 세상을 피하고, 혼란한 나라의 땅을 피해서 잘 다스려진 나라로 가며, 어질지 않은 군주가 자신을 예의로 대하지 않으면 이를 피하며, 군주가 자기의 사상을 받아들이지 않으면 물러나 말을 하지 않는 것이다.

子曰: "賢者辟世, 其次辟地, 其次辟色, 其次辟言."(憲問 14.37)

공자는 말하였다.

"현명한 사람은 세상을 피하고, 그 다음은 땅을 피하고, 그 다음은 안색顏色을 피하고, 그 다음은 말을 피한다."

'辟(법 벽, bì, bó, mǐ, pì)'자는 '避(피할 피, bí)'자의 의미로 쓰인다. '(辟)'자는 '卩'과 '辛'로 이루어진 자로 '꿇어 앉은 죄인을 칼로 베어내는 형벌'을 가하는 형상이다. '칼로 베는 형벌'이기 때문에 '법'·'허물' 또는 '가르다'·'배척하다'·'배제하다'·'피하다'라는 파생어로 쓰이거나, 이러한 형벌을 행하는 자가 군주이기 때문에 '군주'라는 뜻으로 쓰인다. 갑골문

은 ‘[illegible]’ · ‘[illegible]’으로 쓰고, 금문은 ‘[illegible]’ · ‘[illegible]’으로 쓴다. 금문 중 ‘口’는 형벌을 구두로 집행하기 때문에 추가한 것이다.

현자는 무조건 은둔해서도 안 된다. 현자만이 이 세상의 우매함을 구제할 수 있는 것이다.

子路從而後, 遇丈人, 以杖荷蓧. 子路問曰: “子見夫子乎?” 丈人曰: “四體不勤, 五穀不分. 孰爲夫子?” 植其杖而芸. 子路拱而立. 止子路宿, 殺雞爲黍而食之, 見其二子焉. 明日, 子路行以告. 子曰: “隱者也.” 使子路反見之. 至則行矣. 子路曰: “不仕無義. 長幼之節, 不可廢也, 君臣之義, 如之何其廢之? 欲潔其身, 而亂大倫. 君子之仕也, 行其義也. 道之不行, 已知之矣.”(微子 18.07)

자로가 공자 스승을 따라가다가 뒤떨어졌다. 한 노인을 만났는데 지팡이로 멱서리(풀베는 기구)를 지고 있었다. 자로가 말하였다.

“영감님께서는 우리 스승을 보셨는지요?”

그 노인이 말하였다.

“손발을 근면하게 놀리지 않고, 오곡五穀을 분간하지 못하는 사람아, 누가 그대의 선생인가?”

말하고는 그의 지팡이를 세워 놓더니 잡초를 뽑았다. 자로는 두 손을 마주잡고 서 있었다. 자로를 묵어가게 하고는, 닭을 잡아 수수밥을 지어서 먹이고, 자기의 두 아들을 만나게 해주었다.

그 이튿날 자로가 가서 이 일을 말씀드렸더니, 공자가 말하였다.

“은자隱者다.”

자로를 시켜 되돌아가서 그를 만나보도록 하였는데, 그곳에 갔더니 그 노인은 떠나가 버리고 없었다.

자로가 말하였다.

"벼슬을 살지 않는 것은 의롭지 않은 일이다. 어른과 아이의 예절은 없앨 수 없을 것이고, 또한 임금과 신하의 의리를 어떻게 없앨 수 있겠는가! 자기 몸을 깨끗이 하려다가 큰 인륜을 어지럽힐 수 있다. 군자가 벼슬살이를 하는 것은 마땅히 해야 할 책임을 다하는 것이다. 정도正道가 행하여지지 않는다는 것은 이미 알고 있었다."

마지막 자로의 말은 혼잣말일 수도 있고 두 아들에게 들려주었던 말일 수도 있지만, 이러한 사상을 곧 공자의 사상을 대변하고 있다. 군주가 받아들이지 않으면 별수 없겠지만, 세상을 구할 수 있는 현자는 종정從政을 하여 사회의 정도를 바로 세우고자 했던 것이 공자의 기본적인 사상이다.

자장子張이 공자에게 종정에 대하여 묻자 사회의 정도를 바로 세우기 위해서는 다섯 가지를 미덕을 존중해야한다 하였다.(존오미尊五美) 첫째는 백성에게 은혜를 베풀어 주면서도 낭비하지 말 것이며, 둘째는 백성에게 힘든 일을 시키면서도 백성으로부터 원망을 듣지 말도록 하며, 셋째는 원하면서도 과욕을 부리지 않으며, 넷째는 태연하면서도 교만하지 말고, 다섯째는 위엄이 있으면서도 사납게 대하지 않는 것이다.

子張曰: "何謂五美?" 子曰: "君子惠而不費, 勞而不怨, 欲而不貪, 泰而不驕, 威而不猛."(堯曰20.02)

자장이 말하였다.

"무엇이 다섯 가지 미덕입니까?"

"군자는 은혜스러우면서 낭비하지는 않고, 힘드는 일을 시키면서도 원망을 사지는 않고, 원하기는 하나 탐내지는 않고, 태연하나 교만하지는 않고, 위엄이 있으나 사납지는 않다."

·천곡 민경부 작·

惠而不費혜이불비

篆文曰, 惠而不費也.

丙申惠風, 泉谷.

전문篆文으로 쓰다. 은혜를 베풀어도 낭비하지 않는다.

병신년 음력 이월. 천곡.

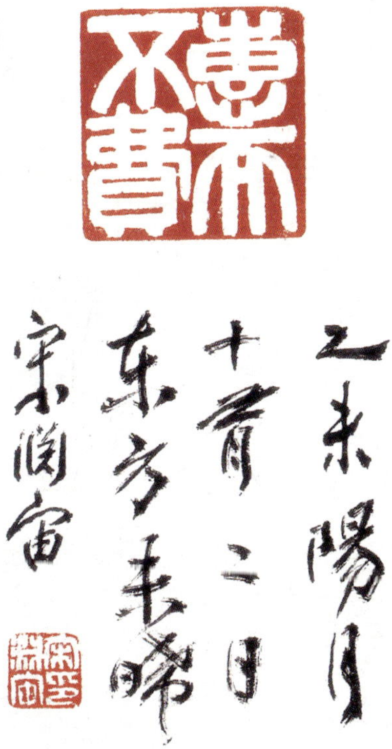

·임강 송연주·

혜이불비惠而不費

乙未陽月十有二日東方未晞. 宋淵宙.

을미년 음력 10월 12일. 저녁, 송연주.

# 55

# 不知肉味
## 부지육미

### 고기 맛을 모르다

(훌륭한 음악에 빠져 고기 맛을 잃다)

‘부지육미不知肉味’는 원래 ‘좋은 음악을 듣고 음악에 도취되어 고기 맛을 모르게 되었다’는 뜻이다. 후에 ‘일에 열중하여 음식 맛도 모르게 되다’ · ‘고기 맛본지 오래다(가난하다)’나 ‘한 가지 일에 전념하여 다른 일을 모르다’라는 뜻으로 파생되어 쓰인다.

> 子在齊聞韶, 三月不知肉味, 曰: “不圖爲樂之至於斯也.”(述而 07.14)
>
> 공자가 제齊나라에서 소韶를 들으시고 석달 동안이나 고기 맛을 모르시고 식사하셨고,
>
> “음악이 이러한 경지에까지 이르리라고는 생각하지 못했다.”라 하였다.

‘圖(그림 도, tú)’는 ‘생각하다’ · ‘도모하다’ · ‘헤아리다’라는 뜻이다. 금문은 ‘’ · ‘’‘’으로 쓴다. ‘(圖)’는 ‘口’과 ‘啚’로 이루어진 자이다. ‘(啚)’자는 ‘鄙(다라울 비, bǐ, bì) ’자와 같은 자이다. 고문古文은 ‘(㗫)’로 쓰고, 갑골문은 ‘’ · ‘’로 쓰고, 금문은 ‘’ · ‘’로 쓴다. ‘변두리에 지어진 곡식 창고’라는 뜻이다. 변두리 창고가 있는 마을을 포함한 국토

(囗)라 해서 '지도地圖'라는 의미로 쓰이고, 지도를 그리며 나라 일을 설계 한다는 뜻에서 '도모圖謀하다' · '기도企圖하다'라는 뜻으로 쓰인다.

진陳나라 공자 완完이 제齊나라로 망명하였고,[136] 진陳나라는 순舜임금의 후예였으므로 제나라에는 순의 음악인 소韶가 보존되어 있다. 공자는 '소韶'의 음악은 진선미를 모두 갖춘 최상의 음악이라 하였다.

子謂韶, "盡美矣, 又盡善也." 謂武, "盡美矣, 未盡善也."(八佾 03.25)

공자는 "소는 미美를 다 갖추었고 선善을 다 갖추었는데, 무武는 미美를 다 갖추었으나 선善은 다 갖추지는 못하였다"고 하셨다.

《사기史記 · 공자세가孔子世家》에는 제齊나라에서 공자가 소 음악을 듣고 석달 동안 배우셨는데 그 동안은 고기 맛을 모르고 밥을 먹었다 하였다.[137]

고기 맛을 모른다는 것은 고기를 먹지 않았다는 것이 아니라 음식의 맛을 잊을 정도로 소韶의 진선진미盡善盡美한 음악에 도취하여 있었다는 뜻일 것이다. 그만큼 소 음악에 빠져 있음을 말하는 것이다. 식음을 전폐하다시피 하고 소 음악에 열중하였다는 뜻이다.

음악은 덕치德治를 하는데 있어서 인간을 교화할 수 있는 중요한 유학

---

136 《左傳 · 莊公22》: "陳人殺其大子御寇, 陳公子完與顓孫奔齊, 顓孫自齊來奔. 齊侯使敬仲爲卿."(진나라 사람이 태자 어구를 죽이자 진나라 공자 완이 공자 전손과 함께 제나라로 달아났다. 이후 전손은 다시 노나라로 도망가 전손씨가 되었다. 제환공이 경중(공자 완)을 경으로 삼으려 하였다.)

137 《史記 · 孔子世家》: "與齊太師語樂, 聞韶音, 學之, 三月不知肉味, 齊人稱之."(공자는 제나라의 태사와 음악을 토론하였는데 소韶 음악을 듣고 그것을 배워, 3개월 동안 고기 맛을 잊을 정도로 심취하자 제나라 사람들이 그를 칭송하였다.)

의 교육 방법 중의 하나였다.

고대의 현왕賢王들은 근본적으로 주의하고 감응을 일으키는 요인이 되는 일을 신중히 고려하여 처리했던 것이다. 그리고 현왕들은 예禮에 따라 사람의 지망志望을 바르게 지도하고 음악에 의해 사람의 소리를 부드럽게 하고 정치에 의해 사람의 행동을 규제하며 형벌에 의해 사악을 예방하기에 힘썼다. 예악행정禮樂行政의 네 가지는 그 목표를 동일하게 하는 것이며 또 이 네 가지는 민심을 하나로 화합시켜 태평한 세상을 실현시키는 수단인 것이다.

음악은 대체로 본래 사람의 심정에서 발생하는 것으로 감정이 마음속에서 움직여 소리로 표현되어 소리의 변화가 일정한 형型을 이룬 것을 악음樂音이라고 하는 것이다. 따라서 평화로운 세상의 음악이 즐거운 기분을 나타내는 것은 정치가 평화롭기 때문이다. 난세의 음악이 원한이나 분노의 감정을 나타내는 것은 그 정치가 인심에 어긋나기 때문이다. 망국의 음악이 슬프고 시름에 잠기는 것은 백성이 고난을 당하고 있기 때문이다. 이와 같이 소리나 음악의 성질을 정치와 깊은 관련을 갖고 있는 것이다.

……이리하여 옛 사람은 '음악은 즐거울 낙樂이다'이라 하였다. 군자는 음악에 의해 선善이나 미美를 알고 즐기며, 소인은 음악에 의해 욕구를 채우고 즐긴다. 군자는 선이나 미에 의해 욕구를 맑고 깨끗하게 하므로 음악을 즐겨 문란해지지 않으나 소인은 욕구에 이끌려 선이나 미를 잊으므로 음악을 즐기지 못하여 이에 빠져 버리는 것이다. 즉 군자는 인정人情을 잘 고찰하고 인심을 온화하게 하고 음악의 애호를 세상에 퍼뜨려 교육의 효과가 커지도록 노력한다. 이리하여 음악이 널리 퍼져 민심이 바른 방향으로 나아가면 그 일로 인하여 군자의 덕화德化를 잘 알게 되는 것이다. 그런고로 인간의 미덕

美德이라는 것은 본성의 근본이며, 이 미덕을 아름답게 승화시키는 것이 음악인 것이다.[138]

자신이 하는 전문 직업 이외에 취미 생활에 푹 빠진다는 것은 큰 행복이다. 자신이 좋아하는 일이 생겨 '날 새는 줄도 모르고 열심히 한다'는 것은 큰 즐거움이 아닐 수 없다.

성공은 전념이며, 진념이다. 한 가지 일에 끝까지 몰두하는 것이 중요하다. '작심삼일作心三日'이 아니라, 일을 시작했으면 '유종의 미'를 거두어야 한다. 유종의 미를 거두기 위해서는 일에 몰두해야한다. 일에 몰두하지 않고선 그 일을 좋아하여야 한다. 그래서 공자는 아는 것은 좋아함만 못하고 좋아하는 것을 즐기는 것만 못하다하였다.

子曰: "知之者不如好之者, 好之者不如樂之者."(雍也 06.20)

공자는 말하였다.

"그것을 아는 사람은 그것을 좋아하는 사람만은 못하고, 그것을 좋아하는 사람은 그것을 즐기는 사람만은 못하다."

---

138 《禮記 樂記》: "是故先王愼所以感之者. 故禮以道其志, 樂以和其聲, 政以一其行, 刑以防其奸. 禮樂刑政, 其極一也; 所以同民心而出治道也. 凡音者, 生人心者也. 情動於中, 故形於聲. 聲成文, 謂之音. 是故治世之音安以樂, 其政和. 亂世之音怨以怒, 其政乖. 亡國之音哀以思, 其民困. 聲音之道, 與政通矣. ……樂者樂也. 君子樂得其道, 小人樂得其欲. 以道制欲, 則樂而不亂; 以欲忘道, 則惑而不樂. 是故君子反情以和其志, 廣樂以成其教, 樂行而民鄉方, 可以觀德矣. 德者性之端也. 樂者德之華也."

작품설명

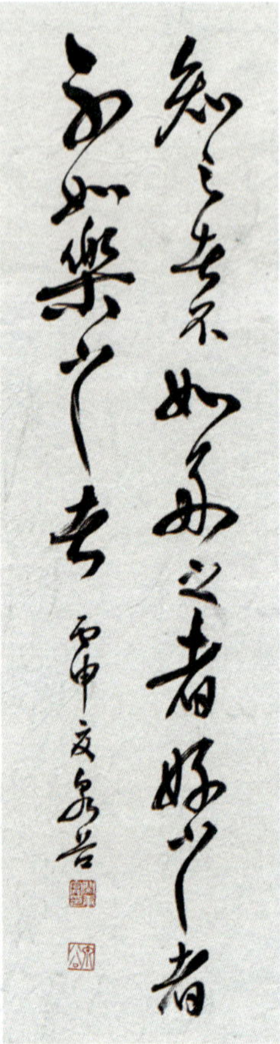

·천곡 민경부 작·

지지자불여호지자知之者不如好之者, 호지자불여낙지자好之者不如樂之者.

丙申夏, 泉谷

"그것을 아는 사람은 그것을 좋아하는 사람만은 못하고, 그것을 좋아하는 사람은 그것을 즐기는 사람만은 못하다."

병신년 여름 천곡

# 56

# 求仁得仁
## 구인득인

### 인을 얻고자 하면 인을 얻게 된다
(인자하고자 하면 인자하게 될 수 있다)

'구인득인求仁得仁'은 '인을 얻고자 노력하여 인을 얻게 되다'는 뜻이다. 후에 '원하는 것을 얻다' · '소원성취하다'의 파생어로 쓰인다.

冉有曰: "夫子爲衛君乎?" 子貢曰: "諾, 吾將問之." 入曰: "伯夷叔齊何人也?" 曰: "古之賢人也." 曰: "怨乎?" 曰: "求仁而得仁, 又何怨?" 出曰: "夫子不爲也."(述而 07.15)

염유가 말하였다.

"스승님께서 위나라의 군주를 도와주실까?"

자공이 "그래, 내가 여쭈어 볼게요"하고, 들어가서 말을 꺼냈다.

"백이와 숙제는 어떠한 사람입니까?"

"옛날의 현인이다."

"원망하고 있었습니까?"

"인함을 추구하여 인을 얻었는데 또 무엇을 원망하였겠느냐?"

자공이 나와서 염유에게 말했다.

"스승께서는 위나라 임금을 도우시지 않으십니다."

위의 내용은 염유·자공과 공자 3인의 대화하는 내용이다. 염유와 자공은 두 살 차이로 동년배이다.

위衛 영공靈公의 태자 괴외蒯聵는 영공의 부인 남자南子를 제거하려다 뜻을 이루지 못하자 송宋나라로 망명하였다. 영공은 공자公子 영郢을 태자로 세우려 하였으나 영이 이를 거절하였다. 후에 영공이 죽자, 남자가 영공의 뜻이라 하여 영에게 계위繼位하기를 명하였으나 영이 다시 거절하고, 적손嫡孫인 괴외의 아들 첩輒을 제위시켰다. 첩은 바로 위나라 출공出公이다. 염유가 말하는 '위군衛君'은 바로 출공을 가리킨다. 후에 괴외가 위로 돌아오자 첩이 노魯나라로 망명해 버리자 괴외가 다시 왕위에 올랐다. 이가 위나라 장공莊公이다.

백이伯夷와 숙제叔齊는 상商나라 말기의 고죽군孤竹君의 두 아들이다. 백이와 숙제는 왕위를 사양하고 주周나라로 도망 온 후 주나라 무왕武王이 은殷의 주왕紂王을 토벌하고자 군대를 동원하자 토벌을 중지하도록 말렸으나 듣지 않자 주나라의 곡식을 먹지 않겠다고 수양산首陽山에 올라가 고사리를 캐 먹다가 굶어 죽었다고 한다.[139]

---

139 "伯夷·叔齊, 孤竹君之二子也. 父欲立叔齊, 及父卒, 叔齊讓伯夷. 伯夷曰: '父命也.' 遂逃去. 叔齊亦不肯立而逃之. 國人立其中子. 于是伯夷·叔齊聞西伯昌善養老, '蓋往歸焉!' 及至, 西伯卒, 武王載木主, 號爲文王, 東伐紂, 伯夷·叔齊叩馬而諫曰: '父死不葬, 爰及干戈, 可謂孝乎? 以臣弑君, 可謂仁乎?' 左右欲兵之. 太公曰: '此義人也.' 扶而去之. 武王已平殷亂, 天下宗周, 而伯夷·叔齊耻之, 義不食周粟, 隱于首陽山, 采薇而食之. 及餓且死, 作歌, 其辭曰: '登彼西山兮, 采其薇矣. 以暴易暴兮, 不知其非矣. 神農·虞·夏忽焉沒兮, 我安適歸矣? 吁嗟徂兮, 命之衰矣!' 遂餓死于首陽山, 由此觀之, 怨邪非邪?"(史記·伯夷列傳) 백이와 숙제는 고죽군의 두 아들이었다. 아버지는 아우인 숙제에게 뒤를 잇게 할 생각이었는데, 아버지가 돌아가신 후 숙제는 형인 백이에게 국군國君의 자리를 양위하려 했다. 그러자 백이는 '네가 국왕의 자리에 오르는 것은 부군父君의 명령이다'하고 끝내 나라 밖으로 도망쳐 버렸다. 숙제 또한 국왕의 자리에 오르기를 승낙하지 않고 마침내 도망쳐 버렸다. 그래서 고죽군의 사람들은 그들의

출공出公이 자신의 부친 괴외를 불러다 계위시키지 않고 자신이 제위한 것과는 대조가 된다. 자공은 공자가 백이 · 숙제의 겸양하는 덕德을 높이 평가하고 위군衛君이 부자 간에 서로 다투는 것을 좋게 생각하지 않고 있다는 것을 알고 있기 때문에 위군을 도와주지 않을 것을 확신한 것이다.

子曰: "伯夷叔齊不念舊惡, 怨是用希."(公冶長 05.23)

공자는 말하였다.

"백이와 숙제는 지난날의 나빴던 일을 생각하지 않았고 원망하는 일이 드물었다."

子曰: "不降其志, 不辱其身, 伯夷 · 叔齊與!"(微子 18.08)

그 뜻을 굽히지 않고, 자기 몸을 욕되게 하지 않은 것은 백이와 숙제일 게다.

---

자식을 군주로 삼았다. 그 후 백이와 숙제는 서백창(문왕文王)이 노인을 잘 대우한다는 말을 듣고 그곳으로 가려했다. 그런데 주周나라에 가서 보니 서백西伯은 이미 죽고 그의 아들 무왕武王이 부왕父王의 위패를 만들어 문왕이라 칭하고, 동쪽으로 나서 은殷 나라 주왕紂王을 치려 하였다. 이에 백이와 숙제는 무왕의 말고삐를 붙들고 간언하였다. '부왕이 돌아가시어 아직 장례도 다 치르기도 전에 전쟁을 하려 하니, 이 어찌 효라 할 수 있겠습니까? 또 신하의 몸으로 군주를 죽이려 하니 이 어찌 인仁이라 할 수 있겠습니까?' 무왕의 좌우 신하들이 이 두 사람을 죽이려 하자 무왕의 군사軍師 태공망太公望 여상呂尙이 '이들은 의로운 사람들이다'하고 부축하여 데려갔다. 그 후 무왕이 은나라를 평정하니 천하는 주나라 종국宗國으로 받들게 되었다. 그러나 백이와 숙제는 이를 부끄러운 일이라 하여 주의 녹봉을 먹지 않고 수양산으로 숨어들어 고사리를 캐 먹으며 연명하다가 죽게 되었다. 또한 다음과 같은 노래를 지어 불렀다. '저 서산西山(수양산)에 올라, 고사리를 캐노라. 폭력을 폭력으로 바꾸면서도 그 그릇됨을 모르는 무왕武王. 신농神農, 우순虞舜, 하우夏禹의 태평성대는 홀연히 사라졌구나. 이제 우리는 돌아가리. 아 가리라. 쇠잔한 나의 운명이여.' 이렇게 해서 백이와 숙제는 수양산에서 끝내 굶어 죽었는데, 이것을 말미암아 살펴보면 이는 원망인가 아닌가.)

백이와 숙제는 부정과 불의를 혐오하고, 일을 미워했지만 사람을 미워하진 않았다. 남이 옛날에 행한 잘못을 오래 두고 고깝게 생각하는 인물이 아니었다. 그래서 남을 원망하거나 남의 원망을 받는 일이 드물었다. 또한 인덕仁德을 원하여 인덕을 얻은 인물이기 때문에 남을 원망하지도 않은 것이다.

중용中庸은 군자는 행하는 일마다 스스로 만족하지 않음이 없다하고, 윗자리에 처해 있을 때는 아랫사람을 무시하지 않고, 아랫자리에 처해 있을 윗사람의 도움을 받아 출세하려 하지 않는다하였다. 또한 군자는 자기를 바르게 하고 남에게 요구하지 않으니 원망하는 사람이 없을 것이고, 위로는 하늘을 원망하지 않고 아래로는 남을 허물하지 않는다하였다.[140] '구인득인求仁得仁'은 바로 자신을 바르게 하여 인들을 얻고자 하는 것이니 하늘을 원망하지 않고 남의 허물을 탓하지 않는 것이다.

'구인득인求仁得仁'과 유사한 성어로 '욕인사지欲仁斯至'가 있다. 공자는 인仁이란 멀리 있는 것이 아니라, 자신이 그것을 원하느냐 원하지 않느냐에 달려 있다하였다. 즉 가장 중요한 것은 마음가짐이다.

> 子曰: "仁遠乎哉? 我欲仁, 斯仁至矣."(述而 0730)
>
> 공자는 말하였다.
>
> "인자仁慈함이 멀리 있단 말인가? 내가 인자함을 원하면 그 즉시로 인자함이 오는 것이다."

---

140 "君子無入而不自得焉. 在上位不陵下, 在下位不援上, 正己而不求於人, 則無怨. 上不怨天, 下不尤人."(《中庸》)

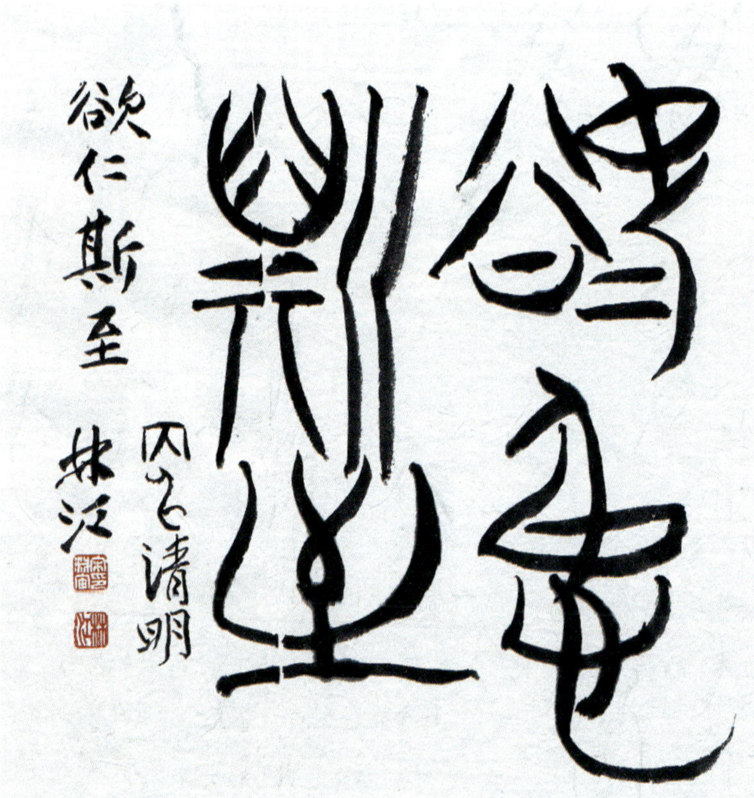


·임강 송연주 작·

욕인사지欲仁斯至

欲仁斯至.

丙申清明, 林江

'인하고자 하면 인자하게 된다.'

병신년 청명절, 임강.

아래는 성삼문의 시조 '수양산 바라보며'이다.

수양산 바라보며 이제를 한하노라
주려 주글진들 채미採薇도 하난것가
비록애 푸새엣 거신들 긔 뉘 따헤 낫다니

'이제'는 백이와 숙제를 가리킨다. 이 시조는 절의가絶義歌 혹은 충의가忠義歌라고 하기도 한다.

수양산을 바라보며 수양산에 들어가 고사리를 캐먹다 죽은 백이와 숙제를 한탄한다. 굶어 죽을지언정 고사리를 캐 먹다니. 아무리 대수롭지 않은 풀이지만 그것이 누구의 땅에서 났던가! 그 고사리 또한 무왕의 땅에서 난 것이 아닌가.

이 시조는 세조때 사육신 성삼문의 절개를 노래한 것이라 한다. 굶어 죽어도 세조가 주는 녹은 먹지 않겠다는 굳은 의지를 표현하고 있다.

맹자는 사람에게는 누구나 '차마 남에게 하지 못하는 마음'이라는 것이 있다하였다. 이러한 '차마 하지 않는 마음'을 더욱 발전시켜 나가는 것이 '인仁'이라 하였다. '차마 하지 못하는 마음'은 바로 '선량한 마음'이다. 이 선량한 마음은 누구에게나 있다. 이 선량하고자 하는 마음을 자주 갖는다면 '인'은 자연스럽게 실천될 것이고, 행동 하나하나가 바로 인적인 행동을 하게 될 것이다. 인을 구하려하면서 이를 또한 실천하고자 하는 마음을 가지게 된다면, 인은 얻게 될 것이고 실천되어질 것이다. 이러한 마음이 바로 '구인득인求仁得仁'이다. '구인득인'하게 된다면 다른 사람이 '얘'·'쟤'라고 무시하는 말투를 말을 하지 않게 되는 것이다.

孟子曰: "人皆有所不忍, 達之於其所忍, 仁也; 人皆有所不爲, 達之於其所爲, 義也. 人能充'無欲害人'之心, 而仁不可勝用也. 人能充'無穿窬'之心, 而義不可勝用也. 人能充無受'爾'·'汝'之實, 無所往而不爲義也. 士未可以言而言, 是以言餂之也; 可以言而不言, 是以不言餂之也. 是皆穿逾之類也."(《孟子·盡心下》)

맹자가 말하였다.

"사람들은 모두 차마 하지 못하는 것이 있는데, 그 마음을 차마 하는 것까지 발전시켜 나가는 것이 인이다. 사람들은 모두 하지 않는 것이 있는데, 그 마음을 자기가 하는 데까지 발전시켜 나가는 것이 의義다. 사람이 '남을 해치고 싶지 않은 마음'을 가득 채울 수 있으면 인을 이루 다 쓰지 못하게 될 것이다. '사람이 벽을 뚫고 담을 뛰어 넘어가지 않겠다'는 마음을 길러서 가득 채울 수 있으면 의를 이루 다 쓰지 못하게 될 것이다. 사람이 '애'·'재' 하고 천대 받지 않으려는 마음을 길러서 채워 나갈 수 있으면 아무 데에 가도 의롭지 않는 것이 없게 된다. 선비가 말할 처지가 아닌데 말한다면 그것은 말로써 이익을 얻으려는 것이고, 말해야 할 경우에 말하지 않는다면 말하지 않는 것으로 이익을 얻으려고 하는 것으로 이런 것은 다 벽을 뚫고 담을 뛰어넘어 가서 훔치는 경우와 같다."

공자는 세상은 자신을 몰라주고 하늘만이 당신을 안다 하였다.(지아자기천호知我者其天乎) 공자는 어느 누구도 원망하지 않고, (불원천, 불우인不怨天, 不尤人) 인간 세상의 일을 통해서 하늘의 이치를 통달하고자하였다(하학상달下學上達). 《주역周易》〈건괘乾卦〉의 〈九五〉는 "비룡재천飛龍在天, 이견대인利見大人"[141]에 대하여, 《문언전文言傳》은 '대인大人'이란 천

141 "용이 하늘에서 나니, 대인을 만나봄이 이롭다."

지天地로 더불어 그 덕을 화합하고 일월日月로 더불어 그 밝음을 화합하며 사시四時와 함께 그 자연의 질서를 화합하고 귀신과 함께 그 길흉吉凶을 화합하기 때문에, 설사 하늘보다 앞선다 해도 하늘을 어기지 않으며 하늘보다 뒤진다 해도 하늘의 때를 받드는 자라 하였다. 그래서 대인은 하늘을 어기지 않기 때문에 그 보다 아래 단계에 속하는 사람과 귀신에게는 더욱 어긋남이 없이 덕을 베푼다 하였다.[142] 공자는 대인이다. 대인은 인간 세상의 일을 통해서 하늘의 이치를 통달하기 때문에 어긋나는 일을 하지 않는 것이다.

〈건괘乾卦〉의 〈上九〉의 "항룡유회亢龍有悔"라는 구절에 대하여 《문언전文言傳》은 '항亢'이란 말은 나가는 것만 알고 물러가는 것은 알지 못하며, 있는 것만 알고 없는 것은 알지 못하는 것으로, 이러한 용은 너무나 지나치게 과한 용龍이다 하였다. 이러한 지나침은 이는 대인大人이 아니고 성인聖人이 아니다. 나가고 물러가고, 있고 없는 것을 알아서 그 바른 것을 잃지 않는 자는 오직 성인聖人인 대인뿐인 것이다.[143]

그래서 군자는 자기를 바르게 하고 남에게 요구하지 않으니 원망하는

---

142 《周易 · 文言傳》: "夫'大人'者, 與天地合其德, 與日月合其明, 與四時合其序, 與鬼神合其吉凶. 先天而天弗違, 後天而奉天時. 天且弗違, 而況於人乎? 況於鬼神乎?"(대체로 대인大人은 천지天地로 더불어 그 덕을 합하고 일월日月로 더불어 그 밝음을 합하며, 사시四時와 함께 그 차서次序를 합하고 귀신과 함께 그 길흉吉凶을 합한다. 하늘보다 앞서도 하늘을 어기지 못하며 하늘보다 뒤져도 하늘의 때를 받든다. 하늘도 어기지 않는데 하물며 사람이겠는가. 하물며 귀신이겠는가.)

143 "'亢'之爲言也, 知進而不知退, 知存而不知亡, 知得而不知喪, 其唯聖人乎! 知進退存亡, 而不失其正者, 其唯聖人乎!"('항亢'이란 말은 나가는 것만 알고 물러가는 것은 알지 못하며, 있는 것만 알고 없는 것은 알지 못하며, 얻는 것만 알고 잃는 것은 알지 못하는 것이다. 오직 성인聖人뿐인가. 나가고 물러가고, 있고 없는 것을 알아서 그 바른 것을 잃지 않는 자는 오직 성인뿐인가.)

사람이 없을 것이고, 위로는 하늘을 원망하지 않고 아래로는 남을 허물하지 않으며, 천도天道와 인도人道에 어긋남이 없는 것이다.

·완석 정대병 작·

하학상달下學上達

子曰: "莫我知也夫!" 子貢曰: "何爲其莫知子也?" 子曰: "不怨天, 不尤人, 下學而上達. 知我者其天乎!"

丙申夏, 頑石.

공자가 말하였다. "나를 아는 사람이 없구나." 자공이 말하였다. "무엇 때문에 선생님을 아는 사람이 없다는 것입니까?" 공자는 말하였다. "하늘을 원망하지 않고, 남을 허물하지 않고, 밑에서부터 배워서 위로 통달하거니와, (이러한) 나를 아는 것은 하늘일 것이다."

병신년 여름, 완석.

57

# 富貴浮雲
## 부귀부운

**부귀는 뜬 구름과 같다**

(부귀란 하늘에 떠 있는 구름과 같이 부질없는 것이다)

‘부운浮雲’은 ‘뜬 구름’이다. 뜬 구름은 언제 없어질지 모르는 것이다. 그래서 무의미하고 허황된 것이다. 혹은 뜬 구름은 멀리 떨어진 것이기에 자신과는 관계가 없는 것으로 이해할 수 있다. 혹은 뜬구름은 가볍기 때문에 이를 경시한다는 뜻으로 이해하기도 하고, 뜬구름은 실제는 아무것도 없는 것이라 아무런 영향력이 없다는 뜻으로 해석하기도 한다.

‘(貴)’자는 ‘貝’와 소리부 ‘臾’로 이루어진 자로 이루어진 자이다. ‘(臾, 만류할 유, yú)’자를 갑골문은 ‘’로 쓰고 금문은 ‘’·‘’로 쓴다. 두 손으로 사람을 잡아 끌어당기는 형상이다. 고문자 ‘貴’는 귀중한 화폐 등의 물건을 자신에게 끌어당겨 자신의 것으로 만드는 것을 뜻한다.

‘(浮, 뜰 부, fú)’자는 ‘水’와 소리부 ‘孚’로 이루어진 자이다. ‘孚(미쁠 부, fú)’자는 손으로 자식을 잡고 있는 형상으로 ‘미덥다’·‘미쁘다’는 의미로 쓰인다. 금문은 ‘浮’자를 ‘’으로 쓴다. ‘물에 떠 있는 아이를 손으로 잡고 있다’ 뜻이다.

子曰: “飯疏食飮水, 曲肱而枕之, 樂亦在其中矣. 不義而富且貴, 於我如浮

雲."(述而 07.16)

공자는 말하였다.

"거친 것을 먹고 물을 마시고 팔베개를 하고 살아도 즐거움은 또한 그 가운데 있는 것이다. 의義롭지 않으면서 돈 많고 벼슬 높은 것은 나에게는 뜬 구름과 같다."

공자는 거친 음식을 먹으며 고달프게 사는 그 자체가 즐겁다고 말한 것이 아니라 그러한 생활을 한다 하여도 정도正道를 따라 사는 즐거움은 고칠 수 없음을 뜻한다. 정도가 아니라면 빈천貧賤을 굳이 벗어나려 하지 않을 것이고, 기왕에 벗어나지 못할 것이라면 이를 즐거운 마음으로 받아들이고 기꺼이 '안빈낙도安貧樂道'해야 한다.

子曰: "富與貴, 是人之所欲也, 不以其道得之, 不處也. 貧與賤, 是人之所惡也, 不以其道得之, 不去也."(里仁 04.05)

공자는 말하였다.

"부와 귀는 사람들이 바라는 것이기는 하나 정당한 방법으로 얻은 것이 아니라면 거기에 머물러 있지 않는다. 빈과 천은 사람들이 싫어하는 것이기는 하나 정당한 방법으로 얻은 것이 아니라면 거기서 떠나가지 않는다."

'부귀富貴'는 정말 한낱 뜬 구름과 같은 것이다. 인생은 '공수래공수거空手來空手去'이다. 빈손으로 왔다가 빈손으로 가는 것이 인생인데, 모든 것을 다 들고 갈 것 같이 욕심을 부려 수단방법을 가리지 않고 축적하려 한다. 당唐나라 이백은 '춘야연종제도화원서春夜宴從弟桃花園序'에서 우리 내 인생은 여관같은 세상에 잠시 기탁했다가는 것이고, 우리가 지나온 세월이란 그 많은 사람이 머물렀다 지나간 한 여객旅客의 흔적만큼이나 미세한 것에 지나지 않는다 하였다.[144] 몇 만년 세월 속의 우리의 인생인 하루살이(부유蜉蝣)의 목숨이다. 중국 당唐나라 전기소설傳記小說 이공좌李公左의 《남가태수전南柯太守傳》에서 주인공 순우분淳于棼이 남쪽으로 뻗은 느티나무 가지 아래에서 잠이 들었다가 槐安國에 초청을 받아 20년 동안 부귀영화를 누렸다가 깨었났는데 꿈이었다는 '남가일몽南柯一夢', '일장춘몽一場春夢'인 것이다.

그래서 왔다가는 인생은 모두 다 같은 것이다. 가장 행복하게 사는 방법은 무엇일까! 집착과 욕망에서 벗어나는 것이다.

우리는 지금도 무슨 집착 때문에 무슨 욕망 때문에 절뚝거리는 나귀를 타고 쓰러질 것 같은 피곤한 몸을 이끌고 힘들게 멀게도 가고 있는지 모르겠다.

---

144 《春夜宴從弟桃花園序》: "夫天地者, 萬物之逆旅也; 光陰者, 百代之過客也. 而浮生若夢, 爲歡幾何? 古人秉燭夜游, 良有以也. 況陽春召我以烟景, 大块假我以文章. 會桃李之芳園, 序天倫之樂事. 群季俊秀, 皆爲惠連; 吾人咏歌, 獨慙康樂. 幽賞未已, 高談轉清. 開瓊筵以坐花, 飛羽觴而醉月. 不有佳咏, 何伸雅懷? 如詩不成, 罰依金谷酒數."(무릇 세상 천지는 만물이 잠시 쉬어가는 여관이오. 세월이란 끊임없이 스쳐 지나가는 길손이다네. 꿈속을 헤매고 떠도는 인생, 즐거움이 그 몇 날이나 되겠는가! 불 밝히고 밤새워 즐기며 놀던 옛 사람들, 그럴만한 이유 다 있었다네. 하물며 화창한 봄날에, 아름다운 풍광이 나를 불러, 대자연의 아름다운 풍광 내게 펼쳐 주었으니. 복숭아 꽃 만발한 동산에 모여, 집안 형제들 돈독히 정 즐거운 마음 풀어내네. 참으로 준수한 여러 아우님들, 모두 남조南朝 시인 사혜연謝惠連의 재주를 지녔음이라. 우리들이 시를 읊고 노래 부를 때, 나홀로 남조 시인 강락공康樂公 사령운謝靈運 에게 부끄럽구나. 그윽한 경치를 감상 끝이 없고, 고상하고 청신한 담소를 나누며, 풍성한 잔치 꽃 속에 앉아, 술잔을 돌리며 달을 따라 취하니, 빼어난 시가 아니면, 어찌 고아한 정회를 펼쳤다 하겠는가. 그대로 시를 짓지 못한다면, 금곡원金谷園에서 진晉 나라 석숭石崇의 규칙대로 벌주를 받으리라.)

화자유민지회구和子由澠池懷舊

소동파蘇東坡

人生到處知何似 인생은 도처에서 무엇과 같은지 아는가?

應似飛鴻踏雪泥 마땅히 날아가는 기러기가 눈밭을 밟는 것과 같으리.

雪上偶然留指爪 눈 위에 우연히 발자국 남더라도,

飛鴻那復計東西 날아간 기러기가 동으로 갔는지 서쪽으로 갔는지 어찌 알리.

老僧已死成新塔 노승은 이미 죽어 새로운 사리탑 세워지고,

壞壁無有見舊題 허물어진 벽에서 우리가 쓴 옛 시를 찾을 수 없겠네.

往日崎嶇還記否 우리가 걷던 험난한 길 기억하는가,

路長人困蹇驢嘶 먼 길에 사람 피곤하고 나귀 절뚝거리며 울었지.

이 시는 동파東坡가 민지澠池(하남성河南省)를 지나다가 자유子由 소철蘇轍의 《회민지기자첨형懷澠池寄子瞻兄》이란 시에 화답한 시이다. 우리 인생 흔적은 눈밭에 남은 무수한 새 발자국 중에 하나이다. 누구의 발자국인지도 모르고 그 사람이 어디로 간지도 모르는 무수한 발자국 중의 하나이다. 이미 밟히고 밟혀서 우리의 발자국은 이미 흔적조차 없이 사라졌다.

이래도 한 세상 저래도 한 세상, 뜬 구름같은 이 인생 그렇다면 어떻게 살 것인가? 막무가내로 내 하고 싶은 대로 살 것인가? 다른 사람 고려치 않고 내 멋대로 사는 것이 자유인가? 이는 자신의 이득을 위하여 남을 해치는 이기적인 행위로 남의 물건을 빼앗는 행동양식과 같다. 사회는 혼자만 사는 것이 아닌 생활의 공동체이다. 함께 공유해야 하는 것이다. 그럼에도 남을 배려하지 않고 자신만을 위하여 함부로 행동한다면 남이 공유해야할 자유를 빼앗는 것과 같다. 사회에서 남을 배려하는 마음이 예禮이고, 인仁이다. 자신이 살아가야할 자유를 추구하는 것이 또한 정의이며 인仁이다. 이 정의를 위하여 옛 선비들은 구차하게 목숨을 구걸하지도 않

았다. 이게 살신성인殺身成仁이다. 한국인은 목숨보다도 체면을 중요시 한다. 그래서 안타깝게도 수많은 민족투사가 독재정권에 맞서 목숨을 잃었고, 노무현 대통령도 그렇게 세상을 떠났다.

작품설명

·완석 정대병 작·

구생해인求生害仁

子曰: 志士仁人, 無求生以害仁, 有殺身以成仁.

丙申立夏, 頑石.

공자는 말하였다. "지사志士와 인인仁人은 살기를 바라서 인仁을 해치는 일이 없고 몸을 죽여가지고 인仁을 이룩하는 일은 있다."

병신년 입하. 완석.

## 58

# 執鞭之士
## 집편지사

**직업에 귀천을 가리지 않다**

(말고삐를 잡는 직업이라 할지라도 귀천이 없다)

'집편지사執鞭之士'는 원래 '채찍을 든 사람'으로 마부와 같은 '천한 일을 하는 사람'이라는 뜻이다. 그러나 부귀를 구하려는 것이기 때문에 '시장의 문지기'라고 해석하는 등 매우 분분하다.

'[illegible](執)'자는 '丮'과 '㚔(幸)'으로 이루어진 자이다. 갑골문은 '[illegible]'·'[illegible]'으로 쓰고, 금문은 '[illegible]'·'[illegible]'으로 쓴다. 수갑으로 손을 묶은 모습이다. 후에 손 부분인 '丮'으로 변하고 수갑이 '㚔(幸)'으로 변하였다.

'편鞭'자는 '革'과 소리부 '便'으로, '[illegible](便)'자는 '人'과 '更'으로 이루어진 자이다. 금문은 '[illegible]'으로 쓴다. '사람이 손에 막대를 들고 짐승을 길들이는 형상'이다. 따라서 '鞭'은 '채찍으로 말을 사람이 부리기 편리하게 하다'라는 뜻이다. 본 구절에서는 '채찍'이라는 의미로 쓰인다.

子曰: "富而可求也, 雖執鞭之士, 吾亦爲之. 如不可求, 從吾所好."(述而07.12)

공자는 말하였다.

"재부財富가 만약 얻어서 괜찮은 것이라면 채찍을 잡는 사람 노릇일지라도 나는 할 것이나, 만약에 얻어서는 안 될 것이라면 내가 좋아하는 것에 따를 것이다."

'부이가구야富而可求也, 수집편지사雖執鞭之士' 구절에 대하여 의견이 분분하다. 두 가지로 크게 나눌 수 있다. 첫째, 부를 쉽게 얻을 수 있는 것이라면 채찍을 잡는 사람 노릇일지라도 나는 할 것이지만, 그것은 구求한다고 쉽게 얻을 수 있는 것이 아니기 때문에 내가 좋아하는 것을 추구하겠다. 둘째, 도가 있어 도로써 부귀를 구하는 것이라면 귀천을 가리지 않고 천한 일이라도 하겠다.

공자의 개념과 전체적인 의미 맥락으로 보아 두 번째 해석이 좋을 성 싶다. 정도正道가 부귀를 구하는 것이라면 하찮은 직업일이라도 기꺼이 하겠다는 뜻이다. 앞 '부귀부운富貴浮雲'에서 이미 언급하였다시피 공자는 '부귀富貴는 사람들이 바라는 것이기는 하나 정당한 방법으로 얻은 것이 아니라면 부귀를 취하지 않을 것이며, 빈천貧賤은 사람들이 싫어하는 것이지만 정당한 방법으로서가 아니면 빈천에서 벗어나려 하지 않겠다.'라 하였다.

子曰: "富與貴, 是人之所欲也, 不以其道得之, 不處也. 貧與賤, 是人之所惡也, 不以其道得之, 不去也."(里仁 04.05)

공자는 말하였다.

"부와 귀는 사람들이 바라는 것이기는 하나 정당한 방법으로 얻은 것이 아니라면 거기에 머물러 있지 않는다. 빈과 천은 사람들이 싫어하는 것이기는 하나 정당한 방법으로 만난 것이 아니면 굳이 박차고 떠나버리지 않겠다.

빈천은 누구나 싫어하는 것이다. 그러나 정당한 방법으로 벗어나는 것이 아니라면 차라리 빈천한 채로 남아있겠다는 것이다.

'집편執鞭'은 하찮은 직업이라는 의미로 종종 쓰인다. 예를 들어, 남조南朝 송宋 유의경劉義慶의《세설신어世說新語 · 임탄任誕》에 아래와 같은 구절이 있다.

> 군졸이 말하였다.
>
> "저는 원래 마굿간 아래 미천한 출신으로 이름난 인재가 되고 싶지는 않습니다. 어려서 채찍을 잡고 말을 모느라 고생할 때 항상 술을 실컷 먹어 봤으면 하는 것이 소원이었습니다. 나에게 풍족한 술로 여생을 마치게 도와주신다면 더 바랄게 없습니다."
>
> 유빙分氷은 이에 큰 집을 하나 지어주고 노비까지 사주고 또 사람을 시켜 늘 그 집에 백곡百斛의 술을 준비시켜 죽을 때까지 도와주었다. 당시 사람들은 이 군졸은 지혜가 있었을 뿐만 아니라 또한 여생도 즐겁게 보냈다고 하였다.[145]

가난하고 부자의 차이는 마음의 차이이다. 아무리 많이 가졌다 한들 마음이 편치못하다면 마음은 이미 지극히 가난하다.

공자가 안회를 두고 한 말이다. 만족하면 부자이고, 양보하면 귀貴하게 되고, 존경하면 용감한 사람이 된다하였다.

---

145 卒曰: '出自廝下, 不願名器, 少苦執鞭, 恆患不得快飮酒, 使其酒足餘年畢矣, 無所復須.' 冰爲起大舍, 市奴婢, 使門內有百斛酒, 終其身, 時謂此卒非唯有智, 且亦達生.(世說新語)

훌륭하다 안회여! 가난을 부유함으로 여기려면 족함을 알아 욕심이 없어야 하고, 천함을 귀함으로 여기려면 사양하여 예를 갖출 수 있어야 하며, 용기 없음을 위엄으로 여기려면 공경을 실행하여 남에게 실수가 없어야 하는 것이다. 또 종신토록 환난을 없이 하려면 그 말을 잘 선택하여 내뱉어야 하는 것이다. 만약 너처럼만 한다면 그것이 곧 지극한 것이다. 이는 옛날의 성인들조차도 그렇게만 하였을 뿐이란다.[146]

직업에 귀천이 어디 있겠는가? 직업은 먼저 자신이 좋아하는 일이어야 한다. 그래야만 일하는 내내 행복하다. 직업은 부모님을 위한 것도 아니고, 남에게 보여주기 위한 것은 더욱 아니니다.

얼마 전에 서울 한 아파트 경비원이 입주민의 비인격적인 대우를 견디다 못해 경비원이 분신자살한 사건이 있었다. 타인의 인권을 침해하거나 혹사시키거나 혹은 천한 일을 하고 있다고 생각해서는 절대 안 된다. 직업이란 사회에서 생활하는 사람들이 재능과 능력에 따라 종사하는 일일 뿐이지 귀천의 기준은 절대 아니니다. 내가 가지고 있지 않은 능력을 상대방이 가지고 있어 그 일을 종사하는 것이다. 사회가 갑질을 하고 귀천을 두기 때문에 취업난이 심각한 것이다. 한국인 사고방식을 바뀌어야 취업난이 해결된다.

개인적으로 인생 말년에 하고 싶은 꿈이 있다. 나의 고향은 임실군 북

146 善哉! 回也! 夫貧而如富, 其知足而無欲也. 賤而如貴, 其讓而有禮也. 無勇而威, 其恭敬而不失於人也. 終身無患難, 其擇言而出之也. 若回者, 其至乎! 雖上古聖人, 亦如此而已."(≪韓詩外傳≫)

창이란 마을이다. 지금은 덩그러니 빈집만 남았지만 부모님이 어려운 살림에 칠남매를 키우신 뒤뜰에 큰 감나무가 있는 집이다. 퇴직 후 고향에 내려가 '서당'하나 차려 성인의 말씀 가르치고 붓글씨 쓰며 한적하게 지내고 싶다. 뒤 동산에 산책 길 내 오르락내리락하고, 어릴 때 보았던 굽이굽이 흐르는 섬진강에 소복소복 내리는 그 눈발을 보고 싶다. 이런 시골은 찾아오는 손님도 없을 것이다. 혹시 찾아오는 친구가 있다면 시장이 멀어 삼겹살 장만 어렵겠지만, 천상에 걸터앉아 산에서 마련한 이런저런 과일주 내놓고, 대문 앞 지나가는 동네 사람과 함께 횡설수설 지나간 일 넋두리나 하며 지내고 싶다.

객지客至

두보杜甫

집안 앞뒤가 봄비에 물 불었는데,
단지 갈매기 무리 날마다 와서 노니네.
손님이 없어 꽃잎 길은 일찍이 쓸어본 적 없었거늘,
오늘에야 그대를 위해 사립문 열어젖히네.
장터가 멀어 맛좋은 음식 차릴 겨를 없고,
술은 집이 가난해 묵은 술 독에서 다시 차낸 것만 있다네.
그대 괜찮다하면 이웃 영감과 함께 마시면 어떨꼬,
담 넘어 이웃 영감 불러 남은 술잔 비우세.
舍南舍北皆春水, 但見群鷗日日來.
花徑不曾緣客掃, 蓬門今始爲君開.
盤飧市遠無兼味, 樽酒家貧只舊醅.
肯與隣翁相對飮, 隔籬呼取盡餘杯.

객지客至는 두보가 서안(장안)에서 안록산의 난을 피해 험난한 촉도蜀道를 따라 성도에 도착하여 초당草堂을 짓고 가족과 함께 일생 중 가장 행복하게 살았던 50여 세에 지은 시이다. 두보 시 중 가족과 함께 가장 단란하고 행복한 생활을 그린 시가 강촌江村이다. 강촌 역시 두보가 이때 지은 시이다.

작품설명

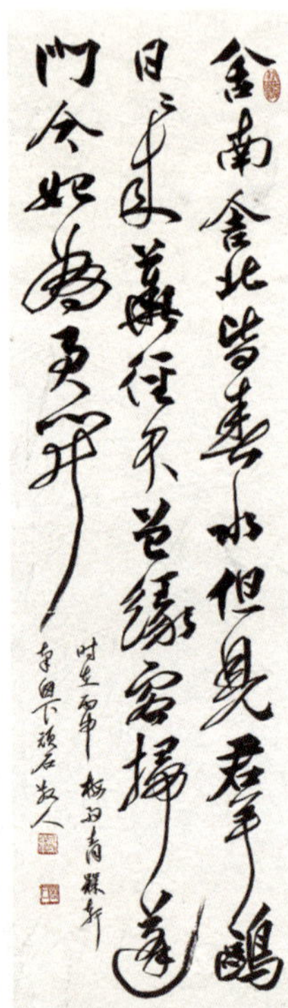

·두보杜甫의 객지客至 시·

완석 정대병 작

時在丙申梅雨, 靑罧(梅)軒南囱(窓)下頑石主人

병신년 음력 사월, 청매헌 남창 아래에서 완석.

강촌江村

맑은 강 한 굽이 마을을 감싸고 흐르는데
기나긴 여름 강촌은 만사가 한가롭다
제비는 마음대로 처마를 들고나고
서로서로 다정하게 갈매기 날아다니네.
늙은 아내는 종이에 바둑판을 그리고,
어린 아들은 바늘을 두드려 낚싯바늘을 만드는구나.
병 많은 이 한 몸에 필요한 것이란 오직 약물뿐,
미천한 이내 몸이 달리 또 무엇을 바라리오.
清江一曲抱村流, 長夏江村事事幽.
自去自来堂上燕, 相亲相近水中鷗.
老妻畵紙爲棋局, 稚子敲針作釣鉤.
多病所須唯藥物, 微軀此外更何求.

행복이란 결코 좋은 직장 높은 지위가 아니다. 지족안분知足安分, 만족할 줄 알고 편안한 마음으로 자신이 좋아하는 일을 하는 것이 가장 큰 행복이다.

괴테는 '하늘에 별이 있고 땅 위에 꽃이 있고 우리의 가슴 속에 사랑이 있는 한 인간은 행복할 수 있다.'라 했다. 하늘엔 항상 초롱초롱한 별이 있고 땅 위에 꽃이 만발한데, 눈에 보이지 않는 것은 가슴에 여유로움이 사랑이 없기 때문이다.

작품설명

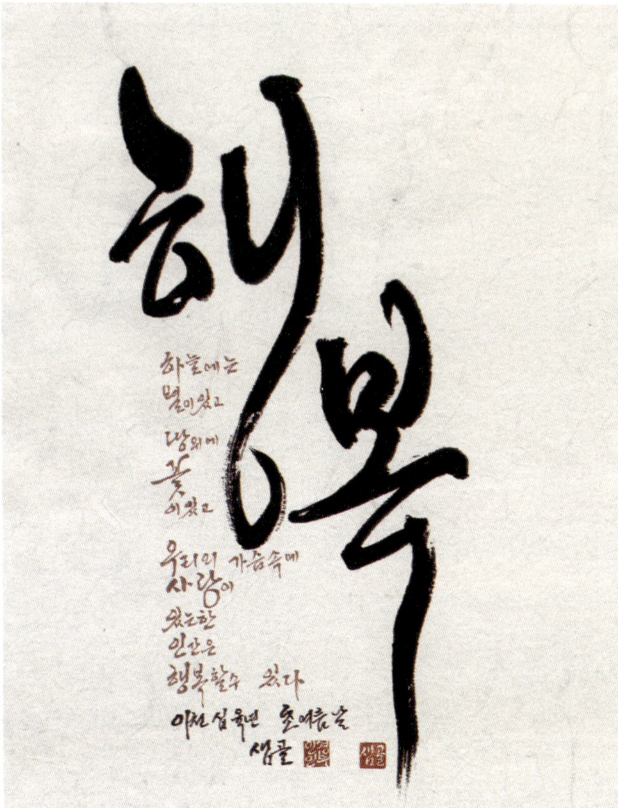


·천곡 민경부·

행복

하늘에는 별이 있고, 땅 위에 꽃이 있고, 우리의 가슴속에 사랑이 있는 한, 인간은 행복할 수 있다.

이천십육년 초여름 날, 샘골.

중국 사천성四川省 성도成都 두보초당杜甫草堂 화경花徑

두보초당의 남측(사남舍南)

## 59

# 樂以忘憂
# 낙이망우

### 기뻐서 걱정을 잊다

(기쁨에 걱정을 잃고 살다)

'낙이망우樂以忘憂'는 '배우는 즐거움 혹은 가리키는 즐거움에 걱정할 것이 없다'라는 뜻이다. 공자는 '분발하여 노력하기를 밥 먹는 것도 잊어' '발분망식發憤忘食'하고, 배우고 가리키는 즐거움에 걱정을 잊어 늙어가는지도 모른다하였다.

'낙이망우樂以忘憂' 중 '이以'자는 전치사이다. 원래는 '이낙망우以樂忘憂'의 어순이나 강조를 위하여 순서가 바뀌었다. '즐거움으로 인하여 걱정을 잊다'라는 뜻이다.

葉公問孔子於子路, 子路不對. 子曰: "女奚不曰, 其爲人也, 發憤忘食, 樂以忘憂, 不知老之將至云爾."(述而 07.19)

섭공葉公이 자로에게 공자가 어떤 분이신가를 물었는데, 자로는 그것에 대답하지 않았다. 공자는 말하였다.

"너는 왜 '그 분의 사람됨이, 발분發憤하면 식사를 잊고 그러한 것을 즐거워하여 근심을 잊어, 늙음이 닥쳐오리라는 것조차 모르고 계십니다'라고 말하지 않았느냐?"

섭공葉公은 심제량沈諸梁으로 자는 자고子高이다. 초楚나라 대부로 섭현葉縣이 그의 채읍采邑이다.

'해奚'는 '무엇'이라는 '의문 어기조사'이고, '운이云爾'는 '이러할 따름이다'라는 어기조사이다.

공자는 밥 먹는 것도 모르고 학문에 심취하고, 이를 즐거워해 늙어가는 줄도 몰랐다. 지식을 탐구하기 위해 몰두하고 즐거우니 배고픈 것도 잊게 되고, 즐거움은 부귀에 있는 것이 아니고 자신이 좋아하는 일에 열중하는 것이니 세월을 탓하고 사회를 탓할 시간도 없으며 세월이 가는 줄도 모르는 것이다.

'낙이망우樂以忘憂' 중 전치사 '이以'자 대신 접속사 '이而'자를 써서 '낙이망우樂而忘憂'로 쓸 수 있나. 이때 '이而'는 전후 문맥을 이어주는 접속사 역할을 한다. 즉 '즐거워서 걱정을 잊다'라는 뜻이다.

근심 걱정을 모르고 산다는 것 얼마나 행복한 일인가?

그렇다고 해서 공자는 '자신이 좋아하는 일만 하고 만사를 제쳐 두라고는 하지 않았다.' 군자는 편안할 때 위태로움을 생각하고, 생존할 때 멸망할 경우를 생각하고 나라가 혼란에 닥쳤을 때를 걱정해야 한다하였다.

> 공자가 말하였다.
>
> 위태롭게 여기는 이는 그 자리를 안전케 하는 사람이고, 멸망할까 하는 이는 그 생존을 보존하는 사람이고, 어지러워질까 하는 이는 다스리게 되는 사람이다. 그러므로 군자는 편안하여도 위태로움을 잊지 않고, 생존하여도 멸망할 것을 잊지 않고, 다스려져도 어지러울 것을 잊지 않는다. 이 때문에 몸

이 편안하여 국가를 보존할 수 있다.[147]

작품설명

·천곡 민경부 작·

낙이망우樂以忘憂

"樂以忘憂也."

丙申孟夏, 泉谷.

즐거움으로 걱정을 잊고 살다.

병신년 음력 4월 천곡.

147 子曰: "危者, 安其危者也. 亡者保其存者也, 亂者, 有其治者也. 是故君子安而不忘危, 存而不忘亡, 治而不忘亂, 是以身安而國家可保也.(《周易 · 繫辭》)

그래서 공자는 '멀리 내다보고 도모하지 않으면 가까이서 반드시 우환이 생긴다'라 하였다.

子曰: "人無遠慮, 必有近憂."(衛靈公 15.12)

공자는 말하였다.

"사람이 먼 일을 생각하지 않으면 반드시 가까운 우환이 생긴다."

공자가 근심하는 것은 덕德, 학문學問, 정의正義, 선善 등이라 하였다.

子曰: "德之不修, 學之不講, 聞義不能徙, 不善不能改, 是吾憂也."(述而 07.03)

공자는 말하였다.

"덕이 닦아지지 아니하는 것, 학문이 탐구되지 아니하는 것, 정의임을 알고도 그곳으로 옮겨가지 못하는 것, 선善하지 않은 것을 고치지 못하는 것. 이것이 내 근심이다."

'강講'은 '강구하다'는 뜻이고, '徙(옮길 사, xǐ)'는 정의로움을 보고 이를 실천을 하는 것을 말한다. 덕은 인간이 되어 가는 실천 수양이고, 학學은 배움에 대한 갈망이고, 의義는 도의적인 삶에 대한 양식이고, 선善은 사람을 대하는 선량한 마음이다. 이는 군자가 갖추어야 할 덕목들이다.

작품설명

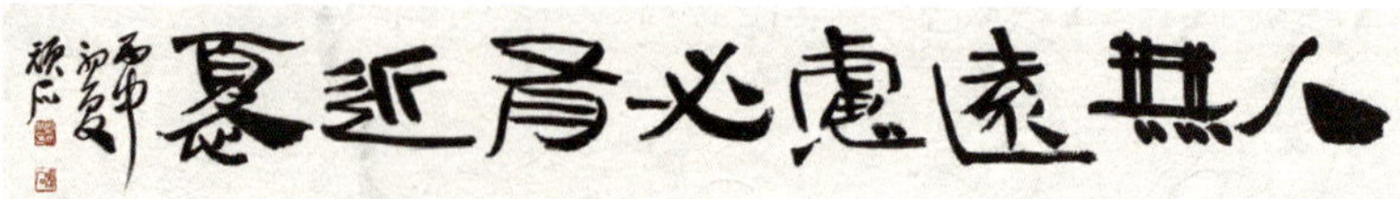

·완석 정대병 작·

인무원려人無遠慮, 필유근우必有近憂.

丙申初夏, 頑石

"사람이 먼 일을 생각하지 않으면 반드시 가까운 우환이 생긴다."

병신년, 음력 4월, 완석.

60

# 生而知之
## 생이지지

**태어나면서부터 알다**

(태어나면서 알고 총명하다)

'생이지지生而知之'는 '태어나면서부터 알다'라는 뜻이다. '학이지지學而知之'와 반대적 개념으로 쓰인다. '배워서 안다'라는 뜻이다. 사람은 배워서 아는 사람은 있어도, 나면서부터 아는 사람은 없을 것이다.

子曰: "我非生而知之者, 好古敏以求之者也."(述而 07.20)

공자는 말하였다.

"나는 나면서부터 알고 있는 사람은 아니고 옛것을 좋아하여 재빨리 그것을 알아내기에 힘쓰는 사람이다."

군자는 절대 태어나면서부터 아는 것이 아니다. 노력하고 끊임없이 자신을 성찰하기 때문에 남보다 더 훌륭한 것이다. 공자 역시 자신이 어렸을 때 생활이 어려워 이것저것 안 해 본 일이 없기 때문에 자신의 지혜는 생활의 경험에서 나온 것이라 하였다.

大宰問於子貢曰: "夫子聖者與? 何其多能也?" 子貢曰: "固天縱之將聖, 又

多能也." 子聞之曰: "大宰知我乎! 吾少也賤, 故多能鄙事. 君子多乎哉? 不多也."(子罕 09.06)

태재太宰가 자공에게 물었다.

"당신의 스승은 성인이시오? 그렇다면 어찌 그리할 줄 아는 것이 많으시오?"

자공이 말하였다.

"정말 하늘이 내놓은 큰 성인이시고 또 할 줄 아는 것이 많으십니다."

공자는 이 이야기를 듣고 말했다.

"태재가 나를 바로 아는가보다. 내가 젊었을 때에 미천하였으므로 대단치 않은 일을 많이 할 수 있게 된 것이다. 군자야 할 줄 아는 일이 많겠느냐, 많지 않느니라."

태어나면서부터 안다면 이는 아마도 성인일 것이다. 일반적인 군자는 배워서 아는 것이다. 그러나 배워야 한다는 당위성을 알면서도 배우지 않는 사람을 공자는 최하위 등급이라 하였다.

孔子曰: "生而知之者上也, 學而知之者次也, 困而學之, 又其次也, 困而不學, 民斯爲下矣."(季氏 16.09)

孔子께서 말하였다.

"나면서부터 아는 사람이 上等이다. 배워서 아는 사람이 그 다음이다. 곤란해져서 배우는 사람은 또 그 다음이다. 곤란해져도 배우지 아니하면 그러한 사람이 곧 下等이 된다."

'지지知之' 중의 '지之'를 혹은 '인仁'이나 예禮나 혹은 용勇과 같은 '실천

항목'으로 이해할 수 있다. 태어나면서 천성적으로 어질고 착하여 인예仁禮를 실천할 수 있다면 이는 가장 훌륭하고, 필요성을 알고 이를 배워 실천한 최상급은 못되나 이 또한 훌륭한 것이다. 하지만 아무리 가르치고 인도하여도 깨우치지 못한다면 이는 인간으로 거듭나기를 포기한 것이나 다름없다.

《중용》에서는 지인용智仁勇을 덕德을 실천할 수 있는 덕목이라 하였다. 배워서 깨우침에는 늦고 빠름이 중요한 것이 아니다. 개인의 능력 차이에 따라 사람마다 인지하는 정도가 다를 수 있다. 하지만 깨달음은 모두 같은 것이다.

> 子曰: ……知仁勇三者, 天下之達德也, 所以行之者一也. 或生而知之, 或學而知之, 或困而知之, 及其知之, 一也; 或安而行之, 或利而行之, 或勉強而行之, 及其成功, 一也. 子曰: "好學近乎知, 力行近乎仁, 知恥近乎勇. 知斯三者, 則知所以修身; 知所以修身, 則知所以治人; 知所以治人, 則知所以治天下國家矣."(《中庸》)
>
> 지인용知·仁·勇 셋은 천하에 통용되는 덕이다. 그것을 행하게 하는 길은 하나다. 나면서부터 그것을 알기도 하고, 배워서 그것을 알기도 하고, 애써서 그것을 알기도 하나, 그것을 알게 되어서는 다 같아지는 것이다. 편안히 그것을 행하기도 하고, 이롭게 여기고 그것을 행하기도 하고, 억지로 해서 그것을 행하기도 하나, 성공하게 되어서는 다 같아지는 것이다.
>
> 배우기를 좋아하는 것은 지知에 가깝고, 힘써 행하는 것은 인仁에 가깝고, 부끄러움을 아는 것은 용勇에 가깝다. 이 세 가지를 알면 자신의 덕을 닦는 길을 알게 되고, 자신의 덕을 닦는 길을 알면 남을 다스리는 길을 알게 된다. 남을 다스리는 길을 알면 천하와 국가(가정)을 다스리는 길을 알게 될 것이다.

이 세상에서 태어나면서 아는 사람은 하나도 없다. 총명하고 총명하지 않는 차이는 다만 얼마나 노력하여 열심히 배우느냐에 달려 있는 것이다.[148] 공자 자신도 나면서 아는 것이 아니라, 선善한 것을 택하여 배웠고, 그 중에서 선치 않은 것을 보면 이를 반면교사로 삼았으며, 많이 보고 많이 들어서 배운 것이라 하였다.

子曰: "三人行, 必有我師焉, 擇其善者而從之, 其不善者而改之."(述而 07. 22)

공자는 말하였다.

"세 사람이 같이 길을 가면 거기에는 반드시 내 스승이 있다. 그들의 선善한 점을 골라서 그것에 따르고, 그들의 선하지 않은 점을 골라서 내 자신을 바로 잡는다."

子曰: "蓋有不知而作之者, 我無是也. 多聞, 擇其善者而從之, 多見而識之, 知之次也."(述而 07.28)

공자는 말하였다.

"일의 이치를 모르면서 하는 사람이 있기는 하나 나는 그렇게 한 일은 없다. 많이 들어 가지고 그 가운데의 좋은 것을 가려서 따르고, 많이 보고서 그것을 기록하여 두는 것은 나면서부터 아는 것의 다음은 간다."

---

148 唐 韓愈《師說》: "人非生而知之者, 孰能無惑.……古之聖人, 其出人也遠矣, 猶且從師而問焉; 今之衆人, 其下聖人也亦遠矣, 而耻學于師. 是故聖益聖, 愚益愚. 聖人之所以爲聖, 愚人之所以爲愚, 其皆出于此乎? 愛其子, 擇師而教之."(사람이 태어나면서 아는 사람은 없고, 또한 누구나 의혹이 없는 사람은 없다. ……고대 성인들은 일반 사람보다 출중하였으나, 기꺼이 스승을 따라 물었다. 그런데 지금 일반 대중은 성인보다 훨씬 뛰어나지 못하면서도 오히려 스승에게 배우기를 부끄럽게 생각한다. 그래서 성인은 더욱더 성인이 되어지고 우매한 사람은 더욱더 우매해지는 것이다. 따라서 성인이 된 것과 우매한 사람이 우매하게 된 것은 모두 이로써 생겨난 것이다. 자식을 사랑한다면 선생님을 택하여 가르쳐야 되는 것이다.)

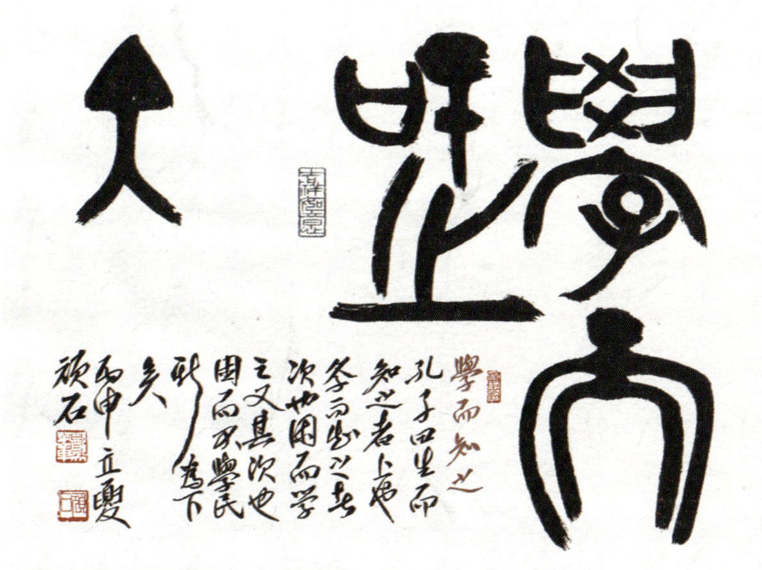

·완석 정대병 작·

학이지지學而智(知)止(之).[149]

學而知之. 孔子曰: "生而知之者上也, 學而知之者次也, 困而學之, 又其次也, 困而不學, 民斯爲下矣."

丙申立夏, 頑石

孔子께서 말하였다."나면서부터 아는 사람이 上等이다. 배워서 아는 사람이 그 다음이다. 곤란해져서 배우는 사람은 또 그 다음이다. 곤란해져도 배우지 아니하면 그러한 사람이 곧 하등이 된다."

병신년 음력 4월 입하, 완석.

149 갑골문은 '지智'자를 '[illegible]'로 쓰고, 금문은 '[illegible]'·'[illegible]'로 쓴다.

## 작가와 작품

| 작가 | 작품 | 논어의 해당 내용 |
|---|---|---|
| 정암靜巖<br>김선조金善助 | (1) '삼성오신三省吾身'<br>(2) '중성환극衆星環極'<br>(3) '지과필개知過必改'<br>(4) '소대유지小大由之'<br>(5) '공근어예恭近於禮'<br>(6) '민사신언敏事愼言'<br>(7) '부이호예富而好禮'<br>(8) '사무사思無邪'<br>(9) '유치차격有恥且格'<br>(10) '거직조왕擧直錯枉'<br>(11) '人而無信不知其可 인이무신부지기가'<br>(12) '견의용위見義勇爲'<br>(13) '군자지쟁君子之爭'<br>(14) '곡삭告朔'<br>(15) '논어학이편論語學而篇'<br>(16) '관과지인觀過知仁'<br>(17) '조문석사朝聞夕死'<br>(18) '불환무위不患無位'<br>(19) '일이관지一以貫之'<br>(20) '눌언민행訥言敏行'<br>(21) '청언관행聽言觀行'<br>(22) '선여인교구이경지 善與人交久而敬之<br>(23) '우불가급愚不可及'<br>(24) '절차탁마切磋琢磨'<br>(25) '학이편學而篇' | (1) '2 삼성오신三省吾身'<br>(2) '5 중성공북衆星拱北'<br>(3) '6 과물탄개過勿憚改'<br>(4) '8 소대유지小大由之'<br>(5) '9 공근어예恭近於禮'<br>(6) '10 민사신언敏事愼言'<br>(7) '11부이호예富而好禮'<br>(8) '13 一言以蔽일언이폐'<br>(9) '14 有恥且格유치차격'<br>(10) '17 거직조왕擧直錯枉'<br>(11) '18 人而無信인이무신'<br>(12) '19 견의용위見義勇爲'<br>(13) '20 군자지쟁君子之爭'<br>(14) '24 告朔餼羊곡삭희양'<br>(15) '26 哀而不傷애이불상'<br>(16) '29 관과지인觀過知仁'<br>(17) '30 조문석사朝聞夕死'<br>(18) '32 不患無位불환무위'<br>(19) '33 一以貫之일이관지'<br>(20) '35 訥言敏行눌언민행'<br>(21) '37 聽言觀行청언관행'<br>(22) '39 久而敬之구이경지'<br>(23) '40 愚不可及우불가급'<br>(24) '43 乘肥衣輕승비의경'<br>(25) '52 君子九思군자구사' |

| | | |
|---|---|---|
| 남천男泉<br>오인성吳仁成 | (1) '삼년유성三年有成'<br>(2) '채근담구菜根譚句'<br>(3) '서자여사逝者如斯'<br>(4) '선여인교善與人交'<br>(5) '만초손겸수익<br>滿招損謙受益'<br>(6) '계과자송計過自訟'<br>(7) '선위아사善爲我辭' | (1) '7 溫良恭儉온량공검'<br>(2) '20 군자지쟁君子之爭'<br>(3) '36 후목부조朽木不雕'<br>(4) '38 선여인교善與人交'<br>(5) '40 우불가급愚不可及'<br><br>(6) '41 견과자송見過自訟'<br>(7) '45 선위아사善爲我辭' |
| 임강林江<br>송연주宋淵宙 | (1) '위군불이爲君不易'<br>(2) '일언흥방一言興邦'<br>(3) '기언지부작其言之不怍,<br>즉위지야난則爲之也難'<br>(4) '시청언행視聽言行'(전서)<br>(5) '시청언행視聽言行'(행서)<br>(6) '찰언관색察言觀色'<br>(7) '근열원래近說(悅)遠來'<br>(8) '사해개형제四海皆兄弟'<br>(9) '승당입실升堂入室'<br>(10) '언신행과言信行果'<br>(11) '서제막급噬臍莫及'<br>(12) '무신무신無信不立'<br>(13) '견리사의見利思義'<br>(14) '군자성인지미<br>君子成人之美'<br>(15) '혜이불비惠而不費'<br>(16) '욕인사지欲仁斯至' | (1) '5 衆星拱北중성공북'<br>(2) '5 衆星拱北중성공북'<br>(3) '10 敏事愼言민사신언'<br><br>(4) '11 富而好禮부이호예'<br>(5) '11 富而好禮부이호예'<br>(6) '15 犬馬之養견마지양'<br>(7) '17 擧直錯枉거직조왕'<br>(8) '20 君子之爭군자지쟁'<br>(9) '23 力不同科역부동과'<br>(10) '31 惡衣惡食악의악식'<br>(11) '34 遊必有方유필유방'<br>(12) '37 聽言觀行청언관행'<br>(13) '46 不堪其憂불감기우'<br>(14) '51 立人達人입인달인'<br><br>(15) '54 用行舍藏용행사장'<br>(16) '56 求仁得仁구인득인' |
| 완석頑石<br>정대병鄭大炳 | (1) '대덕大德'<br>(2) '위정재인爲政在人'<br>(3) '군자삼외君子三畏'<br>(4) '혈기방강血氣方剛' | (1) '1 犯上作亂범상작란'<br>(2) '3 節用愛人절용애인'<br>(3) '4 賢賢易色현현이색'<br>(4) '4 賢賢易色현현이색' |

| | | |
|---|---|---|
| 완석頑石<br>정대병鄭大炳 | (5) '온고지신溫故知新'<br>(6) '인이무신人而無信'<br>(7) '현현이색賢賢易色'<br>(8) '낙연후소樂然後笑'<br>(9) '당인불양當仁不讓'<br>(10) '언불급의言不及義'<br>(11) '환기불능患其不能'<br>(12) '중용中庸'<br>(13) '직도이행直道而行'<br>(14) '선여인교善與人交'<br>(15) '직량다문直諒多聞'<br>(16) '지인용知仁用(勇)'<br>(17) '환과환빈患寡患貧'<br>(18) '문행충신文行忠信'<br>(19) '박학독지博學篤志'<br>(20) '무위이지無爲而知'<br>(21) '구생해인求生害仁'<br>(22) '두보시杜甫詩 객지客至'<br>(23) '인무원려필유근우 人無遠慮必有近憂'<br>(24) '학이지지學而知之' | (5) '7 溫良恭儉온량공검'<br>(6) '18 人而無信인이무신'<br>(7) '22 了如指掌요여지장'<br>(8) '25 樂而不淫낙이불음'<br>(9) '27 仁者安仁인자안인'<br>(10) '28 造次顚沛조차전패'<br>(11) '32 不患無位불환무위'<br>(12) '33 一以貫之일이관지'<br>(13) '36 朽木不雕후목부조'<br>(14) '38 善與人交선여인교'<br>(15) '39 久而敬之구이경지'<br>(16) '42 遷怒於人천노어인'<br>(17) '44 周急繼乏주급계핍'<br>(18) '49 博文約禮박문약예'<br>(19) '52 君子九思군자구사'<br>(20) '53 述而不作술이부작'<br>(21) '57 富貴浮雲부귀부운'<br>(22) '58 執鞭之士집편지사'<br>(23) '59 樂以忘憂낙이망우'<br>(24) '60 生而知之생이지지' |
| 천곡泉谷<br>민경부閔庚富 | (1) '과물탄개過勿憚改'<br>(2) '온고지신溫故知新'<br>(3) '무욕속無欲速'<br>(4) '삼락三樂'<br>(5) '다문다견多聞多見'<br>(6) '선인시복善人是福'<br>(7) '이인위미里仁爲美'<br>(8) '본립도생本立道生'<br>(9) '목탁木鐸'<br>(10) '환기불능患其不能' | (1) '6 過勿憚改과물탄개'<br>(2) '12 告往知來고왕지래'<br>(3) '14 有恥且格유치차격'<br>(4) '15 犬馬之養견마지양'<br>(5) '16 多聞闕疑다문궐의'<br>(6) '21 杞宋無徵기송무징'<br>(7) '27 仁者安仁인자안인'<br>(8) '30 朝聞夕死조문석사'<br>(9) '31 惡衣惡食악의악식'<br>(10) '32 不患無位불환무위' |

| | | |
|---|---|---|
| 천곡泉谷<br>민경부閔庚富 | (11) '박학독지博學篤志'<br>(12) '덕불고필유린<br>德不孤必有隣'<br>(13) '무신불립無信不立'<br>(14) '惠而不費혜이불비'<br>(15) '지지자불여호지자호지<br>자불여악지자<br>知之者不如好之者好之者不<br>如樂之者.'<br>(16) '행복'<br>(17) '낙이망우樂以忘憂' | (11) '47 敬而遠之경이원지'<br>(12) '48 從井求人종정구인'<br>(13) '50 易事難說이사난열'<br>(14) '54 用行舍藏용행사장'<br>(15) '55 不知肉味부지육미'<br>(16) '58 執鞭之士집편지사'<br>(17) '59 樂以忘憂낙이망우' |
| 사어당四於堂<br>최남규崔南圭 | (1) '자아自我' | (1) '31 惡衣惡食악의악식' |

# 서예로 읽는 논어

– 구이경지久而敬之 : 오래 사귈수록 더욱 존중하라


**지은이** 최남규
**펴낸이** 이남호
**펴낸곳** 전북대학교출판문화원

**초판 1쇄 인쇄** 2017. 12. 15
**초판 1쇄 발행** 2017. 12. 20

**전북대학교출판문화원** 전라북도 전주시 완산구 어진길 32 (풍남동2가)
**전화** (063) 219-5321~2
**FAX** (063) 219-5323
**출판등록** 2012년 8월 20일 제465-2012-000021호





값 19,800원

ISBN 979-11-87892-70-0 03140

이 도서의 국립중앙도서관 출판예정도서목록(CIP)은 서지정보유통지원시스템 홈페이지(http://seoji.nl.go.kr)와 국가자료공동목록시스템(http://www.nl.go.kr/kolisnet)에서 이용하실 수 있습니다. (CIP제어번호 : CIP2017033442)